서울大學校東洋史學科創立20周年紀念

講座 中國史 Ⅰ

―古代文明과 帝國의 成立―

속표지 그림/宋 "燕山五桂鏡"

집필자 소개

李成珪 : 서울대 교수
李成九 : 울산대 교수
鄭夏賢 : 공주대 교수

講座中國史 I —— 古代文明과 帝國의 成立

초 판 1쇄 인쇄 1989. 12. 5
초 판 11쇄 발행 2003. 3. 12

엮은이   서울大學校東洋史學硏究室
펴낸이   김경희
펴낸곳   (주)지식산업사
주소   서울시 종로구 통의동 35-18
전화   (02)734-1978(대)
팩스   (02)720-7900

인터넷한글문패 지식산업사
인터넷영문문패 www.jisik.co.kr
전자우편 jsp@jisik.co.kr, jisikco@chollian.net

등록번호 1-363
등록날짜 1969. 5. 8

ⓒ 서울大學校東洋史學硏究室, 1989
ISBN 89-423-2911-X 94910
ISBN 89-423-0002-2 (전 7권)

책값 10,000

이 책을 읽고 지은이에게 문의하고자 하는 이는 지식산업사 e-mail로 연락 바랍니다.

그림 3. 磨光黑陶(龍山文化)

▲ 그림 4. 內蒙古 翁牛特旗 三星他拉村出土 玉龍
(紅山文化)

▲ 그림 11-B. 廟址出土 神像

◄ 그림 16. 半坡村出土
人面魚身彩陶

◄ 그림 23. 二里頭出土 銅牌飾

▼ 그림 28-A. 陶寺出土 彩繪盤

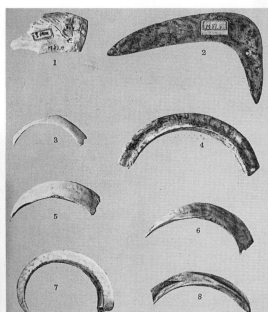

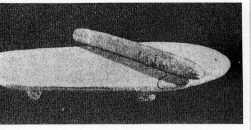

▲ 그림 1. 石盤・磨棒(磁山 : 裵李崗文化)

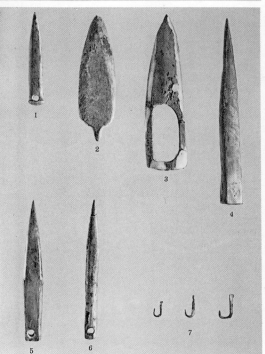

1. 穿孔玉斧

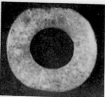

2. 玉璧

3. 玉璧

4. 獸面紋玉琮

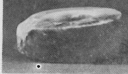

5. 玉琮

6. 鐲形玉琮

▲ 그림 5. 良渚文化의 玉器
◀

8. 獸面紋玉琮 細部紋飾

7. 玉璧

▼ 그림 6. 半坡村(仰韶文化)遺址 복원상상도

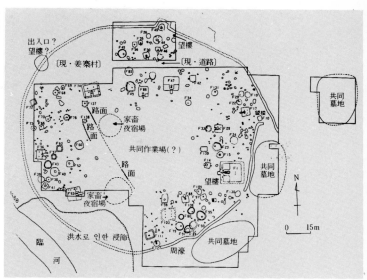

그림 7.
姜寨遺址(仰韶文化) 示圖

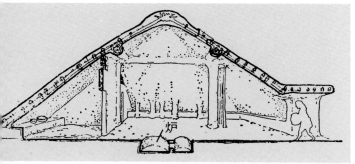

그림 8. 半坡村 大型房屋 복원도

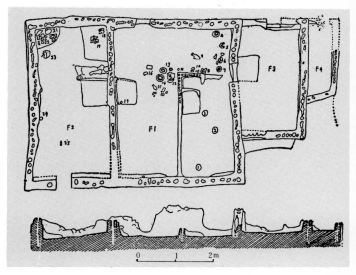

그림 9.
鄭州大河村 大型房屋 평면도

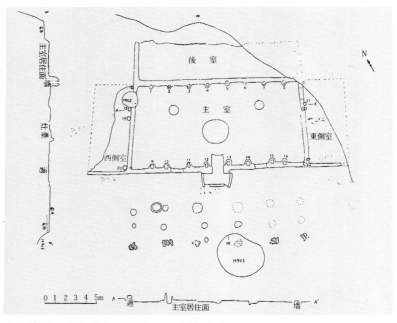

▲ 그림 10. 甘肅 秦安 大地灣 F901 건축평면도

그림 11-A. 牛河梁 ‘女神廟’ 평면도 ▶

그림 12-B. 神殿遺址出土 裸孕婦 ▶

▼ 그림 12-A. 東山嘴 神殿遺址

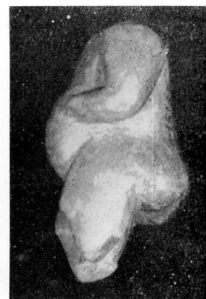

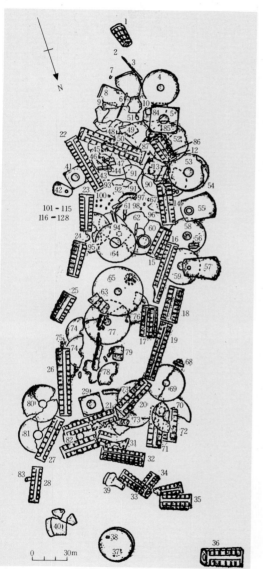

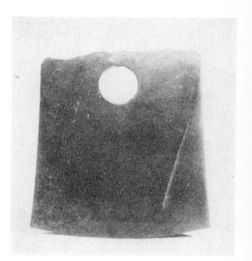

101 - 115
116 - 128

1, 5, 11 − 36, 41, 71, 72. 玉琮   2, 7, 38, 67, 99, 100, 102 − 128. 玉珠   (116 − 128 未標具位置)

▲ 그림 13. 寺墩 M₃ 器物 배치도

▲ 그림 14. 福泉山(良渚文化)出土
▼   M₆ 出土 石斧・玉斧

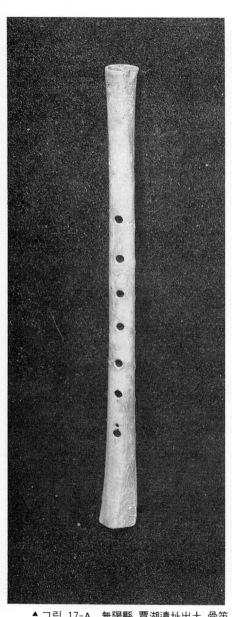

▲ 그림 17-A. 無陽縣 賈湖遺址出土 骨笛　　　　　　　　♦ 그림 17-B. 賈湖遺址出土 刻符龜甲

▲ 그림 15. 大汶口墓(厚葬例)

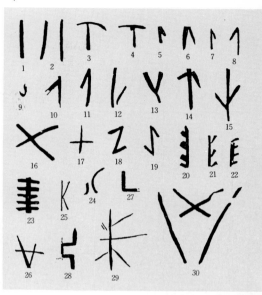

▲ 그림 18. 仰韶 陶器刻線符號

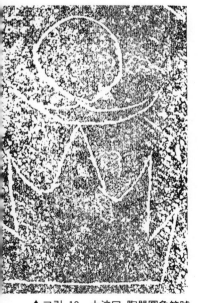

▲ 그림 19. 大汶口 陶器圖象符號

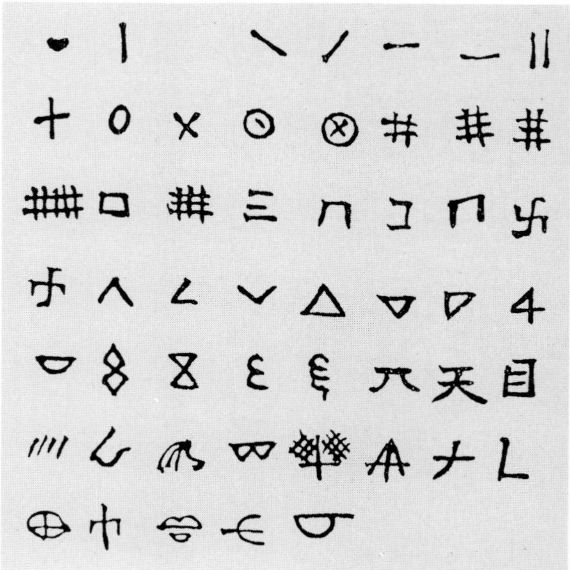

▲ 그림 20. 柳灣 陶器符號

그림 22. 二里頭 2 號 宮殿址 ▶

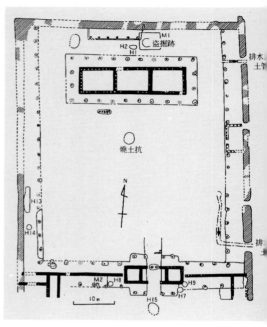

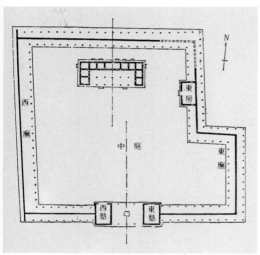

▲ 그림 21-A. 二里頭 1 號 宮殿址

▼ 그림 21-B. 복원상상도

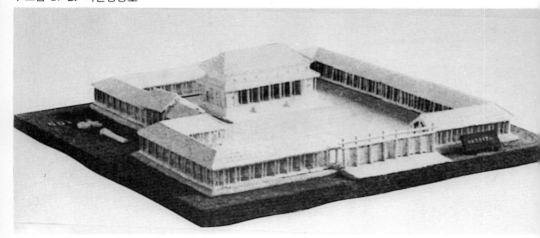

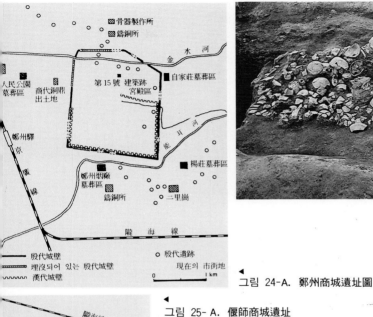

▲ 그림 24-B. 骨器作坊址

◀
그림 24-A. 鄭州商城遺址圖

◀
그림 25-A. 偃師商城遺址

▼ 그림 25-B. 궁전평면도

Ⅰ. 正殿 Ⅱ. 東廡 Ⅲ. 南廡 Ⅳ. 西廡 Ⅴ. 南門 Ⅵ. 西側門 Ⅶ. 庭園 ⅡX. 東圍墻
圖例 ◯⋯夯土墩 ◎⋯柱洞 ●⋯料礓石柱礎, ⌒⋯石塊 G⋯漢代沟 H⋯灰抗

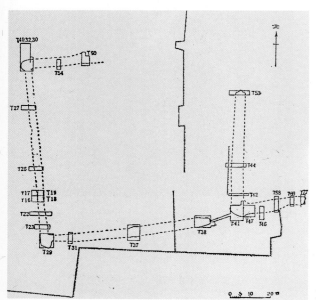

▲ 그림 26-B. 奠基坑

◄ 그림 26-A. 王城崗遺址

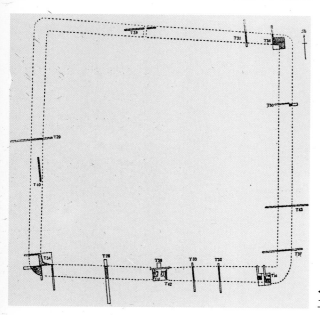

▲ 그림 27-B. 陶排水管道

◄ 그림 27-A. 平糧台遺址

▲ 그림 28-B. 木鼉鼓

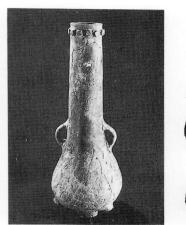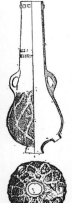

▲ 그림 28-C. 土鼓로 추정되는 異形陶器

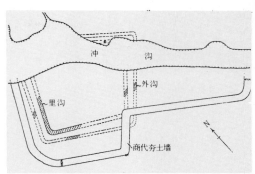

▲ 그림 30. 東下馮遺址 中區 夯土墻 및 兩溝關係示意圖

▲ 그림 29-A. 盤龍城遺址

▲ 그림 29-B. 궁전복원상상도

長沙戰國楚墓帛畫 月神像부분도

隨州春秋曾侯乙墓出土 內棺壁畫神像

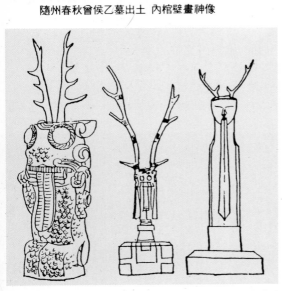

戰國楚墓出土 鎭墓獸

馬王堆 1 號 漢墓出土 帛畫

刊　行　辭

閔　斗　基

(서울大學校 東洋史學研究室)

　이 《講座中國史》는 中國史 전반에 걸친 주요 문제를 선정하여 개괄적 지식과 研究史的 정리 그리고 필자의 견해를 종합하여 집필한 것으로서, 중국사에 대한 초보적인 지식은 있으되 좀더 깊이 그리고 넓게 알고 싶은 독자를 상대로 한 것이다. 그 집필자는 서울대학교 東洋史學科의 현교수진과 서울대학교 동양사학과에서 석사 또는 박사과정을 마치고 현재 연구활동을 하면서 각대학에서 강단에 서 있는 사람들이다. 우리가 이 기획을 생각하게 된 것은 1989년이 우리 학과 창설 20주년이 되기 때문에 그것을 기념하고자 해서였다.

　서울대학교 동양사학과는 文理科大學의 사학과가 1969년에 國史學科·東洋史學科·西洋史學科로 3분되어 생겼으니, 해방 이후의 문리대 사학과의 동양사학 연구전통은 물론 계승되었지만 새로운 교과과정으로 그리고 점차 보강된 교수진으로 동양사학과 전공자를 훈련하기 시작한 것은 1969년부터였던 것이다. 20년이면 한 어린이가 태어나 成年이 되는 시간인데 그동안 우리 동양사학과가 얼마나 자랐는가를 검증해 보고 싶은 생각을 本科의 교수들이 먼저 하게 되었고, 동문들이 그 생각에 호응하여 《講座中國史》 기획이 시작된 것은 1987년 가을부터였다. 우리 科가 배출한 동문연구자들의 평소의 연구관심을 고려하여 집필제목을 정하고 집필요령과 함께 집필의뢰를 한 것은 1988년 1월 1일자였다. 집필하는 데 집필자의 평소의 연구관심이 최대로 배려되기는 하였지만 어떤 특정한 주제에 대하여 기존의 국내외 연구성과를 총정리하고 독자적인 견해까지를 섞어가면서, 일반독자를 상대로 개설적인 글을 넉넉지 않은 기한내에 쓴다는 것은 여간 어려운 일이 아니다. 더욱이 몇몇 집필자의 경우는 자기의 연구관심과 그리 멀지는 않지만 새로 조사하고 연구해야만 쓸 수 있는 그러한 주제를 맡은 사람도 더러 있었기 때문에 집필자들의 노고는 이만저만한 것이 아니었다. 분야에 따라서는 연구인력이 모자라 한 사람이 두 편씩 쓰기도 하였으니 그 노고가 어떠하였을까는 가히 짐작이 간다. 게다가 집필자들은 모두가 강단에 서 있는 사람들로 강의준비도 해야 하고, 또 각자의 전공관심에 따른 학술논문도 써야 했다. 그러한 사정임에도 불구하고 예정된 간행기일을 늦추지 않게 원고를 완성해주었으니 기획에 종사했던 한사람으로서 형언할 수 없는 감사를 표하고 동시에 뿌듯한 자랑을 느끼지 않을 수가 없다. 우리 科에서 배출한 인력만으로 中國史의 전시대의 주요 문제를 거의 다룬 전문적 통사를 쓸 수 있게 됐고, 더욱이 그것이 《通鑑節要》 등으로 중국사를 배우던 시절은 말할 것도 없고, 해방 이후 기간을 통해서도 최초의 시도라는 점에서 보람을 느끼는 것이다.

그러나 우리의 이번 기획이 무리가 적지 않게 따르고 있다는 것도 우리는 自認하지 않을 수가 없다. 우선, 우리 科에서 상당수의 연구자를 배출하기는 했지만 아직 중국사의 전시대에 걸친 모든 중요한 문제를 충분히 다 다룰 만큼은 되지 못하고 있다. 그러므로 이번의 《講座中國史》에서 당연히 다루어야 할 주제인데도 빠진 주제가 있게 되는 것이다. 각권에 붙인 제목이 그 말 그대로의 內容을 갖추지 못한 편의적인 경우가 적지 않을 것은 그 때문임을 양해해주기 바란다. 그러나 앞으로 5년 뒤에 증보판을, 10년 뒤에 개정판을 낼 때는 더 많은 연구자가 나와 이번에 빠진 주제를 보완할 뿐만 아니라, 질적인 면에서도 보다 훌륭한 《講座中國史》가 될 것임을 확신한다.

《講座中國史》의 기획은 우리 학과의 교수로 구성된 편찬회에서 여러 차례의 편집회의를 통해 작성·진행됐지만, 각편의 주제의 내용은 담당필자의 완전한 책임하에 씌여졌다. 기획을 맡은 편찬회는 형식면에서의 약간의 조정과 다른 주제와의 서술의 중복의 조정을 한 데 불과하다. 그러므로 서로 연관되는 주제의 경우 문제를 보는 시각이나 평가에서 서로 상이할 수도 있겠으나 국내외의 기존 연구성과를 되도록 반영하는 연구사적 시각을 부각시키려 노력했으므로 독자가 스스로 적절한 판단을 내리는 데 큰 곤란은 없을 것으로 본다.

여기에 제시된 우리의 성과를 대견하다고는 보지만 뽐낼 생각은 아직 없다. 중국사의 주된 주제를 고루 다 다룰 수 있는 연구인력을 더 배양해야 하고, 이번의 《講座中國史》에 보인 것 같은 政治史 중심, 統治構造 중심의 연구성향을 더욱 넓혀 社會構造·經濟生活史·思想活動 등의 분야에서도 성숙된 업적을 쌓아나가야 하기 때문이다. 우리의 중국사연구는 (중국인 아닌) 외국인연구자로서의 장점, 그중에서도 한국인연구자로서의 특성 등을 살려 연구자 각자의 시각은 설혹 서로 다를지라도 전체적으로 하나의 뚜렷한 독자적 성격을 갖춘 학문영역으로 발돋움하는 제일단계에 와 있다. 그러나 그것은 문자 그대로 첫단계이므로 둘째단계, 셋째단계를 당연히 전제하는 것임을 우리 스스로 명심하고 있다.

이만한 정도의 성과일망정 여기에 펴낼 수 있게 된 데에는 서울대학의 동양사학의 아버지이신 故 金庠基 선생님의 學德 그리고 사학과 시절의 金一出, 全海宗 등 여러 교수의 노력이 기초가 되어 있지 않고서는 불가능한 일이었으며, 동양사학과를 창립하시고, 학문적 훈련의 방법을 가르쳐주시고, 단순한 지역연구자나 고문헌연구자가 아닌 역사가로서의 식견의 중요함을 지도해주시고 또한 역사 일반에의 관심의 場으로서의 중국사연구 관심과 우리의 自己認識의 일환으로서의 중국사연구 관심을 균형있게 조화토록 이끌어주시어 우리 학과의 學風을 ──만약 그런 것이 있다고 할 만하다면── 만들어주신 高柄翊 선생님의 은혜가 단단한 牽引줄이 되어 있지 않고서는 불가능한 일이었음을 끝으로 덧붙이면서 그리움과 고마움을 표하는 바이다.

目　次　──── 古代文明과 帝國의 成立

講座 中國史 I

總 目 次

中國文明의 起源과 形成

── 先史文化에서 商・周文明으로 ──

李　成　珪

머 리 말

전근대 동아시아문명을 대표해 온 중국문명은 언제, 어디서, 누구에 의해서 창조, 발전된 것인가? 전통시대의 중국인들은 자신들의 자랑스러운 문명이 B.C. 2천 수백 년경[1] 황하(黃河)유역을 중심으로 삼황・오제(三皇五帝) 및 하(夏)・상(商)・주(周) 3대의 성왕(聖王)들과 그 현신(賢臣)들에 의해서 창조된 것을 의심치 않았다. 그러나 이러한 '상식'은 20세기초 근본적으로 동요되기 시작하였다. 우선 청대(淸代) 고증학(考證學)의 전통과 서구 근대 사학의 문헌고증학적 방법을 계승, 수용한 일군의 학자들이(특히 《古史辨》을 중심으로 활약한) 중국 초기문명의 전승을 전한 고문헌의 신빙성에 근본적인 의문을 제기하고 나왔다.[2] 일세를 풍미한 그들의 학풍은 과거 중국인들이

---

1) 중국사의 절대연대는 《史記》 年表 中 그 편년이 명기되기 시작한 共和 元年(B.C. 841)부터이다. 그러나 夏와 商의 존속기간을 각각 471년, 496년으로, 또 武王의 滅商 이후 周幽王의 敗亡까지의 기간을 257년으로 본 《古本竹書紀年》을 상기할 때, 과거 중국인이 想定한 夏初는 대체로 B.C 2,000년경이다. 따라서 3皇・5帝의 시대를 포함한 문명의 시작은 B.C. 2천 수백년경으로 인식한 것 같다.

2) 顧頡剛, 1926, 〈自序〉; 貝塚茂樹, 1946, pp. 1~22; Laurence A. Schneider. 1971, Chapter Ⅵ, Ⅶ 참조.

믿어 의심치 않았던 삼대(三代) 및 그 이전의 역사를 가공적(架空的)인 허구에 불과한 것으로 만들었으며, 그 결과 중국 초기문명사는 사실상 실종되고만 것이다.

한편 이와 비슷한 시기에 이루어진 선사문화의 발굴조사는 중국인들에게 다시 한번 커다란 충격을 안겨 주었다. 비록 문명 이전의 원시·야만의 단계를 '태고(太古)'의 관념으로 막연하게나마 인식하기도 하였지만, 중국인들로서는 자신들의 먼 조상이 그토록 조야(粗野)한 생활을 영위하였다는 것을 인정하기는 쉽지 않았을 것이다. 그래도 초기에 보고된 변방지역의 선사문화는 자신들과는 무관한 이적(夷狄)의 것으로 치부할 수도 있었다.[3] 그러나 하남성(河南省) 민지현(澠池縣) 앙소촌(仰韶村)에서 앙소문화(仰韶文化)가 발견된 이후 속속 보고된 중원(中原)지역의 선사문화는 이러한 변명조차 불가능하게 만들었다.

물론 이 원시단계에서 중국 초기문명이 자생 발전한 것이라면, 상고(上古)의 제왕(帝王)·현신(賢臣)들이 중국사회를 문명단계로 끌어올렸다는 종래의 자긍심은 적어도 유지될 수 있었을 것이다. 그러나 앙소문화를 발견한 안델슨(Anderson)은 그 문화의 전형적인 특징인 채도(彩陶)가 서아시아의 채도와 극히 유사한 점에 착목, 앙소문화가 서아시아에서 전파되었을 가능성을 입증하기 위하여 그 전파경로로 추정되는 감숙(甘肅) 일대를 조사, 앙소촌보다 선행하는 앙소문화의 제유지(諸遺址)를 발견하였다고 주장하였다.[4] 이것은 실로 충격적인 발언이었다. 적극적인 반증을 제시하기 어려운 당시 상황에서 그의 주장은 곧 중국 신석기문화의 서아시아 기원을 의미하였기 때문이다. 더욱이 이 가설은 곧이어 확인된 상문화(商文化)에도 끈질기게 연장되었던 것이다.

19세기말 이래 주목되기 시작한 '용골(龍骨)'(문자가 새겨진 占骨)의 출처를 찾는 노력이 하남성 안양현(安陽縣) 은허(殷墟)의 발굴로 이어졌고,[5] 그 결과 고도의 청동문화를 발전시킨 상왕조의 실체가 입증된 것은 새삼 지적할 필요도 없을 것이다. 이것은 어느 의미에서 중국인의 자존심을 회복시킨

3) J. Gunnar Anderson, 1973, p. 163 ; Kwang-chih Chang, 1977, p. 4.
4) J. Gunnar Anderson, 1973, Chapter 10~Chapter 21 참조.
5) 大鳥利一, 1967 ; 伊藤道治, 1967 참조.

쾌거였다. 그러나 그들의 자존심을 회복시킨 안양기(安陽期) 상문화의 높은 수준이 도리어 문제가 되었다. 즉 그 기원이 문제가 되었던 것이다.

그 전단계가 확인되지 않는 고도의 문명이라면, 그것이 외부, 특히 시기적으로 앞선 서아시아의 바빌론문명에서 전파되었을 가능성을 배제할 수 없다는 것이다. 그리하여 초기 청동기기술, 한자의 조형(祖型)인 갑골문(甲骨文), 천문역법, 심지어는 정치제도까지도 서아시아에서 그 기원을 찾는 연구가 서아시아인의 동천설(東遷說)과 함께 한때 유행하였으며,[6] 이것은 19세기말 이래 일부 서양학자들이 주장한 이른바 '중국 민족 및 문명의 서방기원설'을[7] 보강하는 역할을 하였다. 물론 이러한 주장들은 문화전파론(文化傳播論)의 경신(輕信), 상이한 문화권간에 나타나는 개별적인 유사현상의 지나친 강조에 불과한 것이었지만, 문명의 단계적인 형성과정이 거의 밝혀지지 않은 상황에서는 나름대로 설득력을 갖는 것처럼 보였고, 1950년대초까지도 비슷한 결론이 거듭 반복되고,[8] 1960년대 중국문명의 서방기원설을 주장하는 한 소련학자의 논문을 중국학자가 반박하지 않을 수 없을[9] 정도로 그 영향력이 컸던 것도 사실이다.

그러나 1949년 신중국(新中國)의 성립 이후 상황은 급변하였다. 위대한 민족문화의 유산에 대한 재인식과 관련, 적극적으로 추진된 고고발굴조사 및 정리성과는 1979년 중국의 한 고고학자도 '20세기 후반기는 중국고고학의 황금시대'라고[10] 선언할 만큼 대단하였다. 실제 건국 후 30년의 고고학 성과를 집대성한 《문물고고공작삼십년(文物考古工作三十年), 1949~1979》(文物編輯委員會 編, 1979, 北京) 및 《신중국적고고발현화연구(新中國的考古發現和研究)》(中國社會科學院考古研究所 編, 1984, 北京), 그리고 이후 《문물(文物)》, 《고고(考古)》, 《고고학보(考古學報)》 등 각종 고고·문물관계의 잡지에 발표된 수많은 보고서들을 보고 있으면 현기증을 느낄 정도이다.

물론 이 성과들이 곧 모든 문제를 해결해 주고 있는 것은 아니며 각 유

---

6) H. G. Creel, 1937, Ⅲ Who were the Shangs; Max Loeher, 1949; 岑仲勉,1958, ①·②·③.
7) Terrier de Lacouperi, 1894.
8) Lauriston Ward, 1954.
9) 劉蕙孫, 1983. 단 이 논문은 1965년에 初稿가 작성된 것이었다.
10) 夏鼐, 1979, p.385.

지·유물의 문화적 유형화 및 상호관련성을 충분히 해명하기에는 아직도 많은 공백과 난제가 남아 있다. 그러나 적어도 신석기문화의 지역적 유형과 특징, 초기 문명의 기본적인 성격, 양자간의 계기적인 발전을 대략적이나마 인식할 수 있는 자료가 확보된 것은 사실이며, 이미 이것을 바탕으로 중국문명의 자생적 기원론이 설득력 있게 주장되고 있는 것도 사실이다.[11] 본고는 바로 이와 같은 현재까지의 고고학 성과 및 그것을 이용한 시론적인 연구를 바탕으로 중국문명의 기원과 형성의 문제를 나름대로 다시 종합 정리하여 보고하는 것이 목적인데, 편의상 신석기문화의 특징과 유산, 문명의 탄생과정, 하(夏)왕조의 실재를 둘러싼 여러 문제, 국가 및 왕조체제의 성립과 발전이란 주제로 나누어 서술을 진행하였다.

Ⅰ. 新石器文化의 多元性과 그 遺産

170만 년전까지 소급된다는 원모인(元謀人), 비슷한 시기로 추정되는 산서성(山西省) 예현(芮縣)의 서후도문화(西侯度文化)로부터 시작되는 중국 구석기문화는 조기(早期)·중기(中期)·만기(晩期)의 발전단계를 거친 후[12] 신석기문화로 진입하였다. 현재 중원지역 신석기문화 중 가장 앞선 것은 앙소문화의 선행문화(先行文化)로 알려진 자산(磁山; 河北), 배리강(裵李崗; 河南) 문화이며 그 연대는 대체로 B.C. 6,000년경에 해당한다.[13] 물론 구석기 최만기와 자산, 배리강문화의 과도단계나 초기 농경문화가 확실한 산서(山西) 회인(懷仁) 아모구(鵝毛口)유지는[14] 중국 신석기문화의 시점(始點)이 좀 더 소급될 가능성을 뒷받침하고 있다. 그러나 8,000~9,500년전으로 추정되는 광동(廣東), 광서(廣西), 강서(江西)의 조기 신석기문화,[15] 하수(河水) 상류와 위수(渭水)유역의 앙소문화보다 앞선 문화,[16] 앙소문화로 발전하기 이전의 단계로서 대체로 7,300~7,800년전으로 추정되는 감숙 대지만(大地灣) Ⅰ

---

11) Ping-ti Ho, 1975 및 David Keightley 編, 1983에 수록된 여러 논문을 보라.
12) 許順湛, 1983, 제1장 ; 杜耀西 등, 1983, 제1,2장 ; Kwang-chih Chang, 1986, Chapter Ⅰ 참조.
13) 嚴文明, 1979.
14) 許順湛, 1983, pp.60~62. 단 이것은 陶器도 있고 石器도 대부분 打製이다.
15) 嚴文明, 1987, p.43.
16) 吳加安 등, 1984.

기문화,[17] B.C. 5,000년경까지 소급되는 양자강 하류의 하모도문화(河姆渡文化)[18] 및 마가병문화(馬家浜文化),[19] B.C. 5,000년까지 소급되는 양자강 중류의 조기 신석기문화,[20] 역시 B.C. 5,000년 이상 소급되는 심양(沈陽) 신락유지(新樂遺址)[21] 및 내몽고 오한기(內蒙古 敖漢旗) 홍륭와유지(興隆洼遺址),[22] 대문구문화(大汶口文化)에 선행하며 배리강문화와 유사한 산동 등현(滕縣) 북신(北辛)유지[23] 등은 대체로 B.C. 6,000~5,000년 사이에 거의 전 중국이 신석기문화의 단계로 진입하였음을 증명해 준다.

이 각처의 신석기문화들이 구석기 만기문화와 일정한 연속성이 확인된 것도 중요한 의미가 있다. 그러나 더 중요한 것은 각 지역의 신석기문화가 거의 동시에 다발적으로 시작되었을 뿐 아니라 각기 독특한 성격을 띠고 있어 어느 한 문화의 중심적 역할을 적극적으로 발견할 수 없다는 점이다.

과거 앙소문화와 용산문화(龍山文化)가 하남성을 경계로 각각 동·서에서 집중 발견되고 그 선후가 불명한 상황에서 양문화를 각각 독립, 발전한 화북 신석기문화의 양대계통으로 이해한 견해가 한때 유행한 적도 있었다.[24] 그러나 용산문화가 앙소문화보다 훨씬 후기에 속한 것이 명백해진 이후에는 앙소문화→용산문화로 이어진 화북 신석기문화가 상문화로 연결되었다는 것이 정설로 되었지만, 동시에 주변의 여러 문화는 모두 이 문화계통에 속하는 아류적인 지위밖에 인정받지 못하였다. 즉 주변의 여러 문화는 앙소문화에서 시작된 선진 황하유역의 영향으로 발전하였다는 것이다.[25] 양문화의 혼합형, 즉 '용산식(龍山式 ; Lungshanoid)'을 설정, 중국 신석기문화를 앙소→용산식→용산문화의 계기적 발전으로 파악하고, 그밖의 여러 문화, 예컨대 묘저구(廟底溝) Ⅱ기문화, 대문구문화, 청련강문화(青蓮崗文化), 굴가령

---

17) 郎樹德 등, 1983.
18) 牟永抗, 1979.
19) 姚仲源, 1980은 河姆渡文化에서 馬家浜文化가 발전하였다는 주장에 반대하고 양자를 양자강유역의 '不同地區二支不同源의 原始文化'로 주장한다.
20) 湖南省文物普查辦公室 등, 1986.
21) 沈陽市文物管理辦公室 등, 1985.
22) 中國社會科學院考古研究所內蒙古工作隊, 1985.
23) Kwang-chih Chang, 1986, p.157 ; 中國社會科學院考古研究所山東隊 등, 1980.
24) 傅斯年, 1935는 바로 이것을 근거로 양문화의 주인공을 각각 東夷와 華夏로 비정한 것이다.
25) 夏鼐, 1960 ; 安志敏, 1979.

문화(屈家嶺文化) 및 절강(浙江)·복건(福建)·광동(廣東)·대만(臺灣) 등의
채도를 포함한 여러 문화를 '용산식'의 범주로 포괄한 장광직(張光直)의 초
기 도식은[26] 바로 이러한 발상을 대표한 예라 하겠다.

이와 같은 신석기문화의 기원과 발전의 일원론적(一元論的)인 이해는 물
론 각 문화성격에 대한 이해의 미숙, 정확한 연대의 결여, 제한된 발굴현황
등 일차적으로는 학문 내적인 한계에서 비롯된 것이기도 하다. 그러나 용산
문화와 앙소문화의 주인공을 각각 동이족(東夷族)·화하족(華夏族)으로 추정
한 초기의 이해, 앙소문화 주인공의 신체적 특징이 대체로 현대 화북·화남
인에 접근한다는 결론,[27] 그리고 중원지역의 역사적 선진성에 대한 중국인
의 고정관념 등을 상기할 때 중국 신석기문화의 기원을 앙소문화 일원론으
로 설명한 것은 어느 의미에서 중화주의(中華主義) 또는 중원중심주의(中原
中心主義)의 선입견도 크게 작용한 것으로 해석된다.

그러나 B.C. 4,500년경까지 소급되는 대문구문화(산동반도 및 江蘇·安徽
북부)의 설정과 함께[28] 적어도 화북 신석기문화의 이원론적인 인식도 불가
피하였지만, 동시에 주변의 여러 신석기문화도 실제 각 해당지역의 선행문
화를 모태로 독자적으로 발전하였을 뿐 아니라, 그 수준 역시 중원 신석기
문화에 비해 결코 뒤지지 않는 사실이 점차 밝혀짐에 따라, 기원과 계통이
다른 복수의 신석기문화군(群)의 병존을 인정하지 않을 수 없게 되었다.

일찍이 앙소문화의 후반기에는 오히려 동방의 대문구문화 및 남방의 굴가
령문화의 중원 앙소문화에 미친 영향을 지적한[29] 소병기(蘇秉琦)가 무리한
일원론이나 이원론적인 신석기문화의 계통화를 지양하고 지역별 문화권의
설정을 제안한 것이나,[30] 최근 중국 신석기문화의 '다중심 발전론(多中心發
展論)' 또는 '다양성'이 강조된 것은[31] 바로 이 때문이다. 물론 이들이 제안

---

26) Kwang-chih Chang, 1968 참조.
27) 韓康信 등, 1984, pp.248~249는 60년대 仰韶文化人骨分析에 대한 제연구를 잘 요약
    소개하고 있다.
28) 山東省博物館, 1978.
29) 蘇秉琦, 1965.
30) 蘇秉琦 등, 1981은 문화권을 ① 陝西豫晋隣境區, ② 山東 및 그 인접지구, ③ 湖北
    및 그 인접지구, ④ 양자강 하류지구, ⑤ 鄱陽湖·珠江 삼각주 중심의 남방지구, ⑥ 長
    城지대 중심의 북방지구로 大分하고 그 아래 다시 細區를 설정, 모두 십여 지구로 구
    분하였다.

한 구체적인 문화권의 설정이 반드시 중국 신석기문화의 전체적인 실상을 제대로 포착한 것인지는 의문의 여지도 많다.[32] 그러나 이제는 "항상 창조적이고 선진적인 중원문화와 그 영향을 받아 후발(後發)되는 주변문화" 대신 "기원과 계통이 다른 여러 문화의 병행, 발전에 의한 중국의 선사문화"란 인식이 가능해졌고 또 지지되고 있는 것은 확실하다.

여기서 현재 중국 및 그 주변에 분포하고 있는 몽고인종들과 대체로 신체적인 특징이 근사한 여러 집단들에 의해서 발전된[33] 이들 여러 문화의 구체적인 내용 및 그 특징을 일일이 소개할 필요는 없다. 다만 초기 발생단계에서는 그 상호관계가 모호하던 여러 문화들이 중기·만기를 거치면서 상호영향으로 인하여 공동인소(共同因素)가 증대하였으며,[34] 실제 상(商)문화의 형성에는 앙소문화에서 발전한 하남 용산문화, 대문구문화에서 발전한 산동용산문화뿐 아니라 내몽고 대·소릉하(大·小凌河)유역 중심의 홍산문화(紅山文化),[35] 하모도·마가병문화에서 발전한 양저문화[36] 등이 역시 크게 기여한 만큼, 문명탄생의 기반이 된 신석기문화의 전체적인 성과만을 요약·정리해 보겠다.

---

31) 嚴文明, 1987; 佟住臣, 1986; 劉式金, 1982.
32) 특히 佟住臣, 1986은 ① 馬家窯文化系統中心, ② 半坡文化系統中心, ③ 廟底溝文化系統中心, ④ 大汶口文化系統中心, ⑤ 河姆渡文化系統中心, ⑥ 馬家浜文化系統中心, ⑦ 屈家嶺文化系統中心 등 7개의 文化中心區를 설정하면서 각 文化間의 不平衡發展을 강조하고 있는데 遼河유역의 문화권(郭大順 등, 1985 참조)을 배제한 것도 유감이지만, 과연 시대가 현격하게 다른 문화들을 한데 묶어 新石器文化의 '多中心'을 주장하는 것이 타당한지도 의문이다. 이에 비해 嚴文明, 1987이 지역에 따른 경제기반의 차이를 근거로 ① 旱地 농업문화, ② 稻作 농업문화, ③ 수렵채집문화로 3分하고 甘肅文化區·燕北文化區·中原文化區·山東文化區·長江中流文化區·江浙文化區를 나눈 것은 비교적 합리적이나, 역시 양자강 이남과 遼西 以西의 東北지방을 공백으로 남긴 것은 한계라 하겠다.
33) 韓康信 등, 1984 참조.
34) 嚴文明, 1987.
35) 중국문화의 상징 중의 하나인 龍의 最古形態가〔그림 4 참조〕紅山文化에서 발견된 것도(翁牛特旗文化館, 1984; 孫守道, 1984; 孫守道 등, 1984) 紅山文化와 초기 중국문명의 관계를 잘 말해주지만, 특히 陶器紋·神殿·玉器 등을 분석, 紅山文化가 商族 및 그 文化의 기원이었다는 주장이 나올 만큼(干志耿 등, 1985) 紅山文化와 商文化간에 유사요소가 많은 것은 사실이다.
36) B.C. 3,000년 이상으로 소급되는 良渚文化의 고도한 麻·絹 방직기술, 施肥術 등도 中原에 앞선 것으로 지적되고 있지만(李文明, 1986), 특히 그 정교한 玉琮·玉璧 및 그 獸面紋飾은 商文化에 그대로 계승되었다(王巍, 1986; 汪濟英 등, 1980 참조)〔그림 5 참조〕.

신석기문화의 가장 큰 특징은 마제석기·도기의 출현과 함께 식량의 채집
에서 재배·생산으로의 발전이며, 이것은 곧 농경과 가축의 사육을 말한다.
그러나 중국 신석기인들이 재배한 작물의 종류는 그렇게 많지는 않은 것 같
다. 한때 소맥(小麥)·고량(高粱)도 안휘성 박현(亳縣) 부근과 앙소문화의 유
지에서 각각 발견되었다고 보고되었으나 최근에는 부정되었고, 대체로 화
남 수전(水田)지역에서는 도(稻), 그밖의 한지(旱地) 농업지대에서는 속(粟)
과 서(黍)가 확인될 뿐이다.[37] 물론 양저(良渚)문화의 유지에서 화생(花生)·
잠두(蠶豆)·지마(芝麻) 등의 재배가 확인되고,[38] 감숙 진안(秦安) 대지만문
화에서 유채(油菜)종자, 섬서성(陝西省) 서안(西安) 반파(半坡) 앙소문화의
유지에서 개채(芥菜) 또는 백채(白菜)의 씨가, 하모도유지에서 호로(葫蘆)가
각각 발견된 것을 보면,[39] 주곡 이외에 소채(蔬菜) 및 보조작물도 지역의 특
성에 따라 재배되기는 하였지만, 전체적으로 보아 상·주 이후에 비해 재배
작물의 종류는 크게 빈약한 것이 사실이다. 이에 비해 가축의 종류는 지역
에 따라 차이가 있었지만 마(馬)를 제외한 상·주시대의 가축, 즉 닭·개·
소(강남은 水牛)·양·저(猪)가 모두 사육되었다.[40]

재배작물의 종류가 빈약한 것 자체가 곧 농경의 미발달을 의미하는 것도
아니지만, 생산공구의 발달이야말로 중국 신석기시대 농경의 수준을 과시
하고 있는 것 같다. 각 유지에서 대량으로 출토되고 있는 석(石)·골(骨)·
목(木)·방제(蚌製)의 공구들은 그 용도에 따라 다양한 형태를 띠고 있다.
경지(耕地)의 조성과 관련, 벌목·주근(柱根)의 제거용으로 추측되는 석부
(石斧)·석분(石錛), 농경에 사용한 산(鏟)·뢰(耒)·서(鋤), 수확용의 도
(刀)·겸(鎌), 곡물 가공용의 석반(石盤)·석마봉(石磨棒)〔그림 1 참고〕 및 석
오(石杵)·석구(石臼) 등은 신석기 초기부터 광범위하게 사용되었지만,[41] 특
히 대문구문화의 각종 생산공구들은 이미 더 이상 발달하기 어려울 정도로
기능상 완벽한 형태를 보이고 있으며〔그림 2 참고〕, 실제 신석기시대 농구의
종류 및 그 형태는 문명단계 이후의 그것과 별 차이가 없었다.

37) 安志敏, 1988, pp. 371~375.
38) 汪濟英 등, 1980.
39) 安志敏, 1988, p. 375.
40) Ping-ti Ho, 1975, pp. 91~120.
41) 安志敏, 1988, pp. 376~377.

이러한 공구의 발달에도 불구하고 기본적으로 화경농법(火耕農法; slash-and-burn)을 벗어나지는 못하였고 축력이 사용되지 않은 당시 농경의 생산성이 그리 높을 수는 없었을 것이다. 그러나 황토(黃土)의 고도한 지력을 감안한다면 적어도 앙소문화기 1인의 농부가 4~5명을 부양할 수 있는 잉여생산을 실현하였을 것으로 추측하는 견해도 있지만,[42] 어쨌든 양저문화에서 하니(河泥)와 청초(靑草)를 혼합발효시킨 시비술(施肥術)이 확인된 사실, 대문구문화의 초기 유지에서 곡물로 술을 빚은 증거가 명백한 고병배(高柄杯)의 출토,[43] 초기의 조잡한 수제도기(手製陶器)가 윤제도기(輪製陶器)로 발전하면서 다양한 형태의 정치(精緻)한 도기가 대량 생산된 것 등을 고려할 때, 잉여생산의 증대와 이에 따른 비농업 인구의 출현이 실현된 것은 의문의 여지가 없다.

　식량의 잉여생산은 수공업의 발달을 더욱 촉진하였을 것이다. 각종 생산공구가 더욱 정교하게 제작된 것은 물론, 상·주시대의 도기·청동기물(靑銅器物)과 기본적으로 형태가 동일한 저장용, 취사용, 제사용의 각종 도기가 대량 생산되면서 계란 껍질처럼 얇고 표면이 빛나 신석기 도기의 최고봉으로 평가되는 마광(磨光) 흑도(黑陶)〔그림 3 참조〕도 출현하였으며,[44] 제의(祭儀) 및 장식용의 각종 정교한 옥기(玉器),[45] 상아로 만든 정교한 공예품[46] 등도 대거 생산되었다. 또 양저문화 전산양(錢山漾)유지에서 출토된 마포(麻布)와 비단조각은 중국의 전통적인 마·견직 수공업이 이미 이 시대에 시작된 증거이지만,[47] 특히 앙소문화 강채(姜寨)유지에서 아연 25%를 함유한 황동편(黃銅片)과 함께 성분 미상의 동관(銅管) 잔편(殘片) 1건이 발견된 사실,[48] 산동 용산문화에 속하는 산동 교현(膠縣) 삼리하(三里河)유지에서 출토된 2건의 추형동기(錐形銅器) 등은[49] 신석기말에 이미 부분적으로나마 야

42) Ping-ti Ho, 1975, pp. 88~89.
43) 李健民, 1984.
44) Ping-ti Ho, 1975, p. 134.
45) 玉器는 특히 良渚文化에서 발달하였지만, 신석기 초기부터 거의 모든 지역에서 발견되기 시작한다.
46) 상아제품은 이미 河姆渡文化에서 발견되고 있지만, 특히 大汶口文化에서 대량 출토되었다.
47) 汪濟英 등, 1980.
48) 安志敏, 1981, p. 270.
49) 昌濰地區藝術館, 1977.

동기술(冶銅技術)이 발전하였을 가능성을 시사한다.

이와 같은 생산력의 발전은 인구의 증가를 가능케 하였을 것이다. 신석기 유지의 광범위한 분포는 바로 그 결과로 해석되지만, 대규모의 취락이 출현하기 시작한 것은 그 단적인 증거인 것 같다. 거의 예외가 없이 ① 농경에 적합한 비옥한 토지, ② 하천 및 그 지류에 가까운 구릉 또는 대지(台地), ③ 교통이 편리한 곳 등 3가지 요건이 모두 충족된 장소에 위치한 당시 취락의 규모는 작은 것은 1~2만㎡에 불과하지만, 큰 것은 10만㎡ 이상에 달하는 것도 있다.[50] 몇 가지 예를 들어 보자.

조기 앙소문화의 대표적인 유지로 유명한 서안(西安) 반파촌(半坡村)의 위치는 산하(滻河) 동안(東岸)에서 800m 떨어진 하상(河床) 9m의 대지, 총면적은 약 5만㎡, 남북이 길고 동서가 좁은 불규칙한 원형취락인데, 방옥(房屋) 및 저장용의 교혈(窖穴), 가축사육용의 권란(圈欄) 등은 취락의 중심부 약 3만㎡내에 밀집분포되어 있다. 이 주거구는 넓이와 깊이가 각 5~6m인 호구(壕溝)로 둘러싸여 있으며 묘지(墓地)는 유지의 북부, 도요(陶窯)는 동부에 위치하고 있다.[51] 취락 중심부에 위치한 약 160㎡의 장방형(長方型) 대방옥(大房屋) 하나를 제외한 나머지 원형, 방형(方型) 소옥(小屋)은 평균 20㎡ 정도로서 대부분 반지하식이며, 목주(木柱)로 지탱된 지붕은 목연(木椽) 위에 모초(茅草)를 덮었고 벽은 진흙에 풀을 섞어 바른 것으로 추정된다.[52] 전 유지의 1/5 정도밖에 발굴조사되지 않아 방옥의 총수는 알 수 없지만, 보고자들은 약 200개 이상으로 추정, 대체로 500~600인이 동시에 거주하였을 것으로 추정하고 있다[그림 6 참조].[53]

이에 비해 앙소문화 반파형에 속하는 섬서 임동(臨潼) 강채(姜寨) Ⅰ기문화에서[54] 발굴조사된 취락은 규모는 작지만 그 전모가 밝혀졌다는 점에서 많은 주목을 받고 있다. 거의 원형에 가까운 이 촌락의 총면적은 25,000㎡, 촌락의 주위는 역시 방어용으로 추정되는 호구로 둘러싸여 있고(특히 望樓로 추정되는 것도 3所 보인다), 약 4,000㎡의 중앙 광장을 중심으로 약 100여 개의

50) 安志敏, 1988, pp. 369~371.
51) 中國科學院考古硏究所 등, 1963, pp. 5~9.
52) 同上, pp. 9~34.
53) 同上, p. 228.
54) 北京大學歷史系, 1978에 의하면 이 연대는 B.C. 4,020±110이다.

중국文明의 起源과 形成 35

대・중・소의 방옥(房屋 ; 원형, 方型, 불규칙한 형태)이 5군(群)으로 나뉘어 집
중분포되어 있다. 홍미있는 것은 각기 약 20㎡ 정도의 중・소 방옥 20여 개
로 구성된 이 5개의 방옥군은 약 80㎡의 대형 방옥을 중심으로 형성되었고,
각 방옥은 모두 중앙 광장을 향해 문을 내고 있는 점이다. 이러한 구조는 이
촌락이 5개의 씨족 또는 혈족집단으로 구성된 사정을 시사하는 것으로서[55]
당시 사회구조가 촌락의 구조에 반영된 중요한 예라 하겠다〔그림 7 참조〕.

한편 역시 호구로 둘러싸인 불규칙 원형인 내몽고 홍륭와(興隆洼)유지(동
서—서남이 183m, 동남—서북이 166m)내에 방옥이 약 12열(每列 약 12座 전후)
로 배치된 것도[56] 촌락 내부의 구조를 반영한 것으로 추측되지만, 특히 소
하천 또는 수구(水溝)를 사이에 두고 동・서 양대지 위에 형성된 내몽고 포
두시(包頭市) 부근의 아선(阿善)유지,[57] 내몽고 대청산(大靑山) 서단(西段)의
서원(西園)유지(동 약 1만㎡, 서 약 13,500㎡), 사목가(莎木佳)유지(동 약
3,500㎡, 서 약 4,800㎡), 흑마판(黑麻板)유지(총 2만여㎡ 중 동대는 약 7,700㎡)
등은[58] 모두 취락의 이원적인 구조를 반영한 것 같다. 이 내몽고의 유지들
은 반파촌과 강채촌(姜寨村)이 모두 호구로 둘러싸인 것과는 달리 돌담벽으
로 둘러싸여 있는데, 이것은 비록 규모는 작지만 홍산문화기의 석성보(石城
堡 ; 남북 104m, 동서 76m)와[59] 함께 용산문화 만기의 성(후술)의 출현을 예고
한 것으로 평가된다.

대규모 취락의 출현과 함께 촌락 내외에 대형 건축이 발전한 것도 주목된
다. 반파촌에 이미 공공집회소로 추정되는 160㎡의 대형 방옥이 존재한 것
은 앞에서 지적한 대로이지만, 이것은 단간(單間)구조였다〔그림 8 참조〕. 이
에 비해 복수가족의 공동주거용으로 추정되고 있어[60] 그 성격도 다르고 규
모도 훨씬 작지만(약 70㎡) 앙소 후기에 속하는 정주(鄭州) 대하촌(大河村)유
지의 대방옥은(4칸으로 구분된)[61] 다간(多間) 대형 방옥이 출현하기 시작한
증거인데〔그림 9 참조〕, 앙소문화 만기에 속하는 감숙 대지만유지에서 발견

55) 西安半坡博物館, 1980.
56) 中國社會科學院考古硏究所內蒙古工作隊, 1985.
57) 內蒙古社會科學院, 1984.
58) 包頭市文物管理所, 1986.
59) 李恭篤, 1986.
60) 汪寧生, 1983.
61) 鄭州博物館, 1973 및 1979.

36

된 901호 방지(房址)는 바로 이러한 구조가 확대 발전한 예라 하겠다[그림 10 참조]. 이 건물은 옥전(屋前)의 부속건물 이외에 주실(主室 ; 약 131㎡), 동측실(東側室 ; 약 24㎡ ?), 서측실(西側室 ; 약 30㎡ ?), 후실(後室 ; 15.2m×?) 4실로 구성된 현재까지 알려진 중국 신석기시대의 최대방옥이다. 거주지면의 강도를 높이기 위하여 요강석(料礓石)을 태워 만든 인조경골료(人造輕骨料)로 지면을 다진 특이한 건축법도 주목되지만, 방지내에서 출토된 도예기(陶禮器)의 조합, 그 주변 1,000㎡내에 다른 방지가 없다는 점, 주거용으로는 불편한 복잡한 구조 등을 이유로 집회, 제의용(祭儀用)의 부락 또는 부락연맹의 회당(會堂)으로 추정되고 있다.[62]

물론 여기서 부락연맹을 상정하는 것은 지나친 추측일지 모른다. 그러나 1개의 단실(單室 ; 약 6m×2.65m)과 후면에 주실(主室)과 몇 개의 측실(側室)로 구분된 다실(多室) 건축(남북 18.4m, 동서 殘存最寬 6.9m)으로 구성된 B.C. 3,000년경 홍산문화기의 요녕(遼寧) 우하량(牛河梁)유지 '여신묘(女神廟)'도 취락에서 멀리 떨어진 산정에 위치한 점에서[63] 어느 단일한 취락의 신묘(神廟)는 아닌 것 같으며[그림 11 참조], 특히 요녕성 객좌현(喀左縣) 동산취(東山嘴)에서 홍산문화기(C₁₄ B.P. 4895 ±70, 樹校 5485±110)의 나체영부(裸體孕婦)의 도소상(陶塑像)이 출토된 석체건축군(石砌建築群)유지는[그림 12 참조] 그 규모나(약 60m×40m) 위치(山등성이의 대지 주변에 취락의 흔적은 없다)로[64] 보아 어느 한 부락의 전용이라기보다는 역시 부락연맹의 제의중심(祭儀中心)으로 보는 것이[65] 타당한 것 같다.

이처럼 취락 내외의 대형건축이 취락 또는 부락연맹의 공동집회소 내지는 공동신전이었다면, 여기서 우리는 그 수장(首長)의 존재를 상정하지 않을 수 없다. 우하량 '여신묘'남 900m 산정 남사파(南斜坡)에서 조사된 대형 적석총(積石塚 ; 1號 : 동서 17.5m, 남북 18.7m, 2號 : 동서 26.8m, 남북 19.5m로 추

62) 甘肅省文物工作隊, 1986. 이 房址에서 수집된 3개 표본의 C₁₄ 연대는 B.P. 4,740±100, 4,550±100, 4,520±100, 樹輪校正연대는 5,305±135, 5,080±190, 5,045±190이다.
63) 遼寧省文物考古研究所, 1986. 이 유지에서 거의 실물크기에 가까운 人頭塑像과 함께 여성의 신체부위에 해당하는 人物塑像殘片이 발견되었기 때문에 이 건축을 '女神廟'로 명명한 것이다.
64) 郭大順 등, 1984.
65) 《文物》, 1984-11, 〈座談東山嘴遺址〉 兪偉超 발언.

정)들의[66] 주인공들은 바로 당시 부락 또는 부락연맹의 수장들이었는지도
모른다. 그러나 유감스럽게도 이 적석총들은 파괴가 극심하거나 이미 도굴
된 탓으로 그 규모에 걸맞는 부장품이 거의 발견되지 않았기 때문에 그들이
생전에 누린 권력과 부를 더 이상 짐작할 길이 없다. 이에 비해 대량의 옥기
가 부장된 양저문화의 묘들은 이 문제에 더 구체적인 단서를 제공하고
있다.

예컨대 상해시(上海市) 청포현(靑浦縣) 중고공사(重固公社) 복천산(福泉山)
의 높이 약 6m, 남북 약 84m, 동서 약 94m의 인공 토돈(人工土墩)에서 발
굴된 한 묘에서는 옥(玉)·석질(石質)의 주(珠)·관(管)·추(墜) 69립(粒)을
비롯, 옥비식(玉臂飾) 1건, 옥추형기(玉錐形器) 4건, 옥루두형장관(玉漏斗形
長管) 3건, 옥부(玉斧) 2건, 옥종(玉琮) 5건, 옥벽(玉璧) 3건, 옥탁(玉鐲) 1건,
소옥식편(小玉飾片) 17건, 수면문(獸面紋) 상아기(象牙器) 1건, 흑도화(黑陶
盃) 1건, 석부(石斧) 9건 등이 수장되었다.[67]

또 강소성 상주(常州) 무진(武進)의 사돈(寺墩), 높이 20m, 동서 100m, 남
북 80m의 타원형 인공 토돈에서 발견된 양저문화의 3좌묘(座墓) 중 대체로
거금(距今) 4,500년 전후로 추정되는 M 묘에서는 도제 생활용구 14건, 옥
(玉)·석(石) 생산공구 14건, 옥제(玉製) 장식품 9건, 내옥탁(內玉鐲) 2건, 추
형식(錐形飾) 2건, 옥주(玉珠)·옥관(玉管) 40건, 옥벽(玉璧) 24건, 옥종(玉
琮) 33건 등이 대거 반출(伴出)되었다[그림 13 참조].[68]

먼저 주목되는 것은 이 묘들이 특별히 규모가 큰 묘광(墓壙)이나 장구(葬
具)가 없는 엄토매장(掩土埋葬)이지만 토돈 자체가 묘장을 위해 인공적으로
조영된 고대(高台)일 뿐 아니라 일반 씨족공동묘지가 아니라 소수의 특별한
사람만의 매장을 위한 묘지로서 막대한 노동력이 투여된 사실이다.[69] 두번
째로 주목되는 것은 부장품의 양과 그 성격이다. 비록 생활용구와 생산공구
도 일부 포함되었지만, 특히 복천산묘(福泉山墓)의 경우 일견 생산공구로 보
이는 9건의 석부 역시 그 일부는 이미 예제용(禮制用)의 월(鉞)과 형태가 유

사할 뿐 아니라 모두 정교하고 높은 광택을 발하고 있어[70] 단순한 실용공구
라기보다는 권력과 신분의 상징으로 보는 것이 타당한 것 같다[그림 14 참
조]. 또 옥종(玉琮)·옥벽(玉璧)도 아직 명확한 성격은 밝혀지지 않고 있지만
적어도 제의용의 예기(禮器)인 것은 분명하며, 이들이 중국 고대사회에서
일관되게 권력, 신분 및 지위의 상징이었다는 것도 주지의 사실이다.[71]

따라서 이러한 성격의 예기들을 다량 수장하면서 막대한 노동력이 투여된
토돈(土墩)에 매장된 주인공들은 결코 일반 씨족성원은 아닐 것이다. 때문
에 이들을 원시 군사민주제의 군사수장(軍事首長)[72] 또는 대량의 재부(財富)
를 소유한 씨족귀족으로 보는 견해도[73] 제기된 것 같다. 어쨌든 이들이 집
회 또는 제의용의 대형건축을 중심으로 형성된 집단을 대표 내지는 지배한
권력자인 것은 명백하며, 특히 부장품 중 생산공구가 거의 없다는 점과 아
울러 사돈묘(寺墩墓)의 주인공이 20세 전후한 청년이란 사실은,[74] 이들이 이
미 생산과도 유리된 존재였을 뿐 아니라[75] 그 권력도 세습되었을 가능성을
추측케 한다.[76]

이러한 권력의 형성은 씨족제도 및 결혼제도의 변화, 사회적 분업의 발
생, 사유제의 성립과 발전, 계급과 신분의 분화 등 전반적인 사회구조의 변
화와 병행하여 이루어졌음은 물론일 것이다. 중국의 연구자들은 이 문제와
관련, 모계씨족사회(母系氏族社會)에서 부계사회로의 전환(B.C. 3,000년경)과
함께 대우혼(對偶婚)에서 일부일처제(一夫一妻制)로, 다시 이것이 부분적인
일부다처제(一夫多妻制)로 발전, 이와 병행한 부계가족 중심의 사유제 발전
과 계급분화란 도식을 대체로 찬성하고 있는 것 같다.[77]

앙소 반파유형에 속하는 원군묘(元君廟) 묘지 총 57좌(座) 중 2/3 이상이

70) 上海市文物保管委員會, 1984.
71) 王巍, 1986.
72) 石興邦, 1983.
73) 汪遵國, 1984.
74) 南京博物院, 1984.
75) 李文明, 1986.
76) 汪遵國, 1984.
77) 이 도식은 Morgan의 *Ancient Society*의 이론에 기초한 Engels 의 *Der Ursprung Der Familie, Des Privateigentums und Des Staats* 의 도식을 그대로 답습한 것이지만 郭沫若 主編,1976을 비롯한 거의 모든 중국 원시사회사에 관한 개설서 및 논문들이 대체로 이 틀을 벗어나지 못하고 있다.

다인합장(多人合葬)이고 소아와 여(女)의 합장은 있어도 성인남(成人男)과 소아의 합장 예가 없는 현상과 여아후장(女兒厚葬)의 경향 등은[78] 대우혼 여부는 차치하더라도 모계씨족제는 반영한 것인지도 모른다. 그러나 전체적으로 볼 때 그들이 가장 유력한 근거로 제시하고 있는 앙소기의 묘장이나 주거지의 형태도 과연 모계 또는 모권사회의 단계를 적극적으로 입증해 줄 수 있는지는 극히 의문이라면,[79] 이 문제는 앞으로 좀더 신중히 검토할 과제로 남겨 놓는 것이 무난한 것 같다.

다만 단인장(單人葬)·다인합장의 단계에 비해 단인장·부부합장이 출현하면서 부장품의 차이가 현저하게 나타난 것은 확실하다. 예컨대 반파(半坡) 묘지의 경우 총 25좌 중 다인합장은 2좌(각 4인, 2인)인데 부장품은 71좌에서 모두 308건(277건이 도기, 나머지는 장신구), 1묘의 최다(最多)도 10건, 7건 이상은 1/4 정도에 불과하다.[80] 물론 이것도 차이라면 차이이다. 그러나 부장품의 양도 적거니와 별다른 빈부의 차이를 시사하는 것은 결코 아니다. 이에 비해 총 117좌가 조사된 대문구(大汶口) 묘지의 경우, 성인 남녀의 합장은 8좌, 부장품이 전혀 없는 것이 8좌, 1~5건은 전체의 50%, 6~9건은 25%, 10건 이상이 25%인데, 부장품이 50~60건, 심지어는 180여 건이 부장된 예도 있으며, 특히 5좌의 대묘(大墓 ; M10, 47, 90, 117, 126)에서 출토된 도기는 전체 출토도기의 1/4 이상을 점한다.[81] 뿐만 아니라 부장품의 종류도 대단히 다양하다. 예컨대 M10(성인 여자의 묘)은 80여 건의 정치(精緻)한 각종 도기와 함께 상아제품[梳·影筒], 옥제 비환(臂環)·지환(指環)·산(鏟), 대리석 송록석(松綠石)으로 만든 두식(頭飾)과 경식(頸飾), 3개의 저두(猪頭)가 수장되었으며, 성인 남녀가 합장된 M13 묘에서는 19건의 각종 도기와 함께 저두 14개가 출토되었다.[82] 이것은 대문구사회가 반파(半坡)사회에 비해 생산력이 크게 앞섰을 뿐 아니라 동시에 재부가 소수에게 편중된 단적인 증거라 하겠다[그림 15 참조]. 생산력의 증대에 따른 잉여 재부를 집중 소유한 소수는 점차 취락내의 주도권을 장악하였을 것이며, 주변 취락의 정복 또는 통

78) 張忠培, 1979.
79) 이 점을 小野和子, 1984가 잘 지적하고 있다.
80) 中國科學院考古研究所 등, 1963, p.198, p.205.
81) 山東省文物管理處 등, 1974, pp.8~9.
82) 同上, p.138.

합과정에서 이들의 권력은 더욱 강화되었을 것이다.

앞에서 지적한 양저문화의 수장층도 바로 이런 과정을 통하여 형성되었겠지만, 시대가 내려갈수록 권력과 재부의 집중은 더욱 심화된 것 같다. 예컨대 산서성 양분현(襄汾縣) 용산문화기에 속하는 도사(陶寺)유지의 묘지를 주목해 보자. 최조(最早) B.C. 2875±185, 최만(最晚) 1905±95란 연대의 폭을 가진 이 유지에서 발굴조사된 총묘수는 약 780여, 이 중 대형 9, 중형 약 80, 소형은 610여이다. 모두 남성이 주인인 대묘의 부장품은 100~200건에 달하는 반면, 중형은 대체로 1~2건 또는 5~6건(最多 10수件), 소형묘의 경우는 절대다수가 부장품이 전혀 없고 극히 일부에서만 1~3건이 출토되었으나 그것도 대부분 골계(骨笄) 등의 자질구레한 것이고 도기가 나온 것은 3례에 불과하다.[83] 이것은 결국 신석기시대 말기에 이미 권력과 재부가 극소수, 그것도 남성에 집중된 사정을 단적으로 입증하는 것이 아닌가?

물론 이런 현상이 곧 씨족공동체 자체를 분해시킨 것은 아니었다.[84] 그러나 공동체의 외피를 유지하면서 소수가 사실상 재부와 권력을 독점한 상황에서는 사회적 통합을 강조하는 장치가 필연적으로 요청되었을 것이다. 즉 사회적인 분화와 갈등도 일시적 또는 관념적으로 해소시킬 수 있고, 동시에 그 권력을 보증·강화해 줄 수 있는 방법이 필요하였던 것이다. 이 요구에 부응하여 발전된 것이 바로 제의(祭儀)였던 것 같다. 물론 반파(半坡)촌에서도 주술사(文身을 한 人面의 양쪽에 魚가 상접한 그림이 있는 유명한 彩陶〔그림 16〕를 보라)뿐 아니라 풍요를 기원하는 제사가 확인된 것을 보면,[85] 제례는 빈부가 분화되기 이전의 신석기시대초부터 시작된 것은 물론이다. 그러나 대형 적석총과 함께 나타난 우하량의 '여신묘', 다수 부락의 연합을 배경으로 건설되었을 것으로 추정되는 동산취(東山嘴)의 신전(神殿)은 당시 대규모로 조직된 제례의 기능을 잘 말해 주고 있으며, 특히 양저문화의 수장층이 다량의 제례용 예기를 수장하고 있는 것은 그 권력이 제례의 조직 및 주재(主宰)의 형식으로 행사되고 또 보증된 증거라 하겠다.

---

83) 高煒 등, 1983; 中國社會科學院考古研究所山西工作隊 등, 1983.
84) 씨족질서가 완전히 해체된 春秋時代 후기까지는 변질된 형태나마 씨족공동체는 사회의 기본단위로 존속하였다.
85) 中國科學院考古研究所 등, 1963, pp. 220~221.

제례의 발달은 필연적으로 인간의 상징체계를 발달시켰다. 장광직(張光直)은 고대 중국의 제례·예술이 정치권력과 불가분한 관계에 있었음을 잘 논증하고 있지만,[86] 각종 신화적인 동물의 형상, 기하학적이고 추상적인 도안, 기이한 형태의 도기, 옥제·석제의 각종 장신구 및 예기(禮器) 등이 제례의 발달과 표리를 이루며 발달한 것은 의문의 여지가 없다. 더욱이 제례는 신과의 교감(交感) 또는 대화가 그 본질인 만큼, 점복과 신탁(神託) 및 음악이 발달한 것은 필연적이었다. 반파촌에서 발견된 원시적인 취악기의 일종인 도초(陶哨),[87] 많은 학자들이 문자의 기원으로 간주하고 있는 앙소토기의 각선부호(刻線符號)[그림 18]와 대문구 도기상에 각해진 도상부호(圖象符號)[그림 19],[88] 이미 상식에 속하는 수골점복(獸骨占卜)의 성행 등은 모두 그 구체적인 예라 하겠지만, 최근 B.C. 6,000년 이상 소급되는 하남성 무양현(舞陽縣) 가호(賈湖)유지에서 골적(骨笛; 長 22.2cm, 7개의 大孔과 1개의 小孔이 있는)과 함께 부호를 각한 귀갑이[그림 17] 출토된 사실은[89] 상징부호·음악·점복의 밀접한 상호관계를 단적으로 입증한다. 이 무양현 가호(賈湖)유지의 경우는 신석기초에 해당하는 만큼, 시대가 내려가면서 제례가 더 대규모화하고 복잡화됨에 따라 점복·음악·상징부호도 더욱 세련되고 체계적으로 발달하였을 것이다. 이 점복과 상징부호는 결국 문명 초기의 문자 및 수골(獸骨)·귀갑점(龜甲占)으로 발전하였겠지만, 특히 앞에서 소개한 도사(陶寺)유지에서 토고(土鼓)·타고(鼉鼓)와[그림 28- B.C] 함께 석경(石磬)이 출토된[90] 사실은 권력의 집중 및 빈부가 양극화된 사회의 제례가 복잡하고 다양한 음악에 의해서 뒷받침된 구체적인 예라 하겠다.

II. 文明의 誕生과 特徵

앞장에서 소개한 신석기문화의 유산을 기초로 중국의 최초 문명은 탄생하였다. 그러나 일반적으로 초기문명의 지표로 흔히 지적되고 있는 청동기,

---

86) Kwang-chih Chang. 1983 참조.
87) 中國科學院考古研究所 등, 1963, p. 190.
88) Cheung Kwong-yue. 1983.
89) 河南省文物研究所, 1989.
90) 中國社會科學院考古研究所山西工作隊 등, 1983.

체계적인 문자조직, 계급의 분화, 국가의 형성, 도시의 발달, 체계적인 종교 등은 신석기문화에서는 볼 수 없는 새로운 양상이며, 이들은 상호 유기적인 관계하에서 나타난 요소들이다. 그러나 모든 지표를 중국 초기문명에서 기대할 이유도 없고, 적어도 상대(商代)를 문명단계로 보는 데 이론이 없는 만큼, 여기서는 상대에 선행하는 문명단계의 존재 여부와 그것이 언제, 어디서, 어떻게 시작되었는가를 검토하는 것만으로도 족할 것이다. 물론 문명은 신석기문화 중 가장 선진지역에서 먼저 시작되었을 것이며, 상문화의 중심이 하남성 일대였던 만큼 하남 용산문화를 중심으로 이 문제를 모색하는 것도 한 방법일 것이다. 그러나 이것은 자칫 중원이 유일한 문명의 발상지란 선입견에 빠질 우려가 있으므로 먼저 상문화와 병행 또는 선행한 주변의 청동기문화와 그와 관련된 지표의 유무를 확인해 보자.

이 문제와 관련, 먼저 최근 주목되기 시작한 악석문화(岳石文化)를 살펴보자. 이 문화는 산동성 평도현(平度縣) 동악석(東岳石)에서 처음 발견될 당시에는 비록 그 독특한 성격은 인정되었으나 산동 용산문화의 범주로 처리되었다.[91] 그러나 그 후 산동성 일대에서 계속 이와 유사한 문화가 발견되고 특히 산동 용산문화의 상층에서 이 문화가 발견됨에 따라 1981년 엄문명(嚴文明)은 이것을 (동)악석문화로 명명, 그 독자적인 지위를 부여할 것을 제창하였다.[92] 이 문화는 산동 용산문화에 비해 시기적으로 늦고 그 분포범위는 대체로 산동 용산문화의 지역과 일치하여 종래 산동 용산문화→상문화란 도식이 산동 용산문화→악석문화로 바뀌고 있는데, 1979년 모평현(牟平縣) 조격장(照格莊)유지에서 직경 0.5cm, 길이 6.2cm의 청동추(靑銅錐)가, 1981년 사수현(泗水縣) 윤가성(尹家城)유지에서 청동촉(靑銅鏃)과 청동 잔편이 각각 발견되었으며, 비록 청동 용기나 대형 청동제 생산공구는 아직 발견되지 않았으나 정교한 골기(骨器)의 제작으로 보아 금속공구가 광범위하게 사용되었을 가능성이 농후하다.[93] 따라서 악석문화는 청동기문화에 속하는 것이 분명하다. 다만 윤가성유지의 C_{14} 연대가 B.P. 3445±85, 수교(樹校) 3715±135이며,[94] 조격장(照格莊)유지의 4개 표본의 연대가 최조(最早) B.C. 1890±

---

91) 中國科學院考古研究所, 1962.
92) 嚴文明, 1981.
93) 趙朝洪, 1984.
94) 山東大學歷史系考古專業 등, 1985.

135, 최만(最晩) B.C. 1745±130으로 나오고 있어[95] 여타 청동기문화에 비해 연대가 떨어지는 것을 기억해야 한다.

한편 우하량·동산취유지에서 그 수준을 과시한 홍산문화 역시 문명발생이 예상되는 후보 중의 하나이다. 현재 홍산문화의 전개에 대해서는 아직도 불분명한 점이 많다. 그러나 1973년 이후 내몽고 오한기(敖漢旗) 소하연공사(小河沿公社) 부근에서 홍산문화와 구별되는 독특한 문화가 발견된 이후, 내몽고·요녕 일대에서 계속 이와 유사한 문화가 보고됨에 따라 소하연문화의 개념이 설정되었고 대체로 홍산문화→소하연문화→하가점(夏家店) 하층문화의 계기적인 발전이 확인되고 있다.[96] 이로써 1960년대 이후 본격적으로 알려지기 시작한 하가점 하층문화가 홍산문화에서 발전한 것이 해명되었지만, 이 문화는 홍산문화에 비해 지역적 분포가 훨씬 광범할 뿐 아니라 그 존속기간도 대단히 장구하다. 즉 동으로는 요하(遼河), 남으로는 하북(河北) 경진지구(京津地區), 북으로는 시라무렌강[西拉木倫河] 유역에 이르고, 시기상으로는 용산문화시기에서 서주까지 걸치고 있다. 그러므로 이 문화에서 용산문화의 요소는 물론 중원의 이리두문화(二里頭文化; 후술), 이리강(二里崗) 상대문화, 서주문화의 요소가 확인되는 것도 당연하지만,[97] 상·주시대까지 걸친 이 문화에서 청동기가 다수 출토된 것도 극히 자연스러운 일이다. 다만 문제는 이 청동문화가 상·주 청동문화의 확산 결과인지 아니면 독자적인 기원을 갖느냐는 것인데, 적어도 시기상 중원 용산문화의 만기에 해당하는 조기 하가점 하층문화에서 이미 청동기가 출토되고 있는 것은 확실하다.[98]

따라서 하가점 하층문화의 청동기문화가 시작한 정확한 연대는 아직 밝혀지지 않았지만, 적어도 상대(商代) 이전, 대체로 B.C. 2,000년경 하가점 하층문화로 대표되는 청동기문화가 내몽고·요녕 일대에서 홍산문화의 전통을 기초로 번영한 것은 인정해도 좋을 것이다.[99] 이 문화 조기의 커다란 특징으로 지적되고 있는 '한 개의 대성보(大城堡)와 몇 개의 성보(城堡)로 구성

95) 趙朝洪, 1984.
96) 李恭篤·高美璇, 1980.
97) 李經漢, 1979, p.163.
98) 위의 책, p.165.
99) 蘇秉琦, 1986.

44

된 유기적인 군체(群體)'의 형태로 하곡지대(河谷地帶)에 밀집한 주거지와 특히 내몽고 적봉(赤峰) 영금하안(英金河岸) 대구(台丘) 위에 대체로 전국(戰國)·진(秦)·한(漢)의 장성(長城)과 병행하여 동서로 배열된 소성보대(小城堡帶)는 이 문화의 발전단계를 이해하는 데 중요한 단서를 제공하는 것 같다. 소병기(蘇秉琦)는 적봉(赤峰)의 소성보대를 '원시 장성'으로 규정, 이 시대의 사회를 소성보·대성보의 조합군(組合群), '원시 장성'을 공영(共營)한 대집단의 3중구조로 파악, 하가점 하층문화의 조기시대를 '고문화·고성·고국(古文化古城古國)'의 단계로 이해할 것을 주장하고 있다.[100] 어쨌든 B.C. 2,000년경까지 소급되는 요서 청동기문화의 배후에 이미 다수의 성보군(城堡群)을 통합한 정치조직이 형성된 것은 거의 확실한 것 같다.

한편 초기 청동문화의 발생과 관련, 빼놓을 수 없는 지역은 감숙 일대이다. 이 지역에서 B.C. 6,000년경까지 소급되는 대지만(大地灣) Ⅰ기문화가 확인된 것은 앞에서 지적하였지만, B.C. 3,000년경 이후 이 일대의 신석기 문화는 앙소문화의 범주로 흔히 분류되고 있는 마가요(馬家窯)유형(B.C. 3,100~2,700), 반산(牛山)유형(B.C. 2,600~2,300), 마창유형(馬廠類型; B.C. 2,200~2,000)을 거쳐 B.C. 2,000년경 제가문화(齊家文化)로 발전한 것 같다.[101] 바로 이 제가문화에서 청동기가 발견된 것이다. 현재까지 이 문화에 속하는 유지에서 출토된 동기는 수십 건에 불과하지만, 그 종류는 경(鏡)·부(斧)·도(刀)·추(錐) 등 비교적 다양하다. 최근 제가문화에 대한 종합적인 연구를 시도한 장충배(張忠培)에 의하면 동기(銅器)의 출현은 B.C. 3,000년대 후반 전기에 해당하는 Ⅰ기 3단 이후이며, 초기의 홍동(紅銅)단계를 거쳐 청동으로 발전하였고, 냉단기술(冷鍛技術)뿐 아니라 단범(單範)→합범주조(合範鑄造)기술까지 확인되는 것으로 보아 제가문화에서 독자적인 계열의 청동기술이 발전하였을 가능성이 높다는 것이다.[102] 분기 및 연대에 관한 씨(氏)의 주장은 다소 문제가 있으나, 청동기술에 관한 한 대체로 수긍할 만

---

100) 同上. 氏는 '古文化'를 '原始文化', '古城'을 일반적인 城市 또는 도시가 아닌 城·鄕이 최초로 분화된 형태의 '城' 또는 '鎭'으로, '古國'을 씨족부락의 차원을 초월한 '穩定的 獨立的 政治實體'로 각각 정의하고 있는데, '原始文化'는 초기 문명단계를 포함한 개념으로 사용한 것 같다.
101) 中國社會科學院考古研究所 編, 1984, pp. 105~125.
102) 張忠培, 1987.

하다.

제가문화에서는 아직 성보는 발견되지 않았고, 대규모의 정치조직을 추정할 만한 자료도 충분히 확보되지 못한 것은 사실이다. 그러나 황랑랑대(皇娘娘台)유지가 12만㎡ 이상에 달하는 사실과, 300여 좌 이상의 유만(柳灣)유지의 묘지는 대규모 취락의 발전을 시사한다. 또 앙신직지(仰身直肢)의 남자와 함께 머리부분이 없는 측신굴지(側身屈肢)가 매장된 황랑랑대 M₇₆ 묘, 관중(棺中)의 앙와(仰臥) 남자와 함께 관외의 측신굴지(側身屈肢)로 매장된 여자 및 일조(一條)의 퇴부(腿部)가 관하(棺下)에서 발견된 유만(柳灣) M₂₁₄ 묘, 앙신(仰身) 남자 1인을 제외한 나머지는 모두 순장된 것으로 보이는 8인 또는 13인이 합장된 제가평(齊家坪)의 묘들은 처첩(妻妾) 및 기타 예속인의 순장을 입증하고 있으며,[103] 수장품도 있고 목질장구(木質葬具)도 있으나 유두무신(有頭無身), 무두유신(無頭有身) 또는 사지(四肢)가 부전(不全)하여 부락간의 전쟁희생자들이 매장된 것으로 추정되는 유만유지의 묘들은[104] 당시 사회의 복잡한 양상을 잘 전하고 있다.

한편 복골(卜骨) 및 양·우골(牛骨)이 출토된 대하장(大何莊)유지의 5처(處) '석원권(石圓圈)' 및 그와 관련된 건축, 양복골(羊卜骨)이 수장되어 무사(巫師)의 묘로 추정되는 황랑랑대 M과 진위가(秦魏家) M 묘[105]들은 특정한 제례성소(祭禮聖所)에서 무사에 의한 점복 및 생제(牲祭)가 행해지는 복잡한 의식을 충분히 짐작케 하지만, 특히 비록 마창기(馬廠期)에 속한다고는 하나 극히 다양한 유만(柳灣) 도기상(陶器上)의 여러 부호들은[106] 문자의 기원과 관련, 중요한 자료들이 될 만하다. 그러므로 이상의 자료들만으로도 B.C. 2,000년경 감숙 일대에서 번영한 제가문화를 초기 문명단계의 또 다른 중심으로 설정해도 대과는 없는 것 같다.

이에 비해 대단히 높은 수준을 보인 양저문화가 번영한 지역에서는 아직 상대(商代)에 선행하는 청동기문화가 보고되지 않고 있으나, 상문화의 중심지인 하남성 일대에서도 하남 용산문화 만기에 청동기문화가 역시 출현하였

103) 中國社會科學院考古研究所 編, 1984, p. 119, p. 123, p. 125.
104) 靑海省文物管理處考古院, 1979, pp. 161~162.
105) 中國社會科學院考古研究所 編, 1984, p. 119, p. 121.
106) Kwang-chih Chang, 1986, p. 151을 참고[그림 20 참조].

다. 이 지역에서 최초로 확실한 청동기가 발견된 곳은 하남성 언사현(偃師縣) 이리두(二里頭)유지였다. 이 유지는 1959년 '하허(夏墟)' 탐색의 일환으로 발굴이 착수된 이래, 1964년까지 총 9차에 걸친 발굴조사의 결과, 그 면모가 드러나기 시작하였다. 모두 4기로 구분되고 있는 이 유지의 3기 문화 중에서 1변이 각 100m 정도의 정방형에 가까운 궁전유지와[그림 21 참조] 함께 분(錛)·착(鑿)·도(刀)·추(錐)·어구(魚鉤)·과(戈)·척(戚)·촉(鏃)·작(爵)·령(鈴) 등 각종 청동기 및 그 도범(陶範)·동사(銅渣)·감과(坩鍋) 잔편(殘片)이 발견된 것이다.

물론 여기서 발견된 동작(銅爵)은 상대 청동기의 커다란 특징인 요철문(紋)도 없고 표면도 거칠어 아직도 유치한 단계를 벗어나지 못한 것도 사실이다. 그러나 청동기가 생산공구·병기·예기(禮器)를 모두 포함하고 있을 뿐 아니라 동작(銅爵)의 분석 결과 확인된 합범주조기술(合範鑄造技術) 및 동·석(銅錫)의 비율(92%와 7%)이 기본적으로 정주(鄭州) 이리두기(二里頭期)의 청동 주조기술과 일치하고 있고, 특히 직경 17cm, 두께 1.5cm의 원형 동편(銅片)에 4면을 61매(枚)의 송록석(松綠石)으로 양감(鑲嵌)한 유물은[그림 23] 이 청동기문화의 수준을 잘 말해주고 있다.[107] 이 이리두문화의 발견이 상대 청동기문화의 기원을 해명하는 데 크게 기여한 것은 당연하였다.

1950년대 정주시 부근에서 확인된 4변의 길이가 총 7,195m에 달하는 상성(商城)과 그 주변에서 발견된 주동작방(鑄銅作坊) 및 다량의 우수한 청동기도 안양기(安陽期) 청동문화가 적어도 B.C. 15세기 전후에 해당하는 정주기 청동문화(흔히 二里崗期 商文化라고도 부른다)를[108] 계승한 것을 밝히는 데 크게 공헌한 것은 사실이다. 그러나 대규모의 성과[109] 정주기문화의 고도성 때문에 다시 그 기원의 문제를 제기하지 않을 수 없었는데, 대규모의 궁전유지와 함께 정주기보다는 조야한 청동기가 다수 출토된 이리두유지야말로 정주기 청동기문화의 구체적인 연원이 될 가능성을 제공한 것이다.

그러나 유감스럽게도 궁전유지와 청동기가 출토된 이리두유지 3기의 최

---

107) 中國科學院考古研究所二里頭工作隊, 1974, 1976.
108) 河南省文化局文物工作隊, 1959 및 河南省博物館 등, 1977 참조.
109) 安金槐, 1961은 鄭州商城을 商이 安陽으로 천도하기 이전의 王都 중의 하나로 알려진 隞로 단정하고, 이 商城이 건설되는 데 소요된 노동력을 계산, 1萬人이 동원될 경우 18년이 걸렸을 것으로 추정하였다.

초 특정연대는 C₁₄ B.C. 1,245±90, 수교(樹校) B.C. 1,300~1,500으로서[110] 정주기보다 앞선 증거가 되지 못하였다. 다만 3기 청동기술의 수준으로 보아 1,2기 역시 청동기시대로 추정할 수 있다면[111] 최초에 측정된 1기의 연대는 C₁₄ B.C. 1,620±95, 수교 B.C. 1,690~2,080에 해당하는 만큼,[112] 적어도 이리두유지 1기 문화를 정주기에 선행하는 청동기문화로 볼 수는 있었다. 그래서 이리두유지의 본격적인 조사와 병행하여 하남성 일대에서 발견된 비슷한 유형의 문화를 이리두문화로 명명하고 상문화의 조·중·만기의 전개를 이리두기→정주기→안양기로 일단 정리하게 된 것이다. 그러나 이리두유지의 연대추정이 보다 진전되면서 또 다른 문제가 야기되었다.

이리두유지 4기의 연대도 C₁₄ B.C. 1,385±85, 수교(樹校) 1,625±130으로 올라갔고 1기의 C₁₄도 C₁₄ B.C. 1,940년(樹校는 대체로 이보다 300년 올라갈 것이다.)인 예도 확인되었을 뿐 아니라 낙양 좌리(焦李)유지 4기의 C₁₄ 연대도 B.C. 2,010년까지 소급됨에 따라[113] 적어도 이리두 조기문화는 상대의 상한을 훨씬 초과하는 것이 명백해졌기 때문이다. 그리하여 이리두문화를 하(夏)문화로 보는 주장이 광범위하게 제기되었는데(후술), 어쨌든 이리두문화와 관련, 확실한 청동기의 존재는 B.C. 1,700년경까지이며 그 이상은 단지 가능성에 불과하다.

그러나 이리두문화와 선후관계가 거의 확실한 하남 용산문화에서[114] 동기 또는 청동기가 발견됨으로써 중원 청동기문화의 상한은 보다 소급되었다. 하남성 등봉현(登封縣) 왕성강(王城崗) 용산문화기의 성보유지의 H₆₁₇ 교혈(窖穴)에서(樹校 B.P. 3,850±190) 출토된 청동기 잔편은 바로 그 구체적인 실례이다.[115] 그러나 B.C. 2,085년까지 소급되는 산서(山西) 양분현(襄汾縣) 도사(陶寺) 용산문화유지에서도 홍동(紅銅) 영형기(鈴形器)가 발견되었으며,[116] 하남성 회양현(淮陽縣) 평량대(平糧台) 용산문화기의 고성지의 수교 B.P.

---

110) 中國科學院考古硏究所二里頭工作隊, 1974.
111) 殷瑋璋, 1978.
112) 中國社會科學院考古硏究所二里頭工作隊, 1974.
113) 夏鼐, 1977; 中國社會科學院考古硏究所 編著, 1983, pp.72~74 참조.
114) 洛陽博物館, 1978; 安陽地區文物管理委員會, 1980; 趙芝荃, 1986.
115) 河南省文物硏究所·中國歷史博物館考古部, 1983; 李先登, 1984.
116) 中國社會科學院考古硏究所山西工作隊 등, 1984.

48

4,355±175로 측정된 H₁ 회갱(灰坑)에서도 동록색(銅綠色) 동사(銅渣)가 확인
되었다.[117] 또 1950년대 정주시 서교(西郊) 우채촌(牛砦村) 하남 용산문화유
지에서 발견된 노벽(爐壁)도 근래 청동을 용화(熔化)하는 데 사용한 것으로
밝혀졌고, 그 연대가 B.C. 2,200년 이상 소급되는 하남성 임여현(臨汝縣) 매
산(煤山)유지에서 출토된 니질노저(泥質爐底)도 홍동을 용해한 흔적이 뚜렷
하다.[118] 따라서 중원지구의 청동기시대는 적어도 용산문화 말기의 홍동단
계를 거쳐 B.C. 1,900년경 시작된 것으로 보아도 대과는 없는 것 같다.

그렇다면 중원 청동기문화는 상술한 여타 주변의 청동기문화에 비해 오히
려 시기적으로 뒤질지언정 결코 선행한 증거는 없는 셈이다. 따라서 앞으로
이들 여러 청동기문화의 성격 및 상호관계는 더 규명되어야 할 과제이지
만, 적어도 신석기문화의 발생과 관련, 지적된 다원성은 청동기문화의 출현
에서도 적용될 수 있는 것 같다. 그러나 중국 초기 청동기문화가 비록 계통
을 달리하는 각 지역의 신석기문화를 배경으로 적어도 4개 지역에서 거의
비슷한 시기에 발생하였지만, 본격적인 문명의 만개(滿開)는 중원에서 이루
어졌고, 또 그 잠재력이 가장 높은 것 역시 중원의 초기 청동기문화였다는
것은 인정해야 할 것 같다.

방대한 노동력이 투여된 거대한 항토축조(夯土築造)의 정주상성(鄭州商
城), 성내 동북부 궁전유지로 추정되는 동서 750m, 남북 500m 범위내에서
확인된 10처(處)의 항토대기(夯土台基; 큰 것은 2,000㎡, 작은 것은 100여㎡), 그
중 10호 항토대기 위에 위치한 남북 34m, 동서 10.2m의 방기(房基), 그 주
변에서 발견된 제사희생용으로 추정되는 적지 않은 두개골,[119] 성 밖에 분포
한 주동·제동(製銅)·양조작방(釀造作坊) 및 인골도 재료로 사용한 골기작
방(骨器作坊), 정교한 각종 대형 청동기, 갑골문이 새겨진 점복수골(占卜獸
骨)의 출토 등은[120] 모두 당시 정주성을 중심으로 한 사회가 계급의 분화, 청
동기문화의 발달, 문자·제의(祭儀)의 발달, 강대한 권력을 중심으로 조직된
성시(城市) 등 거의 모든 문명의 성숙된 지표를 구비한 문명단계에 도달한

117) 河南省文物研究所·周口地區文化局文物科, 1983.
118) 李京華, 1985, p.75.
119) 河南省博物館 등, 1977; 河南省文物研究所, 1983 참조.
120) 河南省文化局文物工作隊, 1959; 中國社會科學院考古研究所 編, 1984, pp.219~223.

증거라 하겠다 [그림 24 참조]. 비슷한 시기, 주변 청동기문화가 이러한 단계를 보인 증거는 아직 없다. 반면 근래 주목되고 있는 언사(偃師)상성(商城)은 이러한 정주기의 문명단계가 시기적으로 소급될 수 있는 가능성을 제공하는 것 같다.

앞에서 언급한 이리두유지에서 불과 5~6km 떨어진 이 성지(城址)는 현재 남장(南牆)이 낙수(洛水)에 침수되었고 동장(東牆)의 하단부가 약간 안으로 굴절(屈折)된 형태로서, 대체로 남북 1,710m, 동서는 최북단이 1,240m, 중간 부분은 1,120m, 남단은 740m의 총 190만m²의 규모이다.[121] 현재 성 내외의 문화유적은 충분히 조사된 상태가 아니다. 다만 3개의 성문[西墻部], 성문 내측의 '마도(馬道)', 그와 상연(相連)된 너비 8m 정도의 도로와 5곳의 대형 건축군이 확인,[122] 그 일부기 겨우 조사되기 시작하고 있다. 그중 성지의 남부 중심부에 위치한 1호 건축군(建築群)은 2~3m 두께의 장벽으로 둘러싸인 1변 약 200m의 정방형으로서 성내의 소성인 셈인데, 그 동부에서 정전(正殿; 동서 약 36.5m, 남북 11.8m), 중심부의 정원, 사위(四圍)의 무상(廡廂)으로 구성된 건축이 확인되었다 [그림 25 참조]. 이 건축은 1,600m²에 불과하여 앞으로 약 4만m²에 달하는 이 소성 안에서 또 다른 건축들이 발견될 것으로 기대된다.[123]

이처럼 소성식 궁전과 함께 다수의 대형 건축군이 조영된 이 성지가 거대한 권력의 중심지였을 것은 의문의 여지가 없지만, 문제는 그 연대이다. 아직 C14 측정연대도 공식 발표된 것이 없기 때문에, 이것이 정주상성(鄭州商城)보다 후기에 속한다는 주장도 있다.[124] 그러나 대체로 정주상성보다는 앞선 것으로 보는 것이 일반적이며, 이와 함께 이 유지가 상(商)초 탕(湯)의 도읍 박(亳) 또는 그 시대의 중진(重鎭)일 가능성을 주장하는 사람도 있으나,[125] 이리두유지 3,4기에 해당한다는 견해가 일단 타당한 것 같다.[126] 그렇다면 이 유지는 불과 5~6km 떨어진 이리두유지와 동시기에 병존한 셈인

121) 中國社會科學院考古研究所・洛陽漢魏故城工作隊, 1984.
122) 中國社會科學院考古研究所・河南第二工作隊, 1984.
123) 中國社會科學院考古研究所河南二隊, 1985.
124) 陳旭, 1984.
125) 鄭杰祥, 1984; 趙芝荃 등, 1985.
126) 愚勤, 1986.

데, 여기서 양자의 관계가 필연적으로 제기되지 않을 수 없는 것이다.

지금까지 필자는 이리두유지와 관련, 1변 약 100m의 궁전유지만 언급하였다. 그러나 사실은 1978년말까지 이 궁전지 서남 약 150m 떨어진 지점에서 동서 약 58m, 남북 약 72.8m의 장방형 건축이 또 발견, 조사되었다 [그림 22 참조]. 그래서 전자를 이리두 1호 궁전지, 이것을 이리두 2호 궁전지로 부르게 된 것이다. 항토축대 위에 건설된 이 2호 궁전은 북장(北牆)·동장(東牆)·동랑(東廊)·서장(西牆)·서랑(西廊), 남의 복랑(複廊)과 대문(大門), 그 안의 정원 및 북부 중앙에 위치한 남북 약 37.5m 의 전당(殿堂)으로 구성되었으며, 연대는 대체로 이리두유지 3~4기에 속한다.[127] 결국 1, 2호 궁전은 동시에 병존한 셈이다. 그 후 이 궁전지들과 동남으로 각각 300m, 400m 상거(相距)한 지점에서 또 대형 항토기지(基址)의 잔부(殘部)와 소형 방지(房址) 1좌(3.3m×3.5m), 회갱(灰坑) 29, 묘 19좌가 발견되었는데, 이것은 대체로 이리두유지 1기에 속한다고 한다.[128]

앞으로 발굴 여하에 따라 이리두유지의 전모는 더욱 드러나겠지만, 성지가 발견될 가능성은 없는 것 같다. 따라서 이리두유지는 적어도 (3기 이후) 언사상성의 별궁(別宮)일 가능성도 배제할 수 없지만, 언사성내의 궁전건축과 이리두 1, 2호 궁전의 구조가 상이한 점, 특히 2호 궁전의 경우 북장(北牆)과 정전 사이에 대묘(大墓)가 있는 사실,[129] 이 부근에서 소묘군이 발견된 사실 등을 고려할 때, 이 유지는 모종의 제의(祭儀)를 위한 건축군(宗廟?)일 가능성이 농후하다.[130] 어쨌든 이리두유지와 언사상성의 동시 병존 및 그 모종의 유기적 관계가 인정된다면, B.C. 1,700년경 언사상성을 중심으로 형성된 정치권력은 정주기의 그것에 비해 별로 손색이 없다고 하겠으며, 이것은 중원의 초기 청동기문화가 여타 지역에 비해 급속도로 발전한 증거라 하겠다.

한편 왕성강 및 평량대(平糧台)유지의 고성지를 상기하면 이 발전이 결코 우연만은 아닌 것 같다. 왕성강유지는 파괴가 극심하여 전모가 분명치 않

127) 中國社會科學院考古研究所二里頭隊, 1983, ①, ②.
128) 同上, 1985.
129) 同上, 1983, ①.
130) 愚勤, 1986.

다. 서장(西墻)의 잔장(殘長) 약 65m, 남장의 잔장(殘長) 약 30m의 동성(東
城)과 이에 상접한 서성(西城; 西墻 약 72m, 南墻 82.4m, 北墻 西段의 殘長 약
29m)으로 구성된 이 성지는 언사 상성내의 궁성보다 규모가 작고, 성내 중
부와 서남부에 건축유지로 보이는 항토유지가 확인되었지만 자세한 내부구
조는 밝혀지지 않고 있다〔그림 26 참조〕.[131] 한편 평량대고성은 1변이 약
185m인 정방형으로서 남, 북의 성문, 3좌의 도요지, 10여 좌의 방기(房基;
그중 1호는 동서 12.5m, 남북 4.34m, 2호는 동서 殘長 약 15m, 남북 5.7m), 묘장
(16座, 모두 小兒) 등이 확인되어[132] 왕성강고성에 비해 규모도 크고 제법 성
시(城市)의 변모가 뚜렷하다. 물론 B.C. 2,100년 이상 소급되는 왕성강고성
과[133] B.C. 2,300년 이상 소급된다는 평량대고성이[134] 모두 내몽고 자치구 오
란찰포맹(烏蘭察布盟) 양성현(凉城縣) 노호산(老虎山)에서 발견된 용산문화기
의 석성(石城; 서북─동남 380m, 서남─동북 310m)에[135] 비해 규모가 훨씬 작
은 것은 사실이며, 용산문화 만기 대규모의 성은 오히려 내몽고지역(夏家店
下層文化로 연결되는)에서 먼저 출현한 것 같다.

　그러나 왕성강고성 서성에서 팔방촌(八方村) 동북에 이르는 남북 400m,
동서 500m의 대규모 유적이(미조사) 존재하는 사실,[136] 평량대고성 역시 성
외의 부가 부분을 포함하면 총 5만㎡ 이상의 유지라는 것을 감안하면 고성
지 자체의 규모만으로 그 사회의 규모를 논하는 것은 금물이다. 더욱이 평
량대고성은 본격적인 성시의 면모를 갖추고 있을 뿐 아니라 남문 문도하(門
道下)에서 발견된 배수도관도(排水陶管道)[137]는 그 사회의 문명적 수준을 짐
작케 한다. 한편 왕성강고성의 경우도 청동기문화가 발전한 것은 물론 건축
조영시의 인순(人殉)을 시사하는 준기갱(奠基坑; 성인·청년·아동 7구의 骨架

131) 河南省文物研究所·中國歷史博物館考古部, 1983.
132) 河南省文物研究所·周口地區文化局文物科, 1983.
133) 河南省文物研究所·中國歷史博物館考古部, 1983은 王城崗 2期 出土 木炭의 C14 연대
　　를 B.P. 4,000±65로 보고하고 있으나 河南省博物館, 1979, p.274에는 그 樹校를 B.P.
　　4,415±140으로 제시하고 있다.
134) 河南省文物研究所·周口地區文化局文物科, 1983은 城內 灰坑(H15) 出土 木炭의 C14
　　연대 B.P. 3,960±140, 樹校연대 B.P. 4,355±175를 근거로 축성시기를 그 이전으로 추
　　정하고 있다.
135) 曹桂岑, 1985, pp.2~3; 兪偉超, 1985, p.53 참조.
136) 賈峨, 1984, p.64.
137) 河南省文物研究所·周口地區文化局文物科, 1983.

가 층층이 매장된),[138] 특히 도기 표면에서 발견된 갑골문 및 금문(金文)의 '共'[共 : 공] 자와 기본적으로 같은 형태의 부호(文字?)는[139] 제의의 발달과 함께 문자발달의 가능성도 추측케 한다. 따라서 왕성강고성의 사회는 비록 성 자체의 규모는 평량대고성보다 작지만, 그 사회적 발전단계는 오히려 앞선 인상을 주고 있는데, 왕성강유지의 연대가 다소 뒤떨어진 것을 감안할 때, 이것은 당연한 일이기도 하다.

물론 앞으로 주변의 초기 청동기문화에서 이와 비슷한 시기 또는 앞선 시기에 속하면서도 평량대나 왕성강고성사회가 도달한 수준을 보인 유지가 발견될지도 모른다. 그러나 현재로서는 B.C. 2,100년 이상 소급될 수 있는 가장 선진한 문명의 단초가 하남성 일대에서 열린 것으로 보는 것이 대과가 없는 것 같다. 따라서 언사상성(偃師商城)→정주상성(鄭州商城)→안양 은허(安陽 殷墟)로 이어지며 동아시아 초기 문명의 최고, 최대의 수준을 과시한 상 문명의 직접적인 기반을 용산문화 만기에 출현한 중원지구의 청동기문화에서 구하는 것도 온당할 것이다.

그렇다면 왜 여타의 주변지구는 초보적이나마 청동기문화로 진입하였음에도 불구하고 본격적인 문명의 개화 단계로 발전하지 못하였는가? 우리는 초기문명의 가장 기본적인 지표로 청동기를 거론하며, 모든 초기 문명의 여러 현상을 청동기의 출현과 관련, 설명하려는 경향이 있다. 그러나 이것은 적어도 중국문명의 초기 발전을 설명하는 데는 별로 도움이 되지 않는 것 같다. 청동기술을 보유한 주변의 여러 문화가 본격적인 문명단계로 발전하지 못한 것도 그렇지만 왕성강·평량대는 물론 언사상성의 단계에서조차 청동기의 비중이 극히 빈약하기 때문이다. 청동기의 출현은 수공업 공구의 혁신을 가져왔을 것이며, 이에 따른 생산력이 어느 정도 증대한 것은 인정된다. 그러나 세계 여타 초기 문명사회에서도 청동농구가 보편적으로 사용된 예도 없지만, 이 점은 중국의 경우도 예외는 아니었다. 물론 상·주시대 청동농구가 없었던 것은 아니며,[140] 근래 이 시대의 산(鏟), 서(鋤) 등의 청동농구가 계속 수집됨에 따라 청동농구의 보편적인 사용을 주장하는 사람도 없는

---

138) 賈峨, 1984, p. 65.
139) 李先登, 1984, p. 75.
140) 唐蘭, 1960.

것은 아니다.[141] 그러나 상대 청동기는 주로 병기와 예기에 집중되었고 농구
는 소량에 불과하거니와,[142] 실제 안양 소둔(小屯)의 한 창고유지에서 3,500
개 이상의 각종 석제농구가 일괄 출토된 것을[143] 볼 때, 안양기조차 청동농
구의 대거 사용은 인정할 수 없다. 그렇다면 청동기의 출현이 농업생산공구
의 혁신으로 연결되지 못한 셈이며, 따라서 초기 문명의 발전을 생산공구의
혁신에 의한 생산력의 비약으로 설명할 수는 없지 않은가?

　바로 이 점을 인정한 장광직(張光直)은 대신 청동무기의 역할을 강조한다.
즉 그에 의하면 문명의 상징인 도시의 발전은 기술이나 생산력의 혁신이 아
니라 소수에 의한 잉여생산의 착취에 기초한 것으로서, 착취계급의 무력적
기반이 바로 청동무기에 의해서 강화, 보증되었다는 것이다.[144] 청동무기로
무장한 전사집단이 상왕조의 지배층을 형성하였고, 그들의 무력이 권력에
의한 잉여생산의 집중을 가능케 한 중요한 요인이었던 것은 의문의 여지가
없다. 그러나 과연 청동무기의 독점→잉여생산의 집중→권력의 집중→문명
의 탄생으로 연결되었는지는 극히 의문이다.

　청동기는 광석의 채굴, 운반, 제련, 주조 등 일련의 조직적인 노동과정을
통하여 생산된다. 따라서 청동기의 출현과 보급은 단순한 기술상의 문제라
기보다는 이미 상당한 규모의 노동력의 집중과 조직을 전제로 하며,[145] 잉여
생산의 착취를 보증할 수 있는 청동무기의 대량확보는 그만큼 더 큰 노동력
의 집적과 조직이 요구되기 때문이다. 다시 말해 청동무기가 잉여생산의 착
취를 가능케 한 것이 아니라 오히려 잉여생산의 고도 집중단계에서 청동무
기의 대량 공급이 비로소 가능하다는 것이다. 이런 의미에서 거대한 노동력
이 투여된 정주상성에서 주동작방 및 각종 대형 청동기가 대거 출토된 것은
당연한 일이다. 그러나 그에 크게 뒤지지 않는 규모의 권력이 집중된 언사
상성(이리두유지 포함) 단계에서 극히 소량의 청동기가 출토되는 데 그치고
있는 것이나, 이미 문명의 초기단계로 진입하고 있는 왕성강·평량대유지

---

141) 陳振中, 1982.
142) 白雲翔, 1985.
143) 鄭德坤·松崎壽和, 1976, 卷2, p.238.
144) Kwang-chih Chang. 1976, pp.55~57.
145) 商代 銅鑛石에서 銅이 추출되는 비율은 1/5 정도였다는 것(Kwag-chih Chang. 1983,
　　 p.103)도 이 문제를 이해하는 데 참고가 될 것이다.

에서 무시해도 좋을 정도로 청동기의 사용이 빈약한 사실은 초기 문명의 형성과정에서 청동기의 역할이 매우 미약하였던 증거라 하겠다.

그렇다면 청동기가 대량 공급되기 이전, 문명 탄생의 기반인 잉여생산의 독점, 권력의 집중을 가능케 한 요인은 무엇인가? 이것은 결국 앞에서 제기한 문제, 즉 중국 초기 여러 청동기문화 중 중원지구의 그것만 본격적인 문명의 개화로 발전한 이유와도 관련된 것이지만, 솔직히 말해 현재 필자로서는 충분한 해답을 갖고 있지 않다. 다만 중원지구가 별다른 생산공구의 혁신 없이도 잉여생산의 확대가 가능한 조건, 예컨대 황토지대의 비옥한 토질 또는 효과적인 생산을 위한 노동력의 집중과 조직을 실현할 수 있었던 조건 즉 사회적 통합에 유리한 조건을 갖추었을 가능성을 막연하게 추측해 볼 따름이다. 이 문제와 관련, 춘추시대까지 국가의 양대 기능을 '융(戎)과 사(祀)' 즉 '전쟁과 제사'로 인식된 사실은 약간의 단서를 제공하는 것 같다.

이것은 결국 전쟁과 제사가 정치적·사회적 통합의 양대 수단이었음을 의미하는데, 상대 청동기가 주로 병기와 제기에 집중된 것은 바로 이 때문일 것이다. 그러나 우수한 청동병기나 조직적인 무력이 부재하거나 빈약할 경우 전쟁이나 연맹을 통하여 통합된 집단은 제의(祭儀)에 의해서 유지되는 비중이 높았을 것이다. 신석기시대에 이미 이러한 기능과 관련 제의가 발달하였고 수장이 제의의 조직자와 주재자의 성격으로 권력을 행사한 예도 앞장에서 지적하였지만, 왕성강유지에서 발견된 갑골문자와 동일한 문자 예, 다수의 인생(人牲)을 바친 준기갱(奠基坑) 등은 이미 상대의 제사를 방불케 할 정도였던 것이다. 청동병기가 없는 (전혀 없다는 보장은 없지만) 왕성강고성을 중심으로 형성된 사회적 정치적 통합은 바로 이것을 매개로 유지된 것이 아니었을까? 더욱이 상대 이후 중국의 제사가 주로 조선제(祖先祭)로서 부계 중심의 본족(本族)·지족(支族)의 유대를 강화하는 기능이 현저한 것을 상기할 때, 그 전단계의 제사 역시 본(本)·지족(支族) 관계의 여러 취락공동체의 조선제(祖先祭)를 중심으로 발전하였을 가능성도 배제할 수 없는 것 같다. 결론적으로 말해 본·지족의 유대가 강한 씨족제도, 이것을 중심으로 발전한 제사체계에 의한 여러 부락의 통합, 노동력의 결집과 조직, 잉여생산의 확대와 소수에 의한 집중, 권력의 확대와 병행하여 이것을 유지하기 위한 여러 제도의 발달이 이어지면서 중국 초기의 문명은 탄생한 것 같으

며, 이 기반 위에서 또 이것을 유지하기 위하여 청동기가 대량으로 주조·
공급되면서 그 문명은 더욱 성숙한 단계로 발전하였다는 것이다.

Ⅲ. 夏王朝 實體의 探索

전장에서는 하남성 일대를 중심으로 B.C. 2,100년경 중국문명의 초기 단
계가 시작되었음을 고찰하였지만, 이제는 그 문명의 주인공이 과연 누구였
느냐는 문제를 검토할 차례가 된 것 같다. 과거 전통시대의 중국인들은 문
명의 시작과 관련, 3황(皇) 5제(帝)의 단계도 설정하였지만, 동기(銅器)의 사
용, 수정(水井)의 개착, 성읍(城邑)의 건설, 전 중국적인 치수(治水), 왕권의
세습 등 중요한 문명의 요소가 하왕조의 개창자라는 우(禹) 또는 그 시대의
현신(賢臣)들에 의해서 시작된 것으로 부회함으로써 사실상 중국문명의 시
작을 하왕조로 인식해 왔다. 전승에 의하면 하왕조는 상왕조에 의해 대체되
기까지 17대 472년간 하남·산서 일대를 중심으로 전 중국을 지배하였다고
한다. 물론 이 전승은 1920년대 이후 철저히 불신되었으며, 심지어는 '하
(夏)'가 천상(天上)에 대한 '하토(下土)'란 신화적인 관념에서 조작된 가공
(架空)에 불과할 뿐 '하'의 실재조차 인정할 수 없다는 주장도 제기되었
다.[146]

그러나 은허의 발굴결과, 상대에 관한 전승이 신뢰를 회복하면서 하의 전
승도 긍정적으로 보려는 경향이 다시 대두되었지만, 특히 앙소문화와 용산
문화가 계통을 달리하는 화북 신석기문화의 양대 계열로 인식되면서 하민족
또는 하족집단(夏族集團)을 화북 신석기문화 및 초기 문명을 발전시킨 주인
공의 일지(一支)로 보는 주장도 제기되었다. 즉 용산문화를 배경으로 상왕
조를 건설한 것이 동이(東夷)집단이라면 앙소문화를 배경으로 하왕조를 건
설하고 다시 상을 내몰고 주를 세운 것은 하(화)족집단이라는 것이다.[147] 이
것은 결국 하왕조의 실재 문제는 단순한 상왕조에 선행하는 왕조나 문명의
실재뿐 아니라 상왕조의 주인공과 성격이 다른 족(族) 집단 및 그들에 의해

---

146) 楊寬, 1941, 第10篇 說夏 참조. 즉 氏에 의하면 '夏'는 '下土'의 急音에 불과하다는
　　것이다.
147) 傅斯年, 1935.

서 발전된 상이한 성격의 정치집단이나 문명단계를 검증해야 하는 과제를 제기한 셈이다. 현재 진행되고 있는 하왕조의 실재를 둘러싼 논쟁의 배후에도 바로 이 문제가 깔려 있다고 해도 과언이 아니다.

하왕조의 실재를 확인하려는 노력이 50년대 이후 그 전승이 집중된 하남성 일대의 대대적인 조사로 구체화된 것은 당연하였다. 앞에서 소개한 이리두유지의 발견은 바로 그 최초의 중요한 성과였다. 이 유지는 상한이 B.C. 1,900년 이상, 하한도 B.C. 1,600년 이상 소급되는 만큼 대체로 전승상의 하대에 속하는 것은 명백하다. 그러나 연대상 하대에 속하는 것이 곧 하문화(즉 夏族集團의 문화)도 아니지만, 여기서 확인된 문화층이 4기로 구분되고, 2기와 3기간 또는 3기와 4기간에 커다란 변화가 지적되면서 문제는 복잡하게 전개되었다. 물론 1~4기의 변화를 단순한 시기상의 문제로 본다면 이리두유지 1~4기 문화의 주인공은 역시 동일한 집단일 것이다. 그러나 이 경우 이리두문화와 정주 이리강기(二里崗期)문화의 관계를 여하히 평가하느냐에 따라 의견은 또 엇갈릴 수밖에 없다. 즉 양자의 차이를 강조할 경우 이리강문화는 상문화가 명백한 만큼 이리두문화 전체를 하문화로 규정할 수 있지만,[148] 한편 그 연속성을 강조하면 이리두문화를 조상문화(早商文化)의 일환으로 인정하지 않을 수 없기[149] 때문이다.

그러나 많은 사람들은 이리두문화 각 분기간의 차이가 그렇게 단순한 것이 아니라고 주장한다. 먼저 강조된 것은 2, 3기간의 현격한 차이였다. 즉 1, 2기에는 협사흑도(夾砂黑陶)와 마광흑도(磨光黑陶)의 비중이 높고 도문(陶紋)도 남문(籃紋)·방격문(方格紋)·부가퇴문(附加堆紋)이 위주이고, 도기의 종류도 절연심복관(折沿深腹罐)·관형정(罐形鼎)·증(甑)·심복분(深腹盆) 등이 기본이며, 력(鬲)·궤(簋)는 보이지 않는다. 또 취식기(炊食器)도 1, 2기에는 정(鼎)과 심복관(深腹罐)이 사용되었고 평저기(平底器)가 가장 많은 반면 환저기(圜底器)는 거의 없고, 삼족기(三足器)도 실족(實足)이 절대 다수였다는 것이다. 이에 비해 3, 4기의 도기는 니질회도(泥質灰陶)와 협사회도(夾砂灰陶)가 위주이고, 남문과 방격문은 거의 사라진 반면 승문(繩紋)이 보편화되었다. 또 력(鬲)·궤(簋) 등 새로운 취식기와 함께 환저기·대족기(袋足

---

148) 吳汝作, 1979; 鄒衡, 1980, ②; 田昌五, 1981; 劉緒, 1986; 李伯謙, 1986.
149) 北京大學歷史系考古敎硏室商周組, 1979, pp.16~17; 何健安, 1986.

器)도 출현하였다는 것이다.[150] 따라서 이 차이와 함께 3, 4기와 이리강기의
연속성을 강조하는 사람이 3, 4기를 조상문화(早商文化), 1, 2기를 하문화로
구분한 것은 당연하였지만, 이와 병행하여 3기의 궁전과 관련, 이리두유지
3기를 탕(湯)의 도읍 서박(西亳)으로 추정하는 견해도 나왔다.[151]

한편 2,3기간의 변화보다는 3,4기간의 변화를 보다 강조하고 1~3기를 하
문화, 4기를 하왕(夏王) 이후 하상문화(夏商文化)의 융합단계로 주장한 견해
도 있는데,[152] 1980~1981년 이리두유지 Ⅲ구 발굴결과, 2,3기간의 긴밀하고
점진적인 계승관계가 보고된 것을 보면[153] 이 주장도 전혀 근거가 없는 것은
아닌 것 같다.

이러한 이견은 물론 각 문화의 연대 및 성격의 이해차이에서 비롯된 것이
다. 그러나 한편 이것이 정주상성이 여러 상의 도읍 중 어디에 해당하느냐
는 문제와도 직결된 것은 흥미있는 사실이다. 처음 정주성(鄭州城)이 조사된
당시 이것은 일단 중정(仲丁)의 도읍 오(隞;囂)로 비정되었기 때문에[154] 이
전의 왕도(王都) 특히 탕의 도읍 박(亳)을 찾는 과제가 당연히 제기되었다.
종래 박에 대해서는 두박설(杜亳說;陝西 杜縣)·남박설(南亳說;安徽 亳縣)·
북박설(北亳說;山東 曹縣)·서박설(西亳說;河南 偃師 尸鄕) 등 이견이 분분하
였지만,[155] 정주성을 오로 비정한 사람들은 언사 이리두유지를 탕(湯)의 도
읍 박으로 생각하였고, 적어도 궁전이 나타난 3기 이후의 이리두문화를 상
문화로 본 주요 근거의 하나도 바로 이것이었다. 이리두유지가 탕(湯)의 도
읍이라면 하(夏)의 도읍은 될 수 없고, 따라서 이리두유지로 하왕조의 실재
를 논하는 것 자체가 무의미하며, 설혹 궁전이 출현하기 이전의 1, 2기 문화
가 하문화라고 해도 그것은 상왕조에 선행하여 최소한 하남성 일대나마 지
배한 정치세력의 면모는 결코 못된다.

그러나 정주성이 오가 아니라 박이라면 문제는 다르다. 즉 정주가 박이라
면, 그리고 이리두유지가 정주성에 비해 시기적으로 앞설 뿐 아니라 양자의

150) 殷瑋璋, 1978; 李先登, 1980.
151) 殷瑋璋, 1978; 方酉生, 1980.
152) 孫華, 1980.
153) 中國社會科學院考古研究所二里頭工作隊, 1984.
154) 河南省文化局文物工作隊, 1959, p. 1.
155) 鄒衡, 1980, ①, pp. 180~192.

문화적 성격도 현격한 차이가 있다면, 이리두유지야말로 하도(夏都)일 가능
성이 높고, 따라서 종래의 숙제였던 하왕조·하문화의 실재를 입증할 수 있
는 유력한 근거가 아닌가? 정주성을 박으로 볼 필요는 바로 여기에 있었다
고 해도 과언이 아니다. 이리두 1~4기 전체를 하문화로 주장하는 추형(鄒
衡)이 '정박설(鄭亳說)'을 계속 주장하고 있는 것도 바로 이 때문일 것이
다.[156]

어쨌든 정박설이 나름대로 설득력이 있는 한 이리두유지와 관련, 하왕조
의 실재를 주장하는 것도 일리가 있었던 것은 사실이다. 그러나 언사상성의
발견과 함께 그것이 탕의 도읍 박이란 설이 유력해지면서 하왕조의 실재는
다시 미궁에 빠지고 만 것이다. 물론 언사성의 정확한 연대가 불명한 현재
로서는 이것이 오히려 정주성보다 시기적으로 늦다는 것을 강조하거나[157]
적어도 비슷한 시기로 비정, 상초의 중진(重鎭)이나 별도(別都)로 보면서 정
박설을 견지하고[158] 이리두유지를 하도로 보는 것도 가능하다. 또 언사상성
을 박으로 인정하더라도 그 시기를 이리두유지보다 늦게 잡으면, 전자를 상
(商), 후자를 하(夏)의 도읍으로 볼 수는 있다.[159] 그러나 앞에서 지적한 바
와 같이 언사성이 B.C. 1,700년경에 해당하는 이리두 3기에 축조되었을[160]
뿐 아니라 이리두유지와 유기적인 관계에 있었다면 언사성을 포함한 이리두
3기 이후의 유지를 상초 문화로 보지 않을 이유가 없다.

그렇다면 하왕조는 결국 입증될 수 없는 전설에 불과한가? 바로 여기서
주목된 것이 이미 언급한 왕성강고성이었다. 이것은 청동기도 출토되고
연대도 B.C. 2,100년 이상 소급되는 유지일 뿐 아니라 등봉현(登封縣) 숭산
(崇山) 일대가 하왕조 초기의 전승과 밀접한 관계가 있었기 때문에 처음부터
우왕(禹王)의 도읍 양성(陽城)일 가능성이 지적되었고,[161] 곧 이어 이것을 찬
성하는 사람도 나왔다.[162] 그러나 이것은 거의 동시에 보고된 평량대고성유

156) 同上, pp. 195~203.
157) 宋豫秦, 1987; 陳旭, 1984, 1987; 王邊, 1986.
158) 鄒衡, 1984; 許順湛, 1986; 鄭杰祥, 1984.
159) 趙芝荃·劉忠伏, 1987.
160) 이 점은 李德方 등, 1985; 黃石林, 1987도 지지하고 있다.
161) 河南省文物研究所·中國歷史博物館考古部, 1983.
162) 賈峨, 1984.

지 때문에 많은 비판을 받았다. 즉 양자는 모두 시기가 거의 비슷한데 전자
는 후자에 비해 규모도 작고 항축(夯築)기술도 떨어질 뿐 아니라 성내의 구
조나 시설도 빈약한 것을 볼 때 도저히 하왕조의 도성으로 보기는 어려웠기
때문이다. 그래서 왕성강유지는 하대 이전 신석기시대의 성보형(城堡型) 취
락에 불과하다는 주장,[163] 또는 하초 단기간 피거지(避居地)로 사용한 성보
란 주장도[164] 제시된 것이다. 물론 왕성강고성이 우도(禹都)인 근거는 극히
박약하며, 또 그것을 꼭 논증해야 하왕조의 실재가 입증되는 것도 아니다.
다만 대부분의 학자들이 인정하는 것처럼 이것이 적어도 하초 하족의 중진
인 것만 인정된다면[165] 이리두유지에서 적극적으로 입증되지 못한 하문화·
하왕조의 실체가 보다 구체적으로 떠오르는 것은 명백하다.

　더욱이 이 고성유지가 하남 용산문화 만기에 속하는 문화층에서 확인되었
고 그 상층에 이리두문화 만기가 접속된 사실은[166] 하문화의 실체를 해명하
는 데 중요한 단서가 되는 것 같다. 종래 이리두문화가 발견된 유지의 하층
에서 많은 경우 하남 용산문화가 접속된 사실이 밝혀지면서 양자간의 직접
적인 계승관계는 비록 명확하지 않아도 하남 용산문화→이리두문화의 발전
도식은 대체로 인정되어 왔다. 그러나 이리두문화 전체를 하문화로 간주할
경우 굳이 하남 용산문화를 하문화의 범주에 포함시킬 필요는 없을 것이다.

　이에 비해 이리두 1, 2기만 하문화로 볼 경우, 그 존속기간이 너무 짧기
때문에 적어도 하남 용산문화 만기까지 하문화의 범주에 포함시킬 가능성이
모색된 것은 어느 의미에서 당연한 것 같다. 그러나 '하남 용산문화'에는
여러 유형이 포괄되어 있고 각 유형간의 성격이나 분포범위도 상당한 차이
가 있지만,[167] 더욱이 그 일부는 오히려 선상문화(先商文化)로 보는 견해가
유력하다.[168] 따라서 하남 용산문화 중 이리두 1, 2기 문화와 가장 근접한

---

163) 楊寶成, 1984.
164) 京浦, 1984.
165) 京浦, 1984; 董琦, 1984; 安金槐, 1983.
166) 河南省文物硏究所·中國歷史博物館考古部, 1983.
167) 이 때문에 吳汝作, 1978은 '河南龍山文化' 대신 '後崗2期文化'로 대체할 것을 주장
　　하면서 이것을 三里橋·煤山·王油坊·大寒類型으로 細分하고 있으나, 李仰松, 1979
　　는 이것을 반대, 王灣(여기에 三里橋·煤山유형을 포괄)·王油坊·大寒類型으로 河南
　　龍山文化를 분류, 각 유형의 성격과 지역적 분포(p.44 지도)를 잘 지적하고 있다.
168) 李仰松, 1979는 大寒·王油坊類型을, 安金槐, 1980은 豫東·豫北(대체로 李의 大
　　寒·王油坊類型의 분포지역) 龍山文化를 각각 先商文化로 보고 있다.

60

유형만을 하문화로 보는 것이 타당한데, 이앙송(李仰松)에 의하면 여기에 부합되는 것이 바로 예서(豫西)·예중(豫中)에 집중된 매산유형(煤山類型) 또는 이것을 포괄한 왕만유형(王灣類型)이라는 것이다.[169] 따라서 이것을 인정할 경우 하문화는 B.C. 2,300~1,700년경 사이 하남성 중·서부를 중심으로 발전한 문화로 이해할 수 있는데, 이앙송은 왕만유형을 하족의 전기, 이리두문화 1, 2기를 그 만기문화로 각각 주장하고 있다.[170] 그러나 문제는 하족의 문화가 곧 하왕조의 실재를 입증해 주는 것이 아니라는 점이다.

우리가 흔히 '하왕조'를 운위(云謂)할 때 비록 '왕조'란 개념까지는 염두에 두지 않더라도 적어도 문명단계에 상응하는 일정한 규모의 정치질서를 하족과 관련, 상정하는 것이 보통이다. 따라서 왕만유형이 설혹 하족의 문화라고 해도 그것이 신석기문화에 머문 한, 이것으로 하왕조의 문제를 논하는 것은 무의미하다. 바로 이 문제를 해결해 준 것이 왕성강고성유지의 발견이었다. 마침내 문명의 초기단계로 인정할 만한 구체적인 성지가 왕만유형에서 확인된 것이다.[171] 이것은 결국 왕만유형이 단순한 신석기 만기문화가 아니라 이미 문명의 초기단계로 진입하였다는 증거인 만큼,[172] 이 문화의 분포지역에서 하왕조의 실체를 모색하는 것은 극히 자연스러운 것이다.

그러나 전통적으로 '하허(夏墟)'로 알려진 산서성 남부 일대에서 발견된 용산문화 도사유형(陶寺類型)은 하문화의 탐색에 또 다른 문제를 야기하였다. 1963년 이래 수차에 걸쳐 발굴조사된 총 300만㎡ 이상에 달하는 도사유지의 앙소 묘저구(廟底溝) 2기 문화 상층에서 확인된 이 신석기 만기문화는 대체로 하남용산문화에 접근하며, 특히 삼리교(三里橋)유형과 가까운 것이 지적되었다. 그러나 그 독자성이 뚜렷하여 황하 중류 용산문화의 새로운 유형으로 설정, 도사유형으로 명명되었는데, 익성(翼城)·곡옥(曲沃)·양분현(襄汾縣) 일대에 이 유형이 널리 분포한 것으로 알려지고 있다.[173] 이 문화가

169) 李仰松, 1979, pp. 41~43은 二里頭文化와 王灣類型의 近似性을 상세히 지적하고 있다.
170) 李仰松, 1979.
171) 高天麟 등, 1982는 王城崗城址의 시대를 王灣類型 1, 2, 3期로 비정한다.
172) 方酉生, 1986; 王克林, 1987도 용산문화의 만기단계에서 중국문명이 형성된 것을 주장하고 있다.
173) 中國社會科學院考古硏究所山西工作隊 등, 1980.

대단히 진전된 사회단계를 반영하고 있다는 것은 앞에서도 잠깐 소개하였지만, 이 문화의 중기는 대체로 B.C. 2,300년경으로 보는 것이 무리가 없는 것 같다.[174] 많은 학자들은 전승상의 '하허'에 집중 분포하고 있을 뿐 아니라 그 연대도 하대에 걸친 이 문화를 하문화로 주장하고 있는데, 특히 도사유지에서 출토된 채회반(彩繪盤)에 그려진 반룡(蟠龍)은〔그림 28-A참조〕 그들의 유력한 근거 중의 하나였다. 즉 이처럼 용이 반(盤)에 그려진 것은 단순한 도안이 아니라 족휘(族徽)이기 때문일 것이며, 하족의 토템이 용인 것을 상기할 때, 도사유지의 주인공이야말로 하족에 틀림없다는 것이다.[175] 그렇다면 왕만유형→이리두 1, 2기 문화계열의 하문화가 일단 도사유형→이리두 1, 2기 문화로 수정되지 않을 수 없는데, 여기서 문제가 더욱 복잡하게 된 것은 이리두문화 동하풍(東下馮)유형의 설정이었다.

이 문화는 산서 남부 일대에 광범위하게 분포한 것으로서[176] 하현(夏縣) 동하풍(東下馮)유지의 발굴 이후 공식으로 독자적인 문화유형으로 인정된 것이다. 즉 이 유지의 상층에서는 상대 유존과 함께 특히 상대 전기에 속하는 성지(파괴가 극심하여 전체 규모는 알 수 없지만 중간에 한번 굴절된 남장의 총길이만 약 400m)가 발견된 반면, 하층에서는 회자형(回字型) 2중 구권(溝圈)으로〔內溝 1변 약 130m, 外溝 1면 약 150m〕 둘러싸인 유지가 발견되었는데〔그림 30 참조〕, 여기서 확인된 문화는 여러 면에서 이리두문화와 비슷하면서도 적지 않은 차이가 있어 동하풍유형으로 명명되었다.[177] 이 문화의 분포범위는 도사유형과 대체로 일치할 뿐 아니라 양자의 상승관계도 입증되었다.[178] 따라서 도사유형이 용산문화 만기의 하문화라면 동하풍유형은 이리두문화 단계의 하문화란 결론이 자연스럽게 도출될 수 있다.

문제는 바로 여기서 발생하였다. 하남성 일대의 왕만유형→이리두문화의 계열을 하문화로 비정한 도식이 완전히 그 근거를 상실하였고, 하왕조 실재의 결정적인 근거로 주장된 왕성강유지조차 도사→동하풍의 발전도식에 의

---

174) 高煒·高天麟·張岱海, 1983, p. 532.
175) 高煒, 1987; 黃石林, 1987; 王克林, 1986.
176) 中國社會科學院考古硏究所山西工作隊, 1980.
177) 東下馮考古隊, 1980.
178) 李伯謙, 1981; 中國社會科學院考古硏究所·中國歷史博物館東下馮考古隊 등. 1983.

한 하문화의 설정에는 포함될 여지가 없지 않은가? 더욱이 도사유형과 왕만유형의 현격한 차이, 왕만유형과 하남 이리두문화의 밀접한 상승관계, 이리두문화와 이리강문화의 긴밀한 관계 등을 강조하면서 왕만유형 이하 이리두문화 전체를 상문화 계열로 파악한 하건안(何建安)의 논문을[179] 보고 있으면 이리두유지·왕성강유지를 둘러싼 지금까지의 하문화 탐색은 부질없는 도로(徒勞)에 불과한 것처럼 보인다.

바로 이 때문에 유기우(劉起釪)는 하족의 이동론(移動論)을 주장한 것 같다. 즉 그에 의하면 산서 남부에서 하대 초·중기에 걸쳐 도사유형→동하풍유형을 발전시킨 하족이 만기에 하남으로 이동, 하남 이리두문화의 주인공이 되었다는 것이다.[180] 이것은 산서 남부와 하남의 하전승을 모두 포괄하여 하문화를 모색한 점에서는 일단 평가된다. 그러나 과연 동하풍유형이 하남 이리두문화에 비해 선행한 것인지도 의문이려니와,[181] 하왕조의 탐색과정에서 그 결정적인 증거로 제시되었던 왕성강유지를 비롯한 왕만유형이 하문화의 계열에서 제외된 점은 역시 마찬가지이다. 그렇다면 역시 하문화·하왕조의 실체는 도사→동하풍유형에서만 찾아야 하는가? 아니면 하·상문화의 차이보다는 오히려 동원(同源) 또는 동질성을 강조하여 연대상 상대에 선행하는 문명단계를 하문화·하왕조와 결부시킬 수밖에[182] 없는가?

용산문화 만기에서 이리두문화 단계에 이르는 문명 초기에 해당하는 각 지역의 문화유형에 관한 성격규정이나 연대의 비정이 논자에 따라 크게 엇갈리고, 때로는 지나치게 주관적이고 자의적인 인상을 주고 있는 현재로서

---

179) 何建安, 1986.
180) 劉起釪, 1987.
181) 劉起釪, 1987, p.47에는 東下馮遺址 표본 15件 중 B.C. 2100년 이상 8件(그중 B.C. 2,510년 이상 3건, B.C. 2,300년 이상 2건), B.C. 1900년 이상 2건, B.C.1,700년 이하 5건을 제시하고 있다. 그러나 中國社會科學院考古研究所 編著, 1983, pp.14~17에 수록된 16건의 표본 중 지나치게 편차가 큰 2건(B.C. 3,280, 3,935)을 제외하면 B.C. 2,000년 이상이 4건(이중 B.C. 2195년 1건을 제외한 3건은 B.C. 2,000~2,080년 사이), B.C. 1,900년대 2건, 1,800년대 1건, 1,600년대 2건, 1,500년대 1건이다. 그러므로 劉가 제시한 수치는 樹校연대인 것 같다. 한편 同書 pp.73~74에 수록된 二里頭유지의 표본 17의 연대는 B.C. 2,300년대가 2건, 2,000년대 1건, 1,900년대 5건, 1,800년대 1건, 1,700년대 5건, 1,600년대 2건, 1,400년대가 1건이다. 따라서 偃師 二里頭유지와 東下馮유지의 선후관계를 논하기보다는 동시기로 보는 것이 타당하다.
182) 예컨대, 鄭光, 1987은 豫西·晋南에 二里頭文化와 성격이 다른 문화가 없는 것은 결국 夏·商文化가 一體라는 증거이며, 商과 상이한 夏文化를 탐색하는 것을 포기하고, B.C. 1,800년경이 下限인 二里頭文化 1기까지를 夏文化로 보고 있다.

는 오히려 후자의 방법이 무난할지도 모른다. 그러나 이것은 하문화를 선상
(先商)문화로 동치시킴으로써, 상(商)과는 주인공이 다른 하문화·하왕조란
개념을 포기하는 것도 문제이려니와 상문화의 복합성과 그 기원의 문제마저
방기하는 것과 다름없다. 이에 비해 전자는 문명 초기단계에서 하족집단과
비하족집단(非夏族集團)의 병존을 인정할 수 있는 장점은 있으나 하남성내의
하족전승을 설명할 길이 없을 뿐 아니라 지나치게 하문화를 단일형으로 강
조하는 한계가 있다.

　그래서 필자는 용산문화 만기 이후 중원지구의 여러 문화 중 상문화의 모
체가 된 '선상문화(先商文化)'와 비(非)선상문화를 구분하는 방법으로 이 문
제를 한번 생각해 보았다. '선상문화'는 상대 이전 상족집단의 문화인 만
큼, 탕왕 이전 상조선(商祖先)의 활동지구에서 찾아야 할 것이다. 이런 의미
에서 탕왕 이전 선공시대(先公時代)의 활동지역을 일단 하북 남부와 하남 북
부로 추정한 후(전승과 관련) 하북 용산문화를 선상문화로 주장한 추형(鄒衡)
의 견해나[183] 조기 상족의 활동지구를 하북 남부, 하남 북부 일대와 황하 하
류의 하남 동부, 산동 서부로 비정하고 양 지역에 각각 분포한 후강 2기유형
(後崗二期類型)과 왕유방유형(王油坊類型)을 선상문화로 설정한 후, 이 문화
들과 조상문화(早商文化)의 승습관계(承襲關係)를 밝힌 양보성(楊寶成)의 견
해는[184] 모두 타당한 것 같다.

　이에 비해 용산문화 중 하남 중부·서부에 분포한 삼리교유형(三里橋類
型)·매산유형(煤山類型)·왕만유형을 선상문화로 보는 사람은 거의 없는 것
같다.[185] 따라서 이들을 일단 비선상문화로 보아도 대과는 없는 것 같은데,
이 3유형을 왕만유형으로 포괄한 견해,[186] 삼리교유형에 왕만유형뿐 아니라
객성장 2기문화(客省莊二期文化; 陝西 용산문화라고도 한다), 도사유형의 요소
도 나타나는 사실,[187] 도사유형이 그 독자성에도 불구하고 왕만유형 또는 삼

---

183) 鄒衡, 1980, ①, pp. 210～218 및 1980, ② 참조. 다만 氏가 하남용산문화의 분포지역
　　을 夏文化의 그것과 대체로 일치한 것으로 보고, 先商文化에 山西省 西南部까지를 포
　　함시킨 것은 찬성하기 어렵다.
184) 楊寶成, 1987.
185) 다만 앞에서 지적한 대로 何建安, 1986이 王灣類型을 商文化와 동일한 계열로 주장
　　하고 있는데, 역시 '先商文化'로 명백히 규정한 것은 아니다.
186) 李仰松, 1979.
187) 高天麟 등, 1982.

리교유형과 상사한 점이 많다는 사실 등을[188] 고려할 때, 하남 중·서부의 비선상문화와 산서 남부의 도사유형간의 일정한 친근관계를 일단 인정해도 좋은 것 같다. 물론 이들 비선상문화(非先商文化)가 곧 하문화란 적극적인 증거는 없다. 그러나 도사유형을 하문화로 본다면, 그리고 하남의 비선상문화의 분포지역이 하족전승의 또 하나의 중심지인 것도 부인할 수 없다면, 이것을 하문화의 계열에 포함시키는 것도 결코 무리한 억단만은 아닐 것이다. 그러므로 필자는 산서 남부에서 하남 중·서부에 걸쳐 분포된 비선상문화를 모두 하문화로 보고, 그 안에 포함된 각 유형을 동일문화계통의 지역적 편차로 보자는 것이다.

한편 이리두문화 단계에서는 동하풍류를 하문화로 보는 것은 별 문제가 없다. 다만 이 경우 하남 이리두문화인데, 3기 이후는 이미 상대에 속하고 이 지역을 상족의 중심세력이 차지한 만큼 적어도 3기 이후는 상문화로 보는 것이 타당하다. 그러나 1, 2기는 연대도 하대에 속하는 만큼, 이것을 선상문화로 볼 것인지 아니면 하문화로 볼 것이냐는 문제가 남는데, 이것은 결국 1, 2기의 문화가 선상문화와 비선상문화 중 어떤 것과 상사하느냐는 문제이다. 그러나 3, 4기 이후에 선상문화의 요소가 현저하게 나타나는 사실과[189] 아울러 이리두 1기 문화가 주로 산서 남부와 하남 서부에 분포된 사실을[190] 고려할 때, 현재로서는 하남 이리두 조기문화는 하대 만기 비선상문화 즉 하문화로 포함시키는 것이 무리가 없는 것 같다.

결론적으로 말해 필자는 B.C. 2,200~1,800년경을 전후한 시기, 산서 남부와 하남 중·서부를 중심으로 번영한 초기 문명단계의 비선상문화에서 하문화를 모색하자는 것이다. 그러나 이와 관련 몇 가지만 부언해 두자. 첫째 문자자료에 의해 이 문화가 하족의 문화란 것이 직접 확인되지 않는 한, 이것을 하문화로 칭하는 것이 반드시 적절한 것이 아닐지도 모른다. 그러나 이것이 비선상문화인 것은 명백하고, 하족의 전승을 달리 비정할 만한 제3의 문화가 현재 확인되지 않는 상황에서는 하문화로 칭하는 것도 무방하다.

---

188) 中國社會科學院考古硏究所中國歷史博物館·東下馮考古隊 등, 1983, p.91 ; 中國社會科學院考古硏究所山西工作隊 등, 1980, p.31.
189) 安金槐, 1980.
190) 楊寶成, 1986. 또 氏는 2~3期의 연속성에 비해 1,2期간의 '明顯的變化'를 지적, 1期까지만 夏文化로 본다.

둘째, 하문화의 설정은 상왕조에 선행하여 적어도 중원을 지배한 왕조 또는 광역 국가체제를 인정하는 것과는 전혀 별개의 문제이다. 현재 비교적 넓은 지역에 분포하고 있는 하문화가 단일한 정치조직에 의해서 통합된 증거는 전무하며, 오히려 동하풍(東下馮)유지의 회자형(回字型) 구권유지(溝圈遺址)와 왕성강고성유지의 규모는 권력의 집중이 좁은 범위를 벗어나지 못한 단계였음을 시사한다. 셋째, 이리두 조기문화를 하문화에 포함시키는 것이 곧 중원지구의 초기문명이 하족만에 의해서 창조·형성된 것을 의미하는 것은 아니다. 왕성강고성에 비해 세련된 모습을 보인 평량대고성이 선상문화에 속하는 것은[191] 선상문화 역시 하남 용산문화의 만기에 문명단계로 진입한 단적인 증거이다. 그러므로 하문화의 설정이 초기 중원문명의 형성과정에서 자칫 비(非)하족의 역할을 배제하는 우(愚)를 범해서는 안될 것이다.

Ⅳ. 王朝體制의 形成과 發展

문명의 초기단계로 진입한 중원의 하문화·선상문화는 상·주시대를 거쳐 본격적인 문명의 단계로 만개(滿開)하였다. 아직도 상대 전기의 역사는 전적으로 고고학이 제공하는 유물·유지를 통해서 이해할 수밖에 없는 실정이다. 그러나 상대 후기 안양기(安陽期) 이후 서주의 역사는 고고학 자료뿐 아니라 복사(卜辭)·금문(金文) 등 문자자료가 계속 추가되면서 그 문화의 대체적인 성격은 물론 정치조직·사회조직·통치방식·경제생활·토지제도 등의 구체적인 윤곽이 점차 드러나고 있다. 물론 여기서 그 방대한 연구성과를 정리·소개할 여유는 없다. 다만 현재의 연구성과는 이미 상·주가 '제국' 또는 '왕조'란 개념에 조금도 손색이 없을 정도로 거대한 정치적 통합을 성취한 것을 대체로 인정하고 있는 사실을 주목, 그 거대한 정치적 통합이 상·주문명의 커다란 특색이었다는 관점에서 그 형성·발전의 과정만 검토해 보겠다.

과거 전통시대의 중국인들은 서주를 가장 이상적인 문명의 전형일 뿐 아니라 전 중국의 정치적 통합을 구현한 왕조로서 인식해 왔지만, 실제 주(周)

---

191) 安金槐, 1983; 曹桂岑, 1987.

초의 금문(金文)에도 주왕은 천명(天命)의 수임자로서 '천하' 즉 전 '중국(中國)'을 통치하는, 또 통치해야 하는 존재로 부각되고 있다.[192] 물론 이 경우 '중국'은 오늘날의 중국과 동일한 지역적 범위를 의미하는 것도 아니고, 금문에 보이는 주왕의 이상은 이념적인 수사로 분식되었을 가능성을 고려해야 한다. 그러나 문헌 및 금문을 통해 확인된 주왕의 통치범위, 즉 봉건(실제적이건 의제적이건)의 범위는 생각보다 광범위한 것은 사실이다.

먼저 주 동성제후(同姓諸侯)의 지리적 분포를 다음과 같이 7개 지역으로 분류, 지적한 이등도치(伊藤道治)의 결론을 주목해 보자. 즉 ① 왕도(王都) 중심의 위수(渭水)유역, ② 황하의 굴곡점(屈曲點)에서 분수(汾水)유역에 이르는 지역, ③ 낙양·개봉(開封)·안양을 잇는 삼각지대, 안양에서 북방으로 뻗치는 지점, ④ 산동성 등현(滕縣)에서 양산(梁山)을 연결하는 선 및 제수(濟水)유역을 거처 산동반도 북부에 이르는 지역, ⑤ 등현에서 남으로 강소성·안휘성·하남성 동부에 이르는 지역, ⑥ 하남성 남반부와 호북성, ⑦ 호북성 남부·호남·강서·절강 각성에 이르는 지역.[193] 이 희성제후(姬姓諸侯)의 외연(外延)에 존재한 비동성제후(非同姓諸侯)까지 포함하면 주의 정치세력권은 대체로 동으로는 산동반도의 연해안을 따라 안휘, 강소, 절강 북부까지, 서로는 섬서에서 남으로 사천(四川)까지, 남은 호남·강서까지, 북은 하북·요녕(遼寧) 일대까지[194] 보아도 대과는 없을 것이다. 그렇다면 《좌전(左傳)》 소공(昭公) 9년조 주경왕(周景王)이 주초 이래 주의 '북토(北土)'를 숙신(肅愼)·연(燕)·박(亳)으로, '남토(南土)'를 파(巴)·복(濮)·월(越)·초(楚)·등(鄧)으로, '서토(西土)'를 위(魏)·태(駘)·예(芮)·기(岐)·필(畢)로, '동토(東土)'를 포고(蒲姑)·상엄(商奄)으로 각각 주장한 것도 결코 과장만은 아닌 것 같다.

그러나 이처럼 광대한 지역의 정치적 통합은 이미 상대(商代)에서 시작되었던 것이다. 먼저 다음과 같은 복사(卜辭)를 주목해 보자.

乙巳 王卜 貞 (今)歲商受年 王占曰 吉 東土受年 南土受年 西土受年 北土受年(粹九·七)

---

192) 高山節也, 1980; 豊田久, 1980.
193) 伊藤道治, 1975, 제2부 제4장 참조.
194) 北京 南郊에서 匽(燕)侯 관계의 銅器가 출토된 大型 西周墓, 遼寧 喀左 北洞에서 발

이것은 당년의 '수년(受年)' 즉 풍작 여부를 예점(豫占)한 내용인데, 한 골
판상(骨版上)에 '상(商)'과 동서남북 '사토(四土)'가 각각 나뉘어 점복(占卜)
된 것은 상대인(商代人)이 자신을 '상(商)' 즉 왕도(王都) 중심의 지역과 '사
토(四土)'의 구조로 인식하였음을 잘 보여준다. 주의 '사토' 개념이 바로 상
대에도 존재한 것도 주목되지만, 어쨌든 상왕이 직접 '사토'의 풍흉을 자점
(自占)한 것은 '사토'가 실제 상왕의 지배영역이었기 때문일 것이다.

따라서 상의 영역은 곧 '사토'가 그 범위라 하겠는데, 이것을 확인하려면
우선 복사 중 상왕이 직접 여행한 지명과 상과, 동맹 또는 적대관계에 있었던
정치집단(卜辭의 某 '方')의 위치를 확정할 필요가 있다. 그래서 많은 학자들
이 이 문제에 관심을 기울였지만, 그 결과 이들의 지역적 범위는 대체로 섬
서, 산서, 하북, 산동 서부, 안휘 북부, 강소 서북으로 밝혀졌다.[195] 물론
'방(方)'은 많은 경우 적대관계에 있었던 만큼, 실제 상왕의 지배력이 행사
된 범위는 이보다 좁게 보는 것이 타당할지도 모른다. 그러나 안양기 복사
(卜辭) 및 최근 주원(周原)에서 출토된 복사는 무정기(武丁期) 이후 상말(商
末)에 이르는 시기에 섬서 기산(岐山) 일대에 위치한 주족이 사실상 상의 속
국이었음을 시사하고 있으며,[196] 심지어는 주가 상의 시조 탕왕을 제사한 기
록까지 보인다.[197] 또 요녕성 객좌현(客左縣)에서 상의 봉국이 거의 확실한
고죽(孤竹)·기후(㠱侯) 관계의 상말(商末) 청동기가 출토된 사실,[198] 산동성
익도현(益都縣) 소부둔(蘇埠屯)에서 발굴된 48인이 순장된 묘의 구조가 안양
무관촌(武官村)의 아자형(亞字型) 대묘와 상사할 뿐 아니라, 이 묘에서 상왕
조의 무직(武職)을 담당하는 제후의 신분을 상징하는 아자형 족휘(亞字型族

견된 燕侯 및 㠱侯관계의 商末 周初의 청동기는 周初 이 지역이 燕을 통해 周王에 복속
된 단적인 증거이다. 晏琬, 1975 참조.
195) Kwang-chih Chang. 1980, pp. 252~253 ; David N. Keightley. 1983, p. 538 Map 17.1,
p. 539 Map 17.2를 참조.
196) 孟世凱, 1984.
197) 范毓周, 1981 ; 許倬雲, 1984, pp. 63~64. 물론 周原 鳳雛 출토, 卜辭 "癸子(巳) 彝文
武帝乙宗 貞 王其邵祭成唐……"의 '王'을 商王으로 보고 安陽에서 商王이 占卜한 甲骨
이 周原으로 옮겨진 것으로 이해하는 견해도 있으나(王宇信, 1984, pp. 40~51), 옮겨
진 이유도 설명할 길이 없지만 특히 安陽의 占卜獸骨 처리방법과 周原의 그것이 다르
기 때문에 역시 이것은 周王이 周原에서 占卜한 내용으로 보는 것이 타당하다.
198) 晏琬, 1975.

徽)가[199] 새겨진 대형 동월(銅鉞)이 출토된 사실 등은[200] 적어도 안양기 상왕조의 동·서·동북의 영역은 주초의 그것과 대차가 없었음을 시사한다.

한편 호북 황파현(黃坡縣) 반룡성(盤龍城)유지의 발견은 상의 남경(南境)과 관련, 중요한 자료를 제공하였다. 동서 약 1,100m, 남북 약 1,000m의 구릉 위에 위치한 이 성지의(四周는 약 10m 넓이의 濠溝로 둘러싸여 있다.) 규모는 남북 약 290m, 동서 약 260m, 시대는 정주 이리강기에 해당한다. 성내 동북고지에서 3좌의 궁전지가 확인되었고, 특히 그중 FI 기지는 지면 20cm 높이의 동서 39.8m, 남북 12.3m 규모의 대기 위에 4주가 회랑으로 둘러싸인 4실 침전(寢寢殿)으로 밝혀졌다[그림 29 참조]. 따라서 이 성지가 이 지역을 지배한 정치세력의 거점인 것은 분명한데, 성내 및 주변의 유지·묘장을 발굴 조사한 보고자들은 ① 성장(城墻)의 조영기술, ② 궁전건축기법, ③ 매장풍속, ④ 청동공예 작풍(作風), ⑤ 옥기제작공예풍격(玉器製作工藝風挌), ⑥ 제도공예(製陶工藝) 등 6가지 면에서 정주 이리강 상문화와 거의 또는 완전 일치하는 사실을 확인, 이리강문화와 반룡성의 문화적 정치적 통일관계를 강조하였다.[201] 확실히 이러한 문화의 일치성(一致性)은 단순한 문화의 전파나 영향뿐 아니라 중원 이리강문화 주인공의 일부 집단이주의 가능성까지 추측케 하지만, 어쨌든 반룡성과 정주성의 긴밀한 정치적 관계는 인정하지 않을 수 없다. 그렇다면 상초 탕왕의 형초(荊楚)정벌을 찬양한 《시경(詩經)》 상송(商頌) 은무(殷武)의 내용도 전혀 근거가 없는 것도 아닌 것 같다. 따라서 양자강 중류 호남·강서 일대에서 상대 유지 및 청동기가 다수 발견되고 있는 사실을 아울러 고려할 때, 이 지역이 일찍부터 상의 '남토(南土)'로 포함되었을 가능성을[202] 배제할 필요는 없는 것 같다.

한편 동하풍유지의 상대 전기 성지의 항토장(夯土墻) 건축방식이 특히 반룡성의 그것과 상근(相近)하다는 사실도[203] 반룡성의 이러한 성격을 더욱 뒷받침해 주는 것 같다. 하문화의 주요 유지인 동하풍에서 상대 전기의 성지

199) 曹定雲, 1983에 의하면 '亞'는 대체로 제후가 담당하는 武職官名이고, 이 武職을 담당하는 제후는 國名 또는 私名을 '亞'字 앞에 加하거나 그 안에 넣는다고 한다.
200) 山東省博物館, 1972.
201) 湖北省博物館 등, 1976.
202) 江鴻, 1976.
203) 東下馮考古隊, 1980, p. 104.

가 발견된 것은 일단 이 지역이 상(商)의 세력거점으로 편입되었을 가능성을 시사한다. 그러나 상대의 성이 반드시 상왕이 지배하는 성을 의미하지는 않는다. 그래서 필자는 이 문제와 관련, 하북 고성현(藁城縣) 대서촌(台西村) 상대유지의 발굴보고자들의 다음과 같은 결론을 상기해 보았다. 즉 이 유지의 성격은 그 지역의 토착문화와 관련, 개성도 인정되고 안양·정주의 상대유지와 공통성도 많다. 그러나 도기의 경우는 오히려 강남 상대유지에서 발견되는 것과 현저한 상사점을 보이고 있어, 양 지역간의 상호교류 및 영향관계를 인정하지 않을 수 없다는 것이다.[204]

현재 대서촌유지에서는 성지나 궁전지는 보고되지 않았다. 그러나 비교적 큰 대방지(大房址; 2號 房址의 경우 남북 10.35m, 동서 3.6m 의 兩室 구조)들, 순인(殉人)·순구(殉狗)를 동반한 대형묘, 옥기·칠기(漆器)·복골(卜骨) 및 각종 청동기(특히 靑銅鉞과 鐵刃靑銅鉞) 등이 대량으로 출토된 것을 보면,[205] 이 유지 역시 단순한 취락이라기보다는 군사·정치의 거점으로 판단된다. 어쨌든 이 지역의 문화와 강남문화의 교류가 상왕조의 중심부인 하남성을 거쳤다면, 상왕의 매개적인 역할을 여기서 상정하지 않을 수 없다. 즉 양 지역을 모두 지배한 상왕을 연결고리로 양 문화의 교왕(交往)이 가능하였다는 것이다.

바로 이 추론은 반룡성과 동하풍상성(商城)의 관계에도 적용될 수 있을 것이다. 특히 양자의 축성기술의 공유는 그 정치적 관계가 보다 긴밀하였을 가능성을 시사하는데, 물론 양자의 직접적인 관계를 상정하는 것은 곤란하다. 따라서 양자간에 역시 상왕의 존재를 설정하지 않을 수 없는데, 안양기 초기 복사에 자주 보이는 왕에 의한 '작읍(作邑)' 기사는[206] 이 문제에 중요한 단서를 제공하는 것 같다. 만약 반룡성과 동하풍상성이 모두 상왕의 '작읍'의 일환이었다면 양자가 모두 비슷한 축성기술로 축조된 것은 오히려 당연하지 않은가? 다시 말해 동하풍상성과 반룡성은 각각 상왕조의 '북토', '남토'의 구체적인 일례로 파악하면 양자의 상근성이 무리 없이 이해될 수

---

204) 河北省文物管理處台西考古隊, 1979, p.43.
205) 河北省博物館 등, 1977, pp.45~87 참조. 특히 이 鐵刃銅鉞를 근거로 한때 商代의 冶鐵技術이 주장되기도 하였으나 이것은 단순히 隕鐵을 이용한 것으로 밝혀졌다(李衆, 1976).
206) 伊藤道治, 1975, p.178 참조.

있다는 것이다.

이렇게 보면 적어도 정주기 이후 상왕조의 영역도 주(周)초에 비해 크게 뒤지지 않는 셈이며, 방대한 노동력이 투여된 거대한 정주성은 바로 이러한 배경의 산물이었다. 그렇다면 이러한 거대한 정치적 통합이 가능한 이유는 무엇인가? 종족이나 소규모의 지역적 범위를 초월한 고대사회의 정치적 통합은 일차적으로 무력정복에 의해서 형성되기 마련이다. 그러나 무력정복이 정치적 통합으로 발전 유지되려면 무력과 함께 그 무력행사를 최소화할 수 있는 이념적 제도적 장치가 필요하지만, 동시에 그 정치질서에 편입된 집단, 특히 그 집단의 지배층에게 복속에 따른 대가에도 불구하고 납득할 수 있는 구체적인 이득을 보장하지 않을 수 없었을 것이다.

이 문제와 관련, 크릴(Creel)은 외적으로부터의 보호, 선진문명권(先進文明圈)에 참여하는 명예와 이익을 간단히 지적하고 있는데,[207] 전자는 극히 자명하지만 후자는 다소 설명이 필요한 것 같다. 한대 이후 주변 여러 민족의 지배층이 중국 왕조의 책봉체제에 참여함으로써 선진문명 수용의 독점과 중국 황제가 보증한 권위를 배경으로 권력을 유지한 것은 주지의 사실이다. 따라서 상대의 자성집단(子姓集團), 주대의 희성(姬姓)집단과 여타 제집단(諸集團)간에도 비슷한 관계를 상정할 수 있다면, 크릴이 지적한 선진문명권에의 참여에 따른 이득도 바로 이러한 관점에서 이해할 수 있지만, 좀더 구체적인 예를 몇 가지 들어보자.

상대 복사에 왕에 의한 '작읍'이 빈번히 나타나는 것도 당시 읍의 건설이 왕권이 조직한 노동력에 크게 의존한 사실을 시사하지만, 왕이 '중인(衆人)'을 동원하여 대규모의 간전(墾田)을 각처에 조성한 기사가 다수 발견되는 것은[208] 무척 흥미있는 일이다. 그중 공사기간이 547일이나 된 예도 있는 것을 보면, 그 규모를 대체로 짐작할 수 있지만, 특히 그 직접 노동자가 '중인(衆人)'이란 점과 간전이 왕의 직할지가 아닌 '방(方)'에서도 이루어진 사실을 주목할 필요가 있다. '중인'은 한때 노예로 해석되기도 하였으나, 현재는 씨족집단의 성원 중 왕이 징발조직한 노동집단으로서 각종 노동 및 전쟁에도 종사한 존재로 이해하는 설이 유력하다.[209] 따라서 '중인'을 동원한 대규

---

207) H.G. Creel, 1970, p. 217.
208) 于省吾, 1972; 張政烺, 1973, p. 108.

모 간전의 주체는 그 지역의 집단이 아니라 왕권이 조직한 대규모 노동력이 분명한데, 문제는 그 이유가 무엇이냐는 것이다.

물론 이것이 왕권의 경제적인 기반의 확대란 점은 의문의 여지가 없고, 이 간전이 조성된 지역의 여러 집단측에서 보면 왕권에 의한 토지의 수탈에 불과할 수도 있다.[210] 그러나 반면 대규모의 간전을 통한 농업생산의 확대가 가능한 당시 상황에서 그에 상응하는 노동력과 기술을 그들이 확보하지 못한 때문에 왕권이 개입한 것일 수도 있지 않을까? 다시 말해 당시 생산제고에 필수적인 대규모 간전은 여러 집단의 노동력을 한 차원 높은 단계에서 조직할 수 있는 주체가 필요하였다는 것이다.

앞에서 필자는 문명 초기단계에서 생산력의 제고가 노동력의 집중과 조직에 기초한 점을 지적하였지만, '방' 단위에서조차 왕권에 의한 간전이 요청된 사실은 '방' 단위의 노동력만으로 문명생활의 물질적 기초가 확보되지 못하음을 시사한다. 따라서 그들이 문명생활에 참여하려면 한 단계 높은 차원에서 조직된 노동력의 지원이 필요하였을 것이다. 물론 이러한 요구가 곧 왕조형성의 필연적인 요인이었다고 과장할 필요는 없다. 그러나 왕권에 의한 읍의 건설과 대규모 간전이 결국 왕권에 의한 안전한 생활공간과 물질적 기초의 보장을 의미한다면, 여러 집단이 그 능력을 보유한, 또는 그 기능을 기대한 왕권에 복속할 만한 이유는 확보된 셈이다.

한편 문명의 발전은 어느 의미에서 잉여노동이 지배층의 향락과 권위를 상징하는 생활의 고급화 및 사치품의 전문생산으로 조직되는 과정이기도 하며, 각 지역에서 생산되는 사치품 또는 그 재료가 교환되는 광범위한 유통망이 형성되는 것이 특징이다. 중국의 경우 이 유통망의 담당자로서 상인이 본격적으로 등장한 것은 춘추시대 이후이며, 그 이전에는 왕실 또는 공실(公室)이 그 주체였다고 해도 과언은 아니다.[211] 이것은 결국 왕실이 전국적인 유통망의 중심으로서, 잉여상품의 교환체계가 사실상 공납과 사여(賜與)・증여(贈與)의 형식으로 조직된 것을 의미하는데, 정치적 통합의 규모는 바로 이 교환체계의 범위에 의해서도 규정되었을 것이다.

209) 于省吾, 1956; David N. Keightley. 1969, pp. 66~67.
210) 張政烺, 1973; 楊升南, 1983, pp. 142~143.
211) 吳慧, 1983, 1冊 pp. 85~86.

안양에서 사용된 점복용 귀갑(龜甲)과 상사(賞賜) 및 부장품으로 광범위하
게 사용된 자안패(子安貝)가 양자강 이남에서 공급되고, 옥기의 원료가 섬
서·신강·요녕에서까지 공급된 사실,[212] 그리고 섬서에 위치한 공방(占方)
이 동광(銅鑛)의 공급지였을 가능성도[213] 일단 상왕을 중심으로 한 교역권의
범위를 추측케 한다. 그러나 이 문제와 관련, 서주 선왕기(宣王期)로 추정되
는 혜갑반(兮甲盤)의 명문은 단편적이기는 해도 그 구체적인 단서를 제공하
는 것 같다. 그 내용은 다음과 같다. 즉 북방 엄윤(玁狁; 匈奴의 前身)정벌에
공을 세운 혜갑에게 주왕이 각종 상사(賞賜)와 함께 '성주사방(成周四方)' 및
남방 회이(淮夷)의 공납징수를 위임하면서, 특히 회이의 공납(노예를 포함)을
철저히 이행시킬 것, 그들의 공납과 교역은 지정된 시(市)에서만 시킬 것,
아울러 '아제후백성(我諸侯百姓)'도 회이와의 교역은 시로 한정하며, 멋대로
회이지역에 들어가 사적으로 교역하는 것을 금하고 쌍방의 위반자는 모두
엄벌에 처하라는 것이다.[214]

이것은 왕권에 의한 대외무역의 전반적인 독점과 통제를 시사한다. 그러
나 회이의 정벌과 관련 특히 '부금(孚金; 청동전리품)'이 빈번히 언급된
것,[215] 회이의 정벌로 동(銅)·석(錫) 교역로가 확보되었음을 명기한 증백양
보(曾伯霥簠)의 명문,[216] 춘추시대의 예지만 회이의 일지(一支)인 융(戎)이
포숙아(鮑叔牙)에게 '금(金)' 백거(百車)를 헌상한 예[217] 등을 상기할 때, 회
이의 공납 및 그 무역의 중요한 품목이 청동의 원료 석·동인 것은 충분히
짐작할 수 있다. 상말(商末) 이래의 빈번한 회이·동이의 정벌은 바로 이 물
자의 확보를 위한 것으로 해석된다. 즉 이 지역에서 공급되는 청동의 원료
가 상·주 청동문화의 번영에 불가결한 전제였던 만큼, 이 지역의 확보는
포기할 수 없는 정치적 과제였을 것이다. 물론 안양 중심 400km 이내에도

---

212) Kwang-chih Chang, 1980, pp. 153~157.
213) 石璋如, 1955.
214) "隹五年三月旣死霸庚寅…王令甲政嗣成周四方賣(積)至于南淮夷 淮夷舊我賈賄人 毋
　　敢不出其賈 其賈 其進人 其賈 毋敢不卽餗(次)卽苓(市) 敢不用令 剢(則)卽井(刑)嘆
　　(撲)伐 其隹(唯)我者(諸)侯百生(姓)吥賈毋不卽苓 毋敢或入絲夈賈 剢亦井……"(《上海
　　博物館館刊》1, 1981, p.37) 단 여기서 '百姓'은 일반민이 아닌 지배층을 의미한다.
215) 《上海博物館館刊》1, 1981, p.24; 過伯簋, p.39; 師㝨簋, p.37; 䎽生盨 참조.
216) 屈萬里, 1963, "克狄淮夷 抑燮繁湯 金導錫行 貞卽卑方……"
217) 周法高, 1984 참조.

동·석광이 확인되는 것은 사실이며,[218] 이들이 상대에 부분적으로 채굴되었을 가능성도 배제할 필요는 없다. 그러나 청동문명에 가장 불가결한 물자인 동·석이 섬서의 공방(㠯方), 회수(淮水) 이남의 회이지역에서 대거 공급된 사실은 상·주가 거대한 정치적 통합을 유지하지 않을 수 없는 또 하나의 경제적 요인을 해명해 주는 것 같다.

이처럼 생산성의 제고를 위한 노동의 조직과 배분, 문명생활에 불가결한 물자의 확보와 공급이란 내재적인 요청에 의해서 성립된 상·주의 정치적 통합을 보다 효과적으로 유지시킨 것은 이념적·제도적 장치였다. 주대의 경우 그 제도적 장치의 핵은 바로 봉건제도였다. 이념적으로는 모든 토지와 인민은 왕토(王土)요 왕신(王臣)이었다. 그러나 주왕(周王)은 직할 영읍과 신료집단(臣僚集團; 內服諸侯)에게 사여한 채읍(采邑)으로 구성된 왕기(王畿)를 제외한 방대한 영토에 동성(同姓) 및 이성제후(異姓諸侯; 外服諸侯)를 봉건, 실질적으로 해당지역의 통치를 위임하였다. 외복제후(外服諸侯)는 봉토를 다시 공읍(公邑)과 채읍으로 구분, 후자를 가신집단(家臣集團)인 경·대부(卿·大夫)에게 사여하였다. 왕과 제후(특히 同姓), 제후와 경·대부의 관계는 본종(本宗)과의 친소(親疏)를 기준으로 종족내의 신분을 규정하는 종법제도(宗法制度)의 원리를 매개로 성립하였기 때문에[219] 이 제도는 기본적으로 최고 권력자와의 혈연적 친소에 따른 권력과 부(富)의 차등적인 분배와 이에 상응하는 누층적인 신분질서가 그 특징이다.

한편 봉국(封國)은 국도(國都) 및 별도(別都)와 그에 부속된 도읍으로 구성되었는데, 후자에는 주로 농업생산과 요역에 종사하는 피지배씨족이 거주한 반면, 전자의 주민은 '국인(國人)'으로 불리운 지배씨족의 성원이었다. 이들은 주로 전사의 역할을 담당하였지만 때로는 외조(外朝)의 집회에 참석, 일정한 범위내에서 봉국의 정치에 참여하였다.[220] 그러므로 서주의 지

218) 石璋如, 1955에 의하면 安陽 100km 이내의 銅鑛 3, 錫鑛 4, 200km 이내 銅 6, 錫 3, 300km 이내에 銅 11 錫 4, 400km 이내에 銅 6, 錫 6이 각각 확인된다고 한다.

219) 楊寬, 1965 ①; 程有爲, 1981; 吳浩坤, 1984. 단 宗法制度와 관련, 嫡長子相續이 흔히 지적되고 있지만 魯의 경우 春秋初까지 公位가 父子와 兄弟간의 상속이 교대로 이어진 소위 '一生一及'制가 존속한 것을 보면(鈴木隆一, 1963), 大小宗간의 조직원리가 반드시 嫡長子相續을 전제로 한 것 같지는 않다.

220) 楊寬, 1965 ②; 崔大華, 1980; 任常泰 등, 1982; 吉本道雄, 1986. 또 立君·遷都·國危 등 국가의 중대사를 묻는 '國人'의 集會를 고대 그리스의 民會制度에 비견, 고대중

배체제는 지배씨족인 전사집단이 피지배 씨족집단을 지배하는 봉국의 지배자와 주왕의 봉건적 신속관계(臣屬關係)로 성립된 체제라 하겠다.

봉건이 종법의 원리에 의해서 이루어진 만큼(異姓諸侯도 周王과 擬制的인 親族關係로 설정되었다) 왕과 제후, 제후와 경・대부는 각각 대종(大宗)과 소종(小宗)의 관계였고, 이들의 정치적 결속이 일차적으로 공동 혈연의식으로 유지된 것은 물론이다. 그러나 이 관계를 보다 보편적인 규범의식으로 강화해 준 것은 천명사상(天命思想)이었다. 천명이 천하를 지배할 수 있는 능력과 덕(德)을 구비한 사람에게 부여되고, 천명의 응수자(膺受者)가 천명에 따라 새로운 정치질서를 구현하는 과정에 참여한 협력자를 제후로 봉건한다는 점에서, 천명을 매개로 성립된 정치질서는 혈연적 관계를 초월한 개인적 덕능(德能)에 기초한 것으로 정당화될 수 있다. 그러나 일단 응수된 천명은 세습주의의 원리에 의해 그 후손에게 계승된다. 즉 후왕(後王 ; 후손)이 선왕(先王 ; 최초의 天命膺受者)의 덕능(德能)을 본받는 한, 그는 천명의 계승자로서의 지위가 보장되었고, 역시 후공(後公 ; 제후의 후손)도 선공(先公 ; 封國의 시조)의 덕능과 충성을 본받는 한 제후의 지위가 보장된 것이다. 말하자면 천명사상은 덕능주의와 세습주의가 결합된 것으로서 왕조 및 봉국 성립의 정통성뿐 아니라 그 지속적인 유지를 정당화한 이념적 지주였다.

혈연의식・천명사상이 주왕조의 통합을 유지하는 데 크게 공헌한 것은 사실이다. 그러나 주왕은 제후를 통제하는 데 나름대로 효과적인 정책과 제도를 마련하고 있었다. 성주(成周) 8사(師), 종주(宗周) 6사(師)로 알려진 왕의 직속군단이 제후를 제압할 수 있는 강력한 군사적 기반이었다는 것은 주지의 사실이지만,[221] 이 군단은 산림수택(山林藪澤)의 개발 및 목장 등을 경영하는 '환(還)'이란 시설과 그 주변에 배치되어 그 경영에 참여한 내・외복(內・外服) 제후의 제분족(諸分族)과 결합되어 왕의 강력한 군사적・정치적 거점을 형성하였다.[222] 또 관동지역의 효과적인 통제를 위하여 낙양에 성주(成周)를 건설, 양경체제(兩京體制)를 유지한 것,[223] 외복의 분족을 내복으로

국의 都市國家論을 전개한 貝塚茂樹, 1977 ①・②, 國君의 권력을 견제하는 輔貳制・朝議制, 國人의 參政制를 상세히 논한 徐鴻修, 1981도 대단히 흥미있는 참고가 될 것이다.

221) 楊寬, 1965, ②・③; H. G. Creel, 1970, Chapter 10. Military 참조.
222) 松井嘉德, 1986.

배치 신료(臣僚)로서의 직사(職事)를 부여함으로써[224] 외복의 통제를 보다
용이하게 만든 것, 제후의 감시·통제를 위하여 요지에 '감(監)'을 배치한
감국제도(監國制度)[225] 등은 모두 왕의 강력한 제후통제의 의지가 구체화된
결과라 하겠다. 더욱이 최근 금문자료(金文資料)의 연구는 분쟁을 해결하는
소송제도(訴訟制度)뿐 아니라 상당히 복잡한 형벌체계의 존재를 부분적으로
밝혀주고 있으며,[226] 특히 경사료(卿士寮)·대사료(大史寮)·공족료(公族寮)
3계열로 조직된 왕실 관료기구도 예상보다 훨씬 복잡하고 체계적인 구조로
밝혀지고 있다.[227] 이것은 물론 전국시대 이후의 법률이나 관료제도에 비하
면 극히 초보적인 성격에 불과하다. 그러나 예상보다는 법과 행정을 통한
지배방식이 발달한 것은 분명하며, 사실 이러한 제도적 장치들을 적극적으
로 평가하지 않으면, 그토록 광대한 영역을 수백년간 지배한 서주왕조의 실
체를 이해하기 어려울 것이다.

이에 비해 상왕조의 통치체제는 아직 해명되지 않은 것이 너무나 많다.
그러나 상왕에 조근(朝覲)·공납(貢納)의 의무뿐 아니라 그 명에 따라 출정
(出征)도 하고 왕의 주요 제사에 참여하는 '왕'[228]·백(伯)·후(侯)·자(子;
商의 同姓) 등 사실상 주대 봉건제후와 별 차이가 없는 존재,[229] 그리고 후·
백의 지역에 파견되어 왕사(王事)를 수행하는 전(田)·목(牧)·위(衛)·임
(任; 男) 등이 확인되는 것을[230] 보면 상대의 통치구조를 기본적으로 주대 봉
건제도의 범주로 이해해도 대과는 없는 것 같다. 또 각종 행정직을 담당한
신(臣)·정(正) 등의 문관(文官), 마(馬)·복(箙)·사(射)·견(犬)·아(亞)·
위(衛)·성(成) 등의 무관(武官), 사(史)·작책(作册)·윤(尹) 등의 기록 및
제사 담당의 직명이 다수 발견된[231] 것을 보면 왕실의 관료조직도 어느 정도
발달한 것 같다.

223) 豊田久, 1988.
224) 예컨대 魯·燕의 分族 周公·召伯 등이 王의 鄕士로 활약한 것.
225) 伍士謙, 1984.
226) 伊藤道治, 1987, 제 5 장; 木村秀海, 1986; 盛張, 1976; 余樹聲, 1984.
227) 伊藤道治, 1987, 제 4 장; 木村秀海, 1985; 楊寬, 1984, ① ②; 張亞初 등, 1986.
228) 齊文心, 1985.
229) 楊升南, 1983; 島邦男, 1958, pp. 424~460.
230) 裘錫圭, 1983.
231) 鄭德坤·松崎壽和, 1976, 卷2, pp. 245~246.

그러나 현재까지 알려진 상대의 관제나 봉건제는 주대의 그것에 비해 훨씬 미숙한 것 같지만, 특히 방국(方國) 연맹단계를 추측케 하는 안양기 이전의 잦은 천도(遷都),[232] 상호 통혼관계를 가진 양대 친족집단간에 왕위가 격세대(隔世代)로 계승되었을 가능성마저 추측케 하는 왕위계승[233] 등도 왕권의 안정이나 절대성이 주대에 비해 상대적으로 약한 인상을 주고 있는 것도 사실이다. 왕의 잦은 복속 및 동맹세력 방문은 바로 이러한 단계에서 정치적 결속을 다짐하는 중요한 정치적 행위였던 것 같다.[234] 그러나 상대의 제도적 미숙성을 크게 보완해 준 것은 역시 '제(帝)' 또는 '상제(上帝)'를 정점으로 형성된 종교적 관념과 그에 부수된 제사체계(祭祀體系)였다.

'제'는 비록 창조자의 개념은 없었지만, 자연과 인사를 주재하는 지상신으로서[235] 자연신(自然神)과 조선신(祖先神)의 성격을 겸한 존재였고, 상왕도 사후에는 그 신격(神格)의 일부로 참여하는 것으로 믿어졌다.[236] 때문에 '제'와 상왕간에는 특수하고도 배타적인 관계가 설정되었고, 예비 신격인 상왕의 절대적 권위가 인정된 것은 당연하였다. 왕 자신 또는 그가 거느린 전문 점복사 정인(貞人)에 의해서 부단히 행해진 점복은 '제'의 의지를 확인하는 형식이었지만 실제 왕의 행위를 정당화하는 절차였다. 따라서 '제'의 절대성 강조는 곧 왕권의 절대화를 의미하였고, 이것을 위한 제사가 발전한 것은 당연하였다. 그러나 '제'가 제사된 예는 없으며, 대신 대단히 복잡한 조선제사(祖先祭祀)가 부단히 거행되었다.[237] 이것이 결국 왕권의 절대성을 과시하기 위한 것이었음은 새삼 지적할 필요도 없겠지만, 특히 복속된 제족

232) 晁福林, 1985.
233) Kwang-chih Chang. 1980. pp.165~189; 張光直, 1982, ① · ② 참조. 張은 甲 · 乙 등 10干으로 표기된 商王廟號 중 甲 · 乙 · 丁이 압도적으로 많고 甲 · 乙과 丁이 격세대로 배타적으로 보일 뿐 아니라 王과 妣의 干이 동일한 예가 없는 사실에 착목, 10개 支族으로 나뉘어 상호 內婚을 하는 商王族이 다시 甲 · 乙組와 丁組로 兩分, 상호 隔世代로 王位를 교대하였던 것, 따라서 계보상 父子로 나오지만 실제 외삼촌과 조카의 관계였다는 가설을 제시하고, 아울러 安陽에 나타난 商文化의 二元性도 이 구조를 반영한 것으로 해석하고 있다.
234) David N. Keightley. 1983. pp.552~553. 특히 氏는 이처럼 王이 자주 복속 및 동맹세력을 방문하는 'goer'의 성격과 관련 '王'이 '往'에 유래하였을 가능성도 조심스럽게 추측하고 있다.
235) 張持平 등, 1985.
236) 池田末利, 1981; 胡厚宣, 1945, ①.
237) 島邦男, 1958, 제1편 제1장 先王 · 先妣に對する五祀 참조.

(諸族)의 신(神)으로 추정되는 존재가 상족(商族)의 원조(遠祖) 선공(先公)으로 중요한 제사의 대상이 된 것을 보면,[238] 조선제사 역시 상왕의 제족지배(諸族支配)를 확인・보증하는 형식이 명백하다. 이것은 결국 제사권의 장악을 통한 지배의 형식을 의미하는데, 실제 왕실 직속의 제사관이 각지에 파견되어 그 지역의 전통적인 제사를 대행한 것도 확인된다.[239]

이상과 같은 상왕의 성격과 제사를 통한 지배형식을 근거로 혹자는 상을 '신성왕조(神聖王朝)'로 칭하기도 한다.[240] 물론 주대에도 제사가 정치의 중요한 일부요 수단이었고 왕권이 천명에 의해서 보증된 것으로 주장된 점에서 신권정치의 성격도 인정되는 것은 사실이며, 상・주를 모두 이 개념으로 이해하는 사람도 있다.[241] 그러나 주대의 '천(天)'은 이미 조선신(祖先神)의 성격도 없고, 주왕에게는 상왕과 같은 Shaman-king의 성격은 인정하기 어렵다면, 상・주를 동일한 '신권(神權)' 또는 '신성(神聖)'왕조로 규정할 수는 없을 것이다. 이런 점에서 한대의 사마천(司馬遷)이 상(商)의 장단점을 '경(敬)'과 '귀(鬼)', 주(周)의 장단점을 '문(文)'과 '색(薲)'으로 각각 지적한 것은[242] 양자의 차이, 즉 상의 강한 제정(祭政)적 성격과 주의 법제・행정의 발달을 정확히 인식한 것으로 평가된다. 양자의 차이는 시대적인 선후 또는 상족과 주족의 상이한 전통으로 설명될 수 있을지도 모른다. 어쨌든 주가 왕조의 통합유지에 필요한 법제・행정조직을 나름대로 발전시켰다면, 상은 제정(祭政)지배의 정치한 체계로써 거대한 정치적 통합을 성공적으로 유지한 것은 의문의 여지가 없다.

맺음말

중국 고대문명이 B.C. 2,000년을 약간 상회하는 시기에 탄생, 상・주왕조를 거쳐 완숙한 단계로 발전하였고, 이 시기에 이미 거대한 정치적 통합이

---

238) 伊藤道治, 1961.
239) 白川靜, 1972, pp. 132～138.
240) 白川靜, 1967.
241) 張持平 등, 1980.
242) 《史記》 卷8, 高祖本紀 "太史公曰 夏之政忠 忠之敝 小人以野 故殷人承之以敬 敬之敝 小人以鬼 故周人承之以文 文之敝 小人以薲"

성취된 것도 분명한 이상, 과거 전통시대의 중국인들의 주장도 과히 틀린 것은 아니라 하겠다. 그러나 그것은 특정한 선왕(先王)이나 현신(賢臣)들에 의해서 일거에 창조된 것은 결코 아니었다. 이 문명은 구석기시대 이래 장구한 세월에 걸쳐 익명의 다수에 의해서 점진적으로 발전된 것이며, 이 과정에는 중국인의 조상이라는 화하족(華夏族；과연 이 實體가 존재한 것인지도 의문이지만)뿐 아니라 오늘날 중국 주변의 소수민족의 조상으로 연결될 수 있을지도 모르는 여러 민족과 부족이 모두 참여하였다.

앞으로 고고학의 성과가 또 어떤 새로운 자료를 첨가하여 지금까지 본고가 주장한 이해를 근본적으로 뒤엎을지도 모른다. 그러나 적어도 신석기문화뿐 아니라 초기 문명의 자생적이고 다원적인 발생론은 변하지 않을 것이며, 그 상한 연대도 더 이상 크게 소급될 가능성은 희박한 것 같다. 물론 중국문명의 형성과정에서 지나치게 자생론(自生論)만 강조하는 것은 바람직하지 않다. 전차(戰車), 일부 도기(陶器)의 형태(小屯에서 발견된), 비유문(肥蟥紋) 인간의 좌우 양편에 동물이 배치된 제재(題材), 밀·보리 등이 상대 이후 외부에서 전래된 사실,[243] 고대 성벽의 일부 건축법이 서아시아·인도에서 유입되었을 가능성,[244] 중국 고대문명의 기본적인 요소와 놀라울 정도로 유사한 것들이 중미 마야문명에서 발견되는 사실[245] 등은 앞으로 고대 문명간의 교류와 전파문제를 다시 한번 신중히 검토해야 할 충분한 이유를 제공하고 있기 때문이다.

그러나 신석기시대 이래 축적된 생산기술과 사회적 발전이 중국 고대문명의 주요 기초인 것이 명백해진 이상, 성급하고 조야한 비교보다는 그 자체의 발전논리를 규명·정립하는 것이 보다 중요한 것 같으며, 이것은 인류문명을 더욱 풍부하고 다양하게 이해하는 데 크게 공헌할 것이다. 일반적으로 문명의 지표로 지적되는 여러 현상이 대부분 중국 초기 문명단계에서도 발견되고 있는 것은 사실이다. 그러나 도시는 권력자의 제정(祭政)의 중심이었고, 조선신(祖先神)이나 자연신의 제사를 벗어난 보편적인 종교도 발전하지 못하였다. 계층의 분화는 현저하였지만 전쟁포로 또는 범죄자 이외에 계

243) Ping-ti Ho, 1975, pp. 352~366 참조.
244) 小谷仲男, 1986.
245) Kwang-chih Chang, 1986, pp. 419~422.

급의 범주로서 노예가 과연 존재하였는지도 의문이며, 서주까지도 씨족간의 집단적인 지배·피지배관계가 주요 모순이었다. 또 문명의 진입단계에서도 생산기술의 혁신보다는 노동력의 조직이 갖는 의미가 컸지만, 문명발전의 전제로서 요구된 거대한 정치적 통합이 왕조체제로 형성·발전된 것도 커다란 특색이다. 이런 의미에서 중국 고대문명은 조직과 통합의 산물이라고 해도 과언은 아니다.

그러므로 필자는 종래 중국의 초기문명의 형성 및 성격과 관련, 수력사회이론(水力社會理論)이나 마르크시스트들이 그토록 열심히 입증하였고 노력하였던(그러나 실패한) '아시아적 생산양식', '노예제사회', '봉건제사회', 또는 '가산제국가론(家産制國家論)' 등을 안이하게 거론하는 것을 반대하며, 중국의 자료에 입각한 새로운 모델의 가능성을 모색하려는 장광직의 노력에[246] 동조한다. 다만 이것이 '중국적' 모델의 모색으로 끝난다면, 주변 여러 민족이 그 형성에 참여한 중국문명의 성격을 오히려 간과할 우려가 있을 것이다. 그러므로 기후와 지리조건이 상이한 광대한 지역에 걸쳐 다원적으로 발생한 제문화의 복합과 확산이란 시각이 보다 부각될 수 있는 '동아시아'의 모델로 확대하여 그 특징과 발전의 논리를 모색할 것을 주장하고 싶다.

끝으로 부언할 것은 기후의 변화문제이다. 복사 및 출토 동식물군(群)의 분석으로 상대(商代)의 기후가 현재보다 훨씬 온난다습하였다는 것이 주장된 이래,[247] 반파 앙소문화층에서도 아열대 동물골이 출토됨으로써 앙소시대→상대말까지 황하유역의 기후가 전반적으로 온난다습하였으며, 이것이 주초 이후 변화하였다는 주장도[248] 꽤 설득력 있게 받아들여지고 있는 것 같고, 또 최근에는 북방 내몽고지역도 신석기시대에는 기후가 온난다습하여 수초(水草)도 풍부하였다는 것이 지적되고 있다.[249] 이 문제는 아직 어떤 결론을 내리는 것은 삼가하는 것이 좋을 것 같다. 그러나 적어도 신석기시대 또는 문명 초기단계의 기후환경조건이 현재와 다를 가능성을 일단 상정해

---

246) Kwang-chih Chang, 1983, pp. 125~129.
247) 胡厚宣, 1945, ②; 內藤戊申, 1967, pp. 129~150.
248) 竺可楨, 1972, pp. 17~18.
249) 孔昭宸 등, 1985;《中國北方民族關係史》編寫組, 1987, p. 12.

80

보는 것은 중요하다. 왜냐하면 현재의 조건으로만 문화와 문명의 발생가능
성을 논할 경우, 실제 그 다원적인 발생을 이해하기도 어렵거니와 그 물질
생활의 기본적인 성격을 오해할 소지가 많기 때문이다. 그러므로 앞으로 중
국 초기문명의 발생과 성격을 이해하는 데서 기후변화의 변수를 적절히 고
려한다면 보다 많은 문제가 해결될지도 모른다.

참고문헌

顧頡剛,《古史辨》1冊, 1926.
郭沫若 主編,《中國史稿》1冊, 北京, 1976.
郭沫若,《古代社會硏究》(《郭沫若全集》歷史篇, 第1卷), 北京, 人民出版社, 1982.
杜耀西·黎家芳·宋兆麟,《中國原始社會史》, 北京, 1983.
北京大學歷史系考古敎硏室商周組 編著,《商周考古》, 北京, 1979.
山東省文物管理處·濟南市博物館 編,《大汶口──新石器時代墓葬發掘報告》, 北京,
  1974.
吳 慧,《中國古代商業史》1冊, 北京, 1983.
王宇信,《西周甲骨探論》, 北京, 1984.
人文雜誌編輯部 編,《西周史硏究》, 西安, 1984.
張亞初·劉雨 撰,《西周金文官制硏究》, 北京, 1986.
中國科學院考古硏究所·陝西省西安半坡博物館,《西安半坡》, 文物出版社, 1963.
《中國北方民族關係史》編寫組,《中國北方民族關係史》, 中國社會科學出版社, 1987.
中國社會科學院考古硏究所 編著,《中國考古學中炭十四年代數據表, 1965~1981》, 北京,
  1983.
────,《新中國的考古發現和硏究》, 北京, 1984.
河南省文化局文物工作隊,《鄭州二里崗》, 科學出版社, 1959.
河北省博物館·文管處台西考古隊·河北省藁城縣台西大隊理論小組 編,《藁城台西商代
  遺址》, 北京, 1977.
許順湛,《中國遠古文化》, 河南人民出版社, 1983.
許倬雲,《西周史》, 臺北, 1984.
島邦男,《殷墟卜辭硏究》, 東京, 1958.
白川靜,《卜辭の世界》, 東京, 1972.
松崎壽和,《中國の先史文化》, 東京, 1972.
伊藤道治,《中國古代王朝の形成》, 東京, 1975.
────,《中國古代國家の支配構造》, 東京, 1987.

鄭德坤 著, 松崎壽和 譯, 《中國考古學大系》 卷2, 東京, 1976.

貝塚茂樹, 《中國古代史學の發展》, 東京, 1946.

Anderson, J. Gunnar, *Children of the Yellow Earth——Studies in Prehistoric China*, London, 1934, 初版; MIT Press, 1973.

Chang, Kwang-chih, *The Archeology of Ancient China*, Second edition, Yale University Press, 1968.

―――, *The Archeology of Ancient China*, Third edition, Yale University Press, 1977.

―――, *Shang Civilization*, Yale University Press, 1980.

―――, *Art, Myth and Ritual : The Path to the Political Authority in Ancient China*, Harvard University Press, 1983.

―――, *The Archeology of Ancient China*, Fourth Edition, Yale University Press, 1986.

Creel, H. G., *Studies in Early Chinese Culture*, Baltimore, 1937.

―――, *The Origins of Statecraft in China Vol. I*, University of Chicago Press, 1970.

Ho, Ping-ti, *The Cradle of the East : An Inquiry into the Indigenous Origins of Techiques and Ideas of Neolithic and Early Historic China 5000-1000 B.C.*, University of Chicago Press, 1975.

Keightley, David N., *Public Work in Ancient China : A Study of Forced Labor in the Shang and Western Chou*, 未刊, Columbia University, Ph.D. 1969.

Lacouperie, Terrier de. *Western Origins in the Early Chinese Civilization from 2,300 B.C. to 200 A.D.*, London, 1894.

Schneider, Laurence A., *Ku Chieh-kang and China's New History : Nationalism and Quest for Alternative Tradition*, University of California Press, 1971.

Wen Fong ed., *The Great Bronze Age of China : An Exhibition from the People's Republic of China*, New York, 1980.

賈　峨, 〈關于登封王城崗遺址幾個問題的探討〉, 《文物》, 1984-11.

干志耿・李殿福・陳連開, 〈商先起源于幽燕說〉, 《歷史研究》, 1985-5.

甘肅省文物工作隊, 〈甘肅秦安大地灣901號房址發掘簡報〉, 《文物》, 1986-2.

江　鴻, 〈盤龍城與商朝的南土〉, 《文物》, 1976-2.

京　浦, 〈禹居陽城與王城崗遺址〉, 《文物》, 1984-2.

高天麟・孟凡人, 〈試論河南龍山文化"王灣類型"〉, 《中原文物》, 1982-3.

高煒・高天麟・張岱海, 〈關于陶寺墓地的幾個問題〉, 《考古》, 1983-6.

高　煒, 〈試論陶寺遺址和陶寺類型龍山文化〉, 田昌五 主編, 《華夏文明》, 北京, 1987.

孔昭宸・杜乃秋, 〈內蒙古敖漢旗興隆洼遺址植物的初步報告〉, 《考古》, 1985-10.

郭大順・馬沙, 〈以遼河流域爲中心的新石器文化〉, 《考古學報》, 1985-4.

郭大順・張克擧, 〈遼寧省喀左縣東山嘴紅山文化建築群址發掘報告〉, 《文物》, 1984-11.

82

裘錫圭,〈甲骨卜辭中所見的'田','牧','衛'等職官的研究〉,《文史》19, 1983.

屈萬里,〈曾伯𠫑簠考釋〉,《中央研究院歷史語言研究所集刊》33, 1963.

洛陽博物館,〈洛陽矬李遺址試掘簡報〉,《考古》, 1978-1.

南京博物院,〈1982年江蘇常州武進寺墩遺址的發掘〉,《考古》, 1984-2.

內蒙古社會科學院蒙古史研究所・包頭市文物管理所,〈內蒙古包頭市阿善遺址發掘簡報〉,
　　《考古》, 1984-2.

唐　蘭,〈中國古代社會使用靑銅農器問題的初步研究〉,《故宮博物院院刊》總2期, 1960.

董　琦,〈王城崗城堡遺址分析〉,《文物》, 1984-11.

佟住臣,〈中國新石器時代文化的多中心發展論和發展不平衡論——論中國新石器時代文
　　化發展的規律和中國文明的起源〉,《文物》, 1986-2.

東下馮考古隊,〈山西夏縣東下馮遺址東區, 中區發掘簡報〉,《考古》, 1980-2.

郎樹德・許永杰・水壽,〈試論大地灣仰韶期遺存〉,《文物》, 1983-11.

孟世凱,〈甲骨文中所見商周關係再檢討〉, 人文雜誌編輯部 編,《西周史研究》, 西安,
　　1984.

牟永抗,〈試論河姆渡文化〉,《中國考古學會第一次年會論文集》, 北京, 1979.

方西生,〈談夏文化探索中的幾個問題〉,《河南文博通訊》, 1980-1.

———,〈試論豫西龍山文化〉,《考古與文物》, 1986-1.

———,〈論偃師商城爲湯都西𠅷〉,《江漢考古》, 1987-1.

白雲翔,〈殷代西周是大量使用農具的考古考察〉,《農業考古》, 1985-1.

范毓周,〈試論滅商以前的商周關係〉,《史學月刊》, 1981-1.

傅斯年,〈夷夏東西說〉,《慶祝蔡元培先生六十五歲論文集》, 南京, 1935.

北京大學歷史系考古專業炭十四實驗室,〈炭十四年代測定報告(續一)〉,《文物》, 1978-5.

山東大學歷史系考古專業・濟寧地區文物科・泗水縣文化館,〈泗水尹家城遺址第二, 三次
　　發掘簡報〉,《考古》, 1985-7.

山東省博物館,〈山東益都蘇埠屯第一號奴隸殉葬墓〉,《文物》, 1972-8.

———,〈談談大汶口文化〉,《文物》, 1978-4.

上海市文物保管委員會,〈上海福泉山良渚文化墓葬〉,《文物》, 1984-2.

西安半坡博物館・臨潼縣文化館,〈臨潼姜寨遺址第四至十一次發掘紀要〉,《考古與文物》,
　　1980-3.

徐鴻修,〈周代貴族專制政體中的原始民主遺存〉,《中國社會科學》, 1981-2.

石璋如,〈殷代的鑄銅工藝〉,《中央研究院歷史語言研究所集刊》26, 1955.

石興邦,〈從考古學文化探討我國私有制和國家的起源問題〉,《史前研究》, 創刊號, 1983.

盛　張,〈岐山新出㝬盨若干問題探索〉,《文物》, 1976-6.

蘇秉琦,〈關于仰韶文化的若干問題〉,《考古學報》, 1965-11.

———,〈遼西古文化古城古國——兼談當前田野考古工作的重點或大課題〉,《文物》,
　　1986-8.

蘇秉埼·殷瑋璋, 〈關于考古文化的區系類型問題〉, 《文物》, 1981-5.

孫守道, 〈三星他拉紅山文化玉龍考〉, 《文物》, 1984-6.

孫守道·郭大順, 〈論遼河流域的原始文明與龍的起源〉, 《文物》, 1984-6.

孫　華, 〈關于二里頭文化〉, 《考古》, 1980-6.

宋豫秦, 〈夏文化探索評議〉, 《中原文物》, 1987-2.

────, 〈《論偃師商城爲湯都西亳》一文質疑〉, 《中原文物》, 1988-1.

沈陽市文物管理辦公室·沈陽故宮博物館, 〈沈陽新樂遺址第2次發掘報告〉, 《考古學報》,
　　1985-2.

安金槐, 〈試論鄭州商代遺址──隞都〉, 《文物》, 1961-4·5.

────, 〈試論河南"龍山文化"與夏商文化的關係〉, 《中國考古學會第二次年會論文集》,
　　北京, 1980.

────, 〈近年來河南夏商考古的新收穫〉, 《文物》, 1983-3.

安陽地區文物管理委員會, 〈河南湯陰白營龍山文化遺址〉, 《考古》, 1980-3.

晏　琬, 〈北京遼寧出土銅器與周初的燕〉, 《考古》, 1975-5.

安志敏, 〈略論三十年來我國的新石器時代考古〉, 《考古》, 1979-5.

────, 〈中國早期銅器的幾個問題〉, 《考古與文物》, 1981-3.

────, 〈中國史前農業〉, 《考古學報》, 1988-4.

楊　寬, 〈中國上古史導論〉, 《古史辨》第7冊 上編, 1941.

───①, 〈試論西周春秋間的宗法制度和貴族組織〉, 《古史新探》, 北京 1965.

───②, 〈試論西周春秋間的鄉遂制度和社會結構〉, 《古史新探》.

───③, 〈再論西周金文中"六自"和"八自"的性質〉, 《考古》, 1965-10.

───①, 〈西周王朝公卿的官爵制度〉, 人文雜誌編輯部 編, 《西周史研究》, 西安, 1984.

───②, 〈西周中央政權機構部析〉, 《歷史研究》, 1984-1.

楊寶成, 〈登封王城崗與"禹都陽城"〉, 《文物》, 1984-2.

────, 〈二里頭文化試析〉, 《中原文物》, 1986-3.

────, 〈商文化淵源探索〉, 田昌五 主編, 《華夏文明》, 北京, 1987.

楊升南, 〈卜辭所見諸侯對商王室的臣屬關係〉, 胡厚宣 主編, 《甲骨文與殷商史》, 1983.

嚴文明, 〈黃河流域新石器時代早期文化的新發見〉, 《考古》, 1979-1.

────, 〈龍山文化和龍山時代〉, 《文物》, 1981-6.

────, 〈中國史前文化的統一性與多樣性〉, 《文物》, 1987-3.

吳加安·吳耀利·王仁湘, 〈河水上遊和渭河流域"前仰韶"新文化的性質問題〉, 《考古》,
　　1984-11.

余樹聲, 〈西周法制與西周社會性質〉, 人文雜誌編輯部 編, 《西周史研究》, 西安, 1984.

伍仕謙, 〈論西周初年的監國制度〉, 人文雜誌編輯部 編, 《西周史研究》, 西安, 1984.

吳汝作, 〈關于夏文化及其來源的初步探原〉, 《文物》, 1978-9.

────, 〈夏文化初論〉, 《中國史研究》, 1979-2.

吳浩坤，〈西周和春秋時代宗法制度的幾個問題〉，《復旦學報(社科版)》，1984-1.

翁牛特旗文化館，〈內蒙古翁牛特旗三星他拉村發現玉龍〉，《文物》，1984-6.

王貴民，〈就甲骨文所見試說商代的王室田莊〉，《中國史研究》，1980-3.

王克林，〈龍圖騰與夏族的起源〉，《文物》，1986-6.

────，〈中國古代文明與龍山文化〉，田昌五 主編，《華夏文明》，北京，1987.

汪寧生，〈中國考古發現中的"大房子"〉，《考古學報》，1983-3.

王 邊，〈簡析《關于偃師商城的幾個問題》一文中使用的邏輯方法〉，《中原文物》，
　1986-1.

王 巍，〈良渚文化玉琮芻議〉，《考古》，1986-11.

汪濟英·牟永抗，〈關于吳興錢山漾遺址的發掘〉，《考古》，1980-4.

汪遵國，〈良渚文化"玉斂葬"述略〉，《文物》，1984-2.

遼寧省文物考古研究所，〈遼寧牛河梁紅山文化"女神廟"與積石塚群發掘簡報〉，《文物》，
　1986-8.

姚仲源，〈二論馬家浜文化〉，《中國考古學會第二次年會論文集》，1980.

愚 勤，〈關于偃師尸鄉溝商城的年代和性質〉，《考古》，1986-3.

于省吾，〈試論殷代的主要生產者"衆"和"衆人"的社會身分〉，《吉林大學人文科學學報》，
　1956-4.

────，〈從甲骨看商代的農田墾植〉，《考古》，1972-4.

劉起釪，〈由夏族原居地從論夏文化始于晉南〉，田昌五 主編，《華夏文明》，北京，1987.

劉 緒，〈從墓葬陶器分析二里頭文化的性質及其與二里崗期商文化的關係〉，《文物》，
　1986-8.

劉式金，〈試論中國古代文明之發祥地〉，《考古與文物》，1982-4.

俞偉超，〈中國古代都城規劃的發展段階性 ── 爲中國考古學會第五次年而作〉，《文物》，
　1985-2.

劉蕙孫，〈"中華文化西來論"的翻版 ── 批判蘇聯瓦西里耶夫的《關于外國影響在中國文
　明中的作用》，《中國古代史論叢》8，1983.

殷瑋璋，〈二里頭文化探討〉，《考古》，1978-1.

李建民，〈大汶口墓葬出土的酒器〉，《考古與文物》，1984-6.

李經漢，〈試論夏家店下層文化的分期和類型〉，《中國考古學會第一次年會論文集》，北京，
　1979.

李京華，〈關于中原地區早期冶銅技術及相關問題的幾點看法〉，《文物》，1985-12.

李恭篤·高美璇，〈試論小河沿文化〉，《中國考古學會第二次年會論文集》，北京，1980.

李恭篤，〈遼寧凌源縣三官甸子城子山遺址試掘報告〉，《考古》，1986-6.

李德方·張振宇，〈偃師商城始建年代之管見〉，《中原文物》，1985-3.

李文明，〈關于良渚文化的兩個問題〉，《考古》，1986-11.

李伯謙，〈東下馮類型的初步分析〉，《中原文物》，1981-1.

李伯謙,〈二里頭型的文化性質與族屬問題〉,《文物》, 1986-6.

李先登,〈關于探索夏文化的若干問題〉,《中國歷史博物館館刊》, 1980-2.

―――,〈王城崗遺址出土的銅器殘片及其他〉,《文物》, 1984-11.

李仰松,〈從河南龍山文化的幾個類型談夏文化的若干問題〉,《中國考古學會第一次年會論文集》, 北京, 1979.

李　衆,〈關于藁城商代銅鉞鐵刃的分析〉,《考古學報》, 1976-2.

任常泰・石光明,〈西周春秋時期的"國人"〉,《中國歷史博物館館刊》4, 1982.

岑仲勉①,〈我國上古的天文曆數知識多導源於伊蘭〉,《兩周文史論叢》, 北京, 1958.

―――②,〈漢族一部分西來之初步考證〉, 上同.

―――③,〈上古東遷的伊蘭族渠搜與北發〉, 上同.

張光直①,〈商王廟號新考〉,《中國靑銅時代》, 香港, 1982.

―――②,〈殷禮中的二分現象〉,《中國靑銅時代》, 香港, 1982.

張政烺,〈卜辭裒田及其相關問題〉,《考古學報》, 1973-1.

張持平・陳士强,〈殷周時期的神權及其特點〉,《復旦學報》, 1980-5.

張持平・吳震,〈殷周宗敎觀的邏輯進程〉,《中國社會科學》, 1985-6.

張忠培,〈元君廟墓地反映的社會組織初探〉,《中國考古學會第一次年會論文集》, 北京, 1979.

―――,〈齊家文化研究〉上・下,《考古學報》, 1987-1, 2.

田昌五,〈夏文化探索〉,《文物》, 1981-5.

鄭杰祥,〈關于偃師商城的年代和性質問題〉,《中原文物》, 1984-4.

鄭　光,〈二里頭遺址與夏文化〉, 田昌五 主編,《華夏文明》, 北京, 1987.

程有爲,〈西周宗法制度的幾個問題〉,《河南師大學報》, 1981-1.

鄭州博物館,〈鄭州大河村仰韶文化的房基遺址〉,《考古》, 1973-6.

―――,〈鄭州大河村遺址發掘報告〉,《考古學報》, 1979-3.

齊文心,〈關于商代稱王的封國君長的探討〉,《歷史研究》, 1985-2.

曹桂岑,〈論龍山文化古城的社會性質〉,《中國考古學會第五次年會論文集》, 北京, 1985.

―――,〈河南淮陽平糧台龍山文化古城考〉, 田昌五 主編,《華夏文明》, 北京, 1987.

晁福林,〈從方國聯盟的發展看殷都屢遷原因〉,《北京師範大學學報(社科版)》, 1985-1.

曹定雲,〈'亞多''亞旅'考〉, 胡厚宣 主編,《甲骨文與殷商史》, 上海, 1983.

趙朝洪,〈有關岳石文化的幾個問題〉,《考古與文物》, 1984-1.

趙芝荃・徐殿魁,〈偃師尸鄉溝商代早期城址〉,《中國考古學會第五次年會論文集》, 北京, 1985.

趙芝荃,〈試論二里頭文化的源流〉,《考古學報》, 1986-1.

趙芝荃・劉忠伏,〈試談偃師商城的始建年代幷兼論夏文化的上限〉, 田昌五 主編,《華夏文明》, 北京, 1987.

周法高,〈戊敎簋銘新考〉,《中央研究院歷史語言研究所集刊》55-1, 1984.

中國科學院考古研究所, 〈山東平度東岳石村新石器時代遺址與戰國墓〉, 《考古》, 1962-10.

中國科學院考古研究所二里頭工作隊, 〈河南偃師二里頭早商宮殿遺址發掘簡報〉, 《文物》, 1974-4.

──, 〈偃師二里頭遺址新發現的銅器和玉器〉, 《考古》, 1976-4.

中國社會科學院考古研究所・中國歷史博物館東下馮考古隊・山西省文物工作委員會, 〈山西夏縣東下馮龍山文化遺址〉, 《考古學報》, 1983-1.

中國社會科學院考古研究所・洛陽漢魏故城工作隊, 〈偃師商城的初步勘探和發掘〉, 《考古》, 1984-6.

中國社會科學院考古研究所內蒙古工作隊, 〈內蒙古敖漢旗興隆洼遺址發掘簡報〉, 《考古》, 1985-10.

中國社會科學院考古研究所山東隊・滕縣博物館, 〈山東滕縣古遺址調查簡報〉, 《考古》, 1980-1.

中國社會科學院考古研究所山西工作隊・臨汾地區文化局, 〈山西襄汾縣陶寺遺址發掘簡報〉, 《考古》, 1980-1.

中國社會科學院考古研究所山西工作隊, 〈晉南二里頭文化遺址的調查與試掘〉, 《考古》, 1980-3.

中國社會科學院考古研究所山西工作隊・臨汾地區文化局, 〈1978～1980年山西襄汾陶寺墓地發掘簡報〉, 《考古》, 1983-1.

──, 〈山西襄汾陶寺遺址首次發現銅器〉, 《考古》, 1984-12.

中國社會科學院考古研究所二里頭工作隊, 〈偃師二里頭遺址1980～1981年Ⅲ區發掘簡報〉, 《考古》, 1984-7.

中國社會科學院考古研究所二里頭隊①, 〈1980年秋河南偃師二里頭遺址發掘簡報〉, 《考古》, 1983-3.

──②, 〈河南偃師二里頭二號宮殿址〉, 《考古》, 1983-3.

中國社會科學院考古研究所二里頭隊, 〈1982年秋偃師二里頭遺址九區發掘簡報〉, 《考古》, 1985-12.

中國社會科學院考古研究所河南第二工作隊, 〈1983年秋季河南偃師商城發掘簡報〉, 《考古》, 1984-10.

中國社會科學院考古研究所河南二隊, 〈1984年春偃師尸鄉溝商城宮殿遺址發見簡報〉, 《考古》, 1985-4.

陳　旭, 〈關于偃師商城和鄭州商城的年代問題〉, 《鄭州大學學報》, 1984-4.

──, 〈鄭州商城王都的興與廢〉, 《中原文物》, 1987-2.

陳振中, 〈殷周的錢鎛──青銅鏟和鋤〉, 《考古》, 1982-3.

昌濰地區藝術館・考古研究所山東隊, 〈山東胶縣三里河遺址發掘簡報〉, 《考古》, 1977-4.

青海省文物管理處考古隊, 〈青海省文物考古工作三十年〉, 《文物考古工作三十年 1949～1979》, 北京, 1979.

崔大華, 〈釋"國人"〉, 《歷史硏究》, 1980-2.

鄒　衡①, 〈論湯都鄭宅及其前後的遷徒〉, 《夏商周考古學論文集》, 北京, 1980.

───②, 〈試論夏文化〉, 上同.

───③, 〈關于夏商時期北方地區諸隣境文化的初步探討〉, 上同.

───, 〈偃師商城卽太甲桐宮說〉, 《北京大學學報》, 1984-4.

竺可楨, 〈中國近五千年氣候變遷的初步硏究〉, 《考古學報》, 1972-1.

包頭市文物管理所, 〈內蒙古大靑山西段新石器時代遺址〉, 《考古》, 1986-6.

何建安, 〈從王灣類型二里頭文化與陶寺類型的關係試論夏文化〉, 《考古與文物》, 1986-6.

河南省文物硏究所·中國歷史博物館考古部, 〈登封王城崗遺址的發掘〉, 《文物》, 1983-3.

河南省文物硏究所·周口地區文化局文物科, 〈河南淮陽平糧台龍山文化城址試掘簡報〉,
　《文物》, 1983-3.

河南省文物硏究所, 〈鄭州商代城內宮殿遺址區第一次發掘報告〉, 《文物》, 1983-4.

───, 〈河南舞陽賈湖新石器時代遺址第二至六次發掘報告〉, 《文物》, 1989-1.

河南省博物館·鄭州市博物館, 〈鄭州商代城址試掘簡報〉, 《文物》, 1977-1.

───, 〈鄭州商代城址發掘報告〉, 《文物資料叢刊》 1, 1977.

河南省博物館, 〈河南文物考古工作三十年〉, 《文物考古工作三十年, 1949～1979》 北京,
　1979.

夏　鼐, 〈長江流域考古問題〉, 《考古》, 1960-2.

───, 〈炭十四測定年代和中國史前考古史〉, 《考古》, 1977-4.

───, 〈三十年來的中國考古學〉, 《考古》, 1979-5.

河北省文物管理處台西考古隊, 〈河北省藁城台西村商代遺址發掘簡報〉, 《文物》, 1979-6.

韓康信·潘其風, 〈古代中國人種分析硏究〉, 《考古學報》, 1984-2.

許順湛, 〈偃師西亳說的困境〉, 《中原文物》, 1986-4.

湖南省文物普査辦公室·湖南省博物館, 〈湖南臨澧縣早期新石器文化遺存調査報告〉, 《考
　古》, 1986-5.

湖北省博物館·北京大學考古專業·盤龍城發掘隊, 〈盤龍城一九七四年度田野考古紀要〉,
　《文物》, 1976-2.

胡厚宣①, 〈殷代之天神崇拜〉, 《甲骨學商史論叢》 初集(二), 成都, 1945.

───②, 〈氣候變遷與殷代氣候之檢討〉, 《甲骨學商史論叢》 二集, 成都, 1945.

黃石林, 〈再論夏文化問題──關于陶寺龍山文化的探討〉, 田昌五 主編, 《華夏文明》, 北
　京, 1987.

高山節也, 〈西周國家における'天命'の機能〉, 松丸道雄 編, 《西周靑銅器とその國家》,
　東京, 1980.

吉本道雄, 〈春秋國人考〉, 《史林》 69-5, 1986.

內藤戊申, 〈殷人の日日〉, 貝塚茂樹 編, 《古代殷帝國》, 東京, 1967.

大島利一, 〈龍骨の秘密〉, 貝塚茂樹 編, 《古代殷帝國》, 東京, 1967.

鈴木隆一, 〈一生一及の相續法〉, 《東方學報(京都)》 33冊, 1963.

木村秀海, 〈西周官制の基本構造〉, 《史學雜誌》 94-1, 1985.

―――, 〈西周後期の代訴記銘――5年周生殷銘-六年周生殷銘〉, 《史林》 69-2, 1986.

白川静, 〈卜辭の世界〉, 貝塚茂樹 編, 《古代殷帝國》, 東京, 1967.

小谷仲男, 〈中國都市城壁の源流―― 古代西アジア, インドと聯關して――〉, 《富山大學人文學部紀要》 10, 1986.

小野和子, 〈原始母權社會說の檢討―― 仰韶文化墓葬と住居地をめぐって――〉, 《古史春秋》 1, 1984.

松井嘉德, 〈西周期鄭(奠)の考察〉, 《史林》 69-4, 1986.

伊藤道治, 〈宗教面から見た殷代の二, 三問題〉, 《東洋史研究》 20-3, 1961.

―――, 〈地上と地下と〉, 貝塚茂樹 編, 《古代殷帝國》, 東京, 1967.

池田末利, 〈釋帝, 天〉, 《中國古代宗教史研究》, 東京, 1981.

―――, 〈續釋帝, 天―― 殷末周初の宗教制度〉, 《中國古代宗教史研究》, 東京, 1981.

貝塚茂樹①, 〈中國古代都市における民會の制度〉, 《貝塚茂樹著作集》 第2卷, 東京, 1977.

―――②, 〈中國古代都市國家の性格〉, 《貝塚茂樹著作集》 第2卷, 東京, 1977.

豊田久, 〈周王朝の君主權の權造について〉, 松丸道雄 編, 《西周青銅器とその國家》, 東京, 1980.

―――, 〈西周王朝と「成」の構造について――「成周」はなぜ「成」周と呼ばれたか――〉, 《東洋文化研究所紀要》 109, 1988.

Chang, Kwang-chih, "Urbanism and the King in Ancient China", *Early Chinese Civilization: Anthropological Perspectives*, Harvard University Press. 1976.

Cheung, Kwong-yue, "Recent Archeological Evidence Relating to the Origins of Chinese Characters", Keightley, David N. ed. *The Origins of Chinese Civilization*, University of Chicago Press, 1983.

Keightley, David N. ed. "The Late Shang State When, Where, and What", Keightley, David N., *The Origins in Chinese Civilization*, University of California Press. 1983.

Loeher, Max, "Weapons and Tools from Anyang and Siberian Analogies", *American Journal of Archaeology* LⅢ. 1949.

Ward, Lauriston, "The Relative Chronology of China through the Han Period", Robert W. Ehrich ed., *Relative Chronology in Old World Archaeology*, Chicago, 1954.

春秋戰國時代의 國家와 社會

李　成　九

머 리 말

B.C. 771년 이민족 견융(犬戎)의 침입으로 유왕(幽王)이 피살되면서 서주시대(西周時代)는 막을 내린다. 이듬해 유왕의 아들 평왕(平王)은 정(鄭)·진(晋) 등 일부 제후의 도움으로 낙읍(洛邑)에서 왕조의 명맥을 잇는 데 일단 성공한다. 이른바 주(周)의 동천(東遷)이다. 이후 B.C. 221년 진(秦)의 천하통일까지를 동주(東周)시대 또는 춘추전국시대(春秋戰國時代)라 일컫는다.[1]

춘추전국시대에 걸쳐 열국(列國)체제가 지속되었고, 또한 이른바 성읍국가(城邑國家)에서 영토국가(領土國家)로의 국가형태의 전환이란 것도 단시일만에 이루어진 것이라 볼 수는 없을 때 춘추와 전국 양시대를 가르는 엄격한 분기점은 있을 수 없고, 이에 따라 전통시대 이래 B.C. 481, 475, 468, 403 등 다양한 구분방식이 제시되어 왔다.[2] 오늘날에는 보통 진(晋)의 세족 한

---

[1] 엄밀하게 말하면 東周시대는 周王室이 秦에 의해 멸망하는 B.C. 256年까지이고, 春秋時代의 시작도 그 명칭의 근거인 魯國 年代記 《春秋》의 내용이 시작되는 B.C. 722年이지만 편의상 이렇게 쓰인다.

[2] 《春秋》가 끝나는 B.C. 481年說은 宋代 呂祖謙의 《大事記》에서, B.C. 475年說은 《史記》 《六國年表》가 시작된 데서, B.C. 468年說은 淸代 林春薄의 《戰國紀年》에서, B.C. 403年(威烈王이 三晋을 제후로 공식 인정한 해)說은 司馬光의 《資治通鑑》에서 각기 비롯되었다. 한편 許倬雲은 《左傳》이 끝나는 B.C. 464年을 春秋時代의 종료로 보아 B.C. 463年을 戰國의 시작으로 잡기도 한다(Hsu, Cho-yun, 1965, p. 1).

90

(韓)·위(魏)·조씨(趙氏)가 집정(執政) 지백(知伯)을 멸망시키고 진을 사실
상 삼분(三分)한 B.C. 453년을 전국의 시작으로 잡기도 하지만, 엄밀한 의미
에서는 이 역시 편의상의 구분이어서 오히려 춘추전국교체기(春秋戰國交替
期) 또는 춘추전국지제(春秋戰國之際)로 통칭되는 경우가 많다.

　춘추전국시대가 중국사상 희유의 획기적 전환기이자 격심한 변동기였음
은 주지의 사실이고, 그같은 성격은 정치·경제·사회·의식 등 여러 부문
에 걸쳐 공통적으로 나타남도 물론이다. 종래 토착적 기반 위에서 폐쇄성을
견지해 오던 각 지역은 권력의 집중화 및 지배력의 심화라는 과정 속에서 그
의 독자성을 상실하고 강력한 정치적 통제하에 각 행정단위로 재편되었으며,
이와 함께 장기간 지속되었던 씨족공동체질서 역시 생산력의 발전에 따라
해체되고 그 대신 소농민(小農民)경영이 정착·보편화되어 갔다. 그 과정에
서 씨족적 질서 속에 매몰되었던 개인이 해방되어 자유로운 계약관계를 맺
기도 했고, 종래 인간의 사유구조를 지배했던 주술적(呪術的)·신정적(神政
的) 세계관(世界觀)은 이성적(理性的) 세계관으로 대체되어 갔으며 그것은 마
침내 제자백가(諸子百家)로 꽃피우기도 했다. 그리하여 이상과 같은 춘추전
국시대의 변화는 결국 정치적·문화적·경제적·민족적 단일체로서의 중국
을 형성하기에 이르렀던 것이다.

　본론에서 다루고자 하는 내용도 대체로 이상과 같은 골격을 벗어나지 않
음은 물론인데, 그러나 또 한편 이는 다소 심하게 말한다면 수박 겉핥기식
의 설명에 불과할 뿐이어서 춘추전국시대의 구체적인 실체는 여전히 짙은
안개에 싸인 채 해명을 기다리고 있다고 보는 편이 옳을 듯하다.[3] 이와 같
은 상황은 물론 사료의 결핍이라는 기본적 한계의 탓이 크지만 그에 못지않
게 종래의 연구풍토에서 기인된 바 역시 무시할 수 없다.

　종래의 중국고대사 연구는 중국 최초로 출현한 진한통일제국(秦漢統一帝
國)의 성립과 구조의 해명에 초점이 맞추어져 왔고, 그 결과 춘추전국시대
는 진한제국의 성립배경을 추적하기 위한 방편으로 연구되었다. 이같은 경
향은 물론 춘추전국시대의 연구 진전을 크게 촉진하는 계기가 되기도 했지

---

3) 春秋戰國時代에 대한 개괄적 연구서가 1946年에 간행된 童書業의 《春秋史》와 楊寬의
　《戰國史》(1版, 1955; 2版, 1980) 그리고 Hsu, Cho-yun, 1965 정도에 불과하다는 점도 이
　와 같은 상황을 반영하는 것이라 하겠다.

만, 또 한편 대부분의 춘추전국시대 연구가 진한제국의 이해를 관심의 출발
점으로 삼았기 때문에 춘추전국시대는 대상화될 수밖에 없었고, 아울러 대
부분의 관심이 진한적인 것의 맹아를 추구하는 데 모아졌기 때문에 춘추전
국시대의 성격은 암묵적 전제하에 진한적 질서의 형성기나 진한제국으로의
과도적 이행기로 굳어질 수밖에 없었다. 이와 같은 시각의 외재성(外在性)은
춘추전국시대의 독자성이나 특수성을 간과하는 결과를 초래했을 뿐 아니라
이 시대의 성격파악에 혼동만을 가중시켰다. 춘추전국시대에 일어난 변화
의 질과 양에 대한 상충적 견해가 다양하게 공존하는 요인 중의 하나도 거기
에 있고, 특히 생산력과 생산관계의 발전단계, 지배력의 관철도, 촌락구조
의 변화와 같은 핵심적 문제에는 그같은 경향이 더욱 심하다. 물론 이같은
혼동을 기존 연구풍토의 탓으로만 돌릴 수는 없고, 뭐니 해도 춘추전국시대
의 연구 진척을 막아온 최대 장애물은 사료의 문제라 아니할 수 없으며, 이
점이 그같은 연구 경향을 더욱 조장해 온 것이 사실이다. 이 시대가 격렬한
변혁기임에도 불구하고 그 실상을 알려줄 만한 현존문헌사료(現存文獻史料)
는 극히 결핍되어 있고, 그나마 남아 있는 것조차 성서연대(成書年代) 및 진
위(眞僞) 여부의 불명확성으로 인해 적극적으로 이용되기 어려웠으며 그에
따라 사료에 대한 계통적이고 면밀한 정리도 지지 부진했다. 그러나 이와
같은 난관은 근년의 고고학적(考古學的) 성과에 힘입어 크게 극복되고 있다.

　1949년 중화인민공화국(中華人民共和國)의 성립 이후 본격적으로 진행되어
온 고고학 발굴은 다방면에 걸친 출토자료의 급격한 증가를 가져왔고 이를
발판으로 하여 춘추전국시대 연구도 신국면에 접어들 수 있게 되었다. 가령
청동기(靑銅器)·철기(鐵器) 등 병기(兵器)나 생산공구(生産工具), 도량형·
화폐, 도시 및 거기서의 수공업작방지(手工業作坊址), 묘장(墓葬), 광산유지
(鑛山遺址) 등의 발굴은 전쟁방식과 농업생산기술의 변화, 유통경제의 실태,
도시 및 수공업의 규모와 성격, 지배·피지배층의 성격, 광산개발의 기술
등을 각각 밝혀주었다. 아울러 금문(金文)·목독(木牘)·죽간(竹簡)·백서
(帛書) 등 문자자료의 발굴 역시 빼놓을 수 없는 성과이다. 예컨대 1973년 마
왕퇴(馬王堆) 한묘(漢墓)에서 출토된 《전국종횡가서(戰國縱橫家書)》는 《전국
책(戰國策)》의 진위를 판별해 주었고, 종래 위서(僞書)로 간주되어 온 현존
《위료자(尉繚子)》의 내용과 일치되는 것이 1972년 은작산(銀雀山) 한묘에서

출토됨으로써 그 사료적 가치가 확인되었으며, 동묘(同墓)에서는 일찍이 일전(佚傳)된 《손빈병법(孫臏兵法)》이 출토되기도 했다. 특히 1975년 호북성(湖北省) 운몽현(雲夢縣) 수호지(睡虎地) 진묘(秦墓)에서 출토된 다량의 진간(秦簡)은 전국 진(秦) 연구의 신기원을 열었다 해도 과언이 아닐 만큼 귀중한 자료를 제공해 주었다. 뿐더러 여기에 들어 있는 진율(秦律)이 선진제자서(先秦諸子書)와 상당히 일치되는 것이 확인됨에 따라, 종래 단순히 정론(政論)·사상서(思想書)로밖에 취급되지 못했던 선진제자서들을 당시 국가의 정책과 지배체제의 연구에 더 적극적으로 이용할 수 있는 가능성을 터주었다.[4] 최근 들어 앞서 언급한 종래의 연구풍토에 대한 비판과 함께 춘추전국시대에 독자적 시대격을 부여하거나 그의 고유한 특질을 추구하려는 연구[5]가 나오고 있는 것도 이와 같은 출토자료의 비약적 증가에 힘입은 바도 크다. 따라서 춘추전국시대 연구는 사료의 한계와 시각의 외재성(外在性)이라는 종래의 질곡에서 벗어나 향후 새로운 도약이 확실히 기대되는 바이지만, 이하의 내용이 기존연구성과의 틀 속에서 그의 문제점을 지적하는 데 그칠 수밖에 없는 것 역시 불가피한 현실이다.

I. 春秋列國의 構造와 政治

은대(殷代)부터 춘추기까지의 중국사회를 구성하는 기본단위는 읍(邑)이었다. 일반적으로 읍의 자형(字形)은 성벽내에 사람이 집거(集居)하는 모습으로 해석되지만 모든 읍에 대해 견고한 성벽을 연상할 필요는 없다. 간단한 방어시설만을 갖춘 소규모 취락에서부터 항토(夯土)성벽으로 둘러싸인 도시 형태의 발달된 대취락(大聚落)이나 심지어 왕도에 이르기까지 사람이 집주(集住)하는 곳은 모두가 읍이었다.[6] 물론 춘추시대에 들어오면 주로 소

---

4) 李成珪, 1984, p. 4. 以上의 고고학 발굴에 대해서는 池田, 1982 및 中國社會科學院考古研究所 編, 1984 참조.
5) 예컨대 《秦簡》 등의 출토자료에 대한 섭렵적 분석을 토대로 하여 戰國 秦에서 齊民지배체제가 완성되었고, 以後 秦漢통일제국은 그의 形骸化단계로서 齊民支配의 이념과 현실의 괴리가 보인다는 입장을 피력한 李成珪 교수의 연구(同, 1984)가 그 典型的인 例이다. 물론 춘추시대연구는 文字자료의 대거 出土라는 혜택을 별로 받고 있지 못하고 따라서 高木, 1985·1986은 考古學的 成果와는 무관하지만, 이 역시 종래의 연구풍토에 대한 비판 위에서 春秋時代의 특수성을 해명하려 하고 있다.
6) 松丸道雄, 1970, pp. 57~58; 杜正勝, 1983, pp. 207~208.

취락만을 읍이라 일컫는 경향이 두드러지지만,[7] 제후가 거주하는 국(國)을 국읍(國邑)이라 하듯이 여전히 종래의 인식도 강하게 남아 있었다.[8] 결국 취락에 대한 통칭으로서의 읍은 발달 정도에 따라 규모에서 커다란 차이가 있지만 그 출발점은 어디까지나 독립적인 자연취락이었고 또한 당시 사회의 기층을 이루는 대다수의 읍 역시 소규모의 자연취락이었다. 다소 도식적으로 말하자면 그것은 지리적 조건에 의해 크게 제약받을 수밖에 없었던 당시의 낮은 생산력 수준하에서 혈연적 유대를 바탕으로 하여 소규모 자연관개 농경을 영위하던 씨족제적(氏族制的) 촌락공동체였고, 당시 화북(華北)에는 이런 자립자존적(自立自存的) 읍이 고립적·분산적·점재적(點在的)으로 병존해 있었다.[9] 이런 읍들이 춘추 중기를 분기로 하여 권력의 집중화 및 지배관철도의 심화과정 속에서 점차 그의 독립성을 상실하여 중앙에 예속되면서 결국 전국시대의 이른바 영토국가체제하에 중앙에 직할된 현(縣)으로 재편되어 나간다.[10] 그런 의미에서 은대부터 춘추 전기까지는 동질의 사회로 단순화시켜 볼 수 있고, 이와 같은 읍의 독립성을 근거로 하여 은대부터 춘추기까지의 국가형태를 고대 그리스의 폴리스(polis)에 비견되는 도시국가로 이해하는 일련의 연구성과가 있다.[11] 이는 전세계 고대사의 전개를 씨족제도→도시국가→영토국가→대제국(大帝國)의 계기적(繼起的) 발전단계로서 파악하고 이를 중국사에 적용하는 입장으로서 일면 타당성이 있지만 또 한편 중국사의 특수성을 중시해 볼 때 적지 않은 비판의 소지가 있다. 물론 독립적인 다수 제후의 연합체적 성격이 강했던 은대의 국가구조 단계[12] 에서는 이 견해가 어느 정도 설득력을 가질 수 있다. 그러나 서주(西周) 이후 왕을

---

7) 杜正勝, 1983, p. 208.

8) 松本光雄, 1952, p. 81, 85.

9) 木村正雄, 1965, pp. 810~820 참조.

10) 지방행정조직으로서의 縣 설치 이후에도 邑이 行政조직의 일환으로 쓰이지만 이는 어디까지나 行政조직의 一段階로서 편의적으로 使用된 것으로서 사회구성단위로서의 邑은 아니다(松本光雄, 1952, p. 88).

11) 殷代부터 春秋期까지의 國家구조의 硏究史에 대해서는 松丸道雄, 1970, pp. 51~52 및 五井直弘, 1984, pp. 2~3 참조. 都市國家說은 대체로 日本 京都學派의 宮崎市定, 貝塚茂樹, 伊藤道治 등의 주장이다. 宮崎에 의하면 전형적인 그리스 도시국가는 상업도시나 또는 아테네·코린트로 代表되는 大國家가 아니라 보통 集落型의 취락으로 稱해지는 하나하나의 취락이라고 규정하고(同, 1957, pp. 3~4), 中國 古代의 도시국가를 무수한 소규모의 農業도시로 규정했다(同, 1962, pp. 56~57).

12) 松丸道雄, 1970, 특히 pp. 98~99 참조.

94

비롯한 각 단계 봉건권력의 하부 읍내로의 침투가 갈수록 강화되어 상하 읍 간에 지배종속관계가 심화되는 시기에는 적용되기 어렵다. 이처럼 도시국 가론의 입론근거를 외면상의 유사성이라 반박하고 읍간의 누층적 지배관계 를 중시하는 입장에서 제기된 것이 이른바 읍제국가론(邑制國家論)[13]으로서 현재 일본의 중국사학계에서는 보편적으로 받아들여지고 있다. 이와 함께 성방(城邦)[14]·성읍국가(城邑國家)[15]의 용어도 제시되고 있고, 이하에서는 편의상 성읍국가라는 용어를 사용하기로 하겠는데 어쨌든 이와 같은 읍의 성격을 먼저 감안하면서 춘추 열국의 내부구조 및 사회정치조직을 살펴 보자.

서주 전·중기의 군사적 요청에 의한 이봉(移封)현상에서 엿볼 수 있듯 이[16] 서주의 제후국은 본래 피정복민의 반발을 무력으로 진압하기 위한 이 른바 무장식민적(武裝殖民的)인 군사거점으로서의 성격이 강했다.[17] 중기 이 후 정복운동의 정체에 수반된 영유지(領有地)의 고정화·세습화 경향과 주 왕권(周王權)의 약화, 그리고 주실(周室)과 제후간의 혈연적 연대의 쇠퇴 등 이 요인이 되어 제후는 점차 독립적 주권을 행사하게 되었다. 이 과정에서 약소국에 대한 멸국겸병(滅國兼併)현상도 꾸준히 계속되어 서주초 적어도 1,500여로 추정되었던[18] 국의 숫자는 춘추초 170여 국[19]으로 격감했다. 특히 시간의 경과와 함께 동방 토착민의 제후 및 그 일족에 대한 적대감이 감소되 어 양자가 상호 결합·동화함으로써[20] 양자의 관계는 정복·피정복의 이질

---

13) 同上, pp. 52~53 및 五井直弘, 1984, p. 4 참조. 대만계 미국학자 許倬雲 역시 같은
   근거에서 都市國家說을 비판하고 있다(同, 1984, p. 289 및 同, 1986 참조). 한편 伊藤
   道治는 이같은 누층적 관계에서 보면 中國의 都市國家가 그리스의 그것과는 형태가 다
   를 수 있지만 兩河지역의 도시국가와는 공통된 양상을 보이므로 이를 도시국가로 부른
   다면 中國古代의 국가를 도시국가로 보는 데 지장이 없다고 논박하고 있다(同, 1976,
   p. 215).
14) 杜正勝은 西周에서 春秋前期까지의 국가는 城內뿐 아니라 주위의 田野 및 封(=邦)
   疆을 포괄하는 영토국가의 성격을 지닌다는 견지에서 都市國家論을 비판하고 이 시대
   의 국가형태를 城邦이라 규정하고 있으며(同, 1986), 許倬雲 역시 이에 동조하고 있다
   (同, 1986).
15) 城邑이라는 용어는 현재 일반적으로 통용되고 있는데 우리나라의 李成珪 교수는 성
   읍국가에 대한 개념규정을 하지는 않고 이 용어를 쓰고 있기도 하다(同, 1984, p. 44).
16) 伊藤道治, 1976, p. 212.
17) 許倬雲, 1984, p. 288.
18) 杜正勝, 1986, p. 480.
19) 顧棟高, 《春秋大事表》 卷五, '列國爵姓及存滅表' 참조.

적 대립에서 점차 해당지역 문화를 공유하는 동일 사회내의 지배·피지배집단으로 전화되었다. 이같은 경향은 춘추기에 접어들어 주왕(周王)을 정점으로 하는 서주적 봉건질서가 붕괴함으로써 제후국간의 혈연적 연대의식이 점차 쇠퇴한 반면 적대감이 증폭되면서 갈수록 심화되었고 그것은 국내구조에도 그대로 반영되었다.

춘추기까지의 기본적 사회구성단위가 읍이었음은 전술한 바와 같은데 《좌전(左傳)》 등의 고문헌에 보이는 읍은 대체로 3단계로 구분된다. 우선 제후가 거주하는 중심적 읍인 국, 국 이외의 중요 읍인 도(都), 그리고 국·도 이외에 단지 읍으로 지칭되거나 또는 비(鄙)라 일컬어지는 일반읍이 그것이다. 춘추 중기 이전까지의 국가구조와 사회조직은 이와 같은 상하 읍 사이의 지배종속관계와 각 단계의 읍 내부에서의 씨족적 질서를 기반으로 하고 있었다. 따라서 춘추 전기 열국의 구조를 이해하기 위해서는 국의 내부구성과 권력구조, 국(또는 都)의 비읍(鄙邑)에 대한 지배양식, 비읍의 존재형태, 그리고 각읍의 내부를 지탱하는 질서원리로서의 씨족조직의 성격 등을 살펴보아야 할 것이다.

이상과 같은 문제에 접근하기 전에 이해를 돕기 위해 먼저 당시 열국의 외면적인 전체구도를 조감해 보면, 거기에서 확연히 부각되는 가장 큰 특징이 바로 국과 야(野)의 엄격한 구분이다. 당시의 사회구조를 이른바 국야제(國野制; 國鄙制·都鄙制)[21] 또는 향수제(鄕遂制)[22]라는 식의 이중체제(二重體制)로 규정하는 것은 그런 구분이 단순한 도시와 농촌의 구분과는 유(類)를 달리함을 쉽사리 짐작할 수 있다.

우선 국의 위치를 보면 당시의 국은 본래 서주초 점령·정복한 동방 각 지역의 중심적 구읍(舊邑)의 자리에 주실로부터 파견된 제후 및 그 일족이 새롭게 성벽을 축조하여 건설한 신읍(新邑)[23]으로서, 이는 예컨대 노(魯)의 시조(始祖) 백금(伯禽)이 '소호지허(少皡之墟)', 즉 전설상의 제왕인 소호씨(小

---

20) Hsu, Cho-yun, 1965, p.2; 許倬雲, 1986, p.20.
21) 이에 대해서는 胡新生, 1985 참조. 胡에 의하면 國野를 都鄙로 칭하는 것은 경대부 世族세력의 발전에 따라 都의 규모가 擴大된 춘추 中後期였다고 추측하고 있다. 《國語》, 〈齊語〉의 參國伍鄙制에 대해서는 岡崎文夫, 1950 참조.
22) 楊寬은 《周禮》에 의거, 國中 및 郊를 鄕, 鄙를 遂로 규정하고 있다(同, 1959).
23) 增淵龍夫, 1970, p.144.

皥氏)의 도성이었던 지점에 봉건되었고 위(衛)가 은허(殷墟)에 국읍을 설치했다는 당시 문헌의 내용으로도 짐작할 수 있다. 이처럼 국의 위치가 구래의 도성과 중첩된다는 사실이 반증하듯이 당시의 중심적 성읍의 적지(適地)는 자연재해의 위험성, 교통상의 편리, 용이한 주변지역 통어, 이수난공(易守難攻)의 군사적 이점 등을 고려하여 하천 주변의 구릉지대로 한정되었다.[24]

이와 같은 국을 둘러싼 성곽을 대체적인 경계로 하여 그 밖에 펼쳐지는 광대한 원야(原野)가 바로 야로 통칭되는 지역이다. 흔히 비(鄙)[25]라고도 일컬어지는 이 원야의 여기저기에 점점이 존재하는 소취락이 이른바 비(의)읍이다. 또한 야 중에는 국의 축소형태인 도가 제후 일족의 분읍(分邑)으로서 존재하면서 마찬가지로 주변의 소취락을 속읍(屬邑)으로 영유하고 있었다. 일국의 지배권이 미치는 야의 끝에는 산림계곡 등의 천연경관을 이용한 봉강(封疆)이 타국과의 경계로 설정되었다고도 하지만[26] 속읍에 대한 영유권만을 확보할 뿐, 아직도 영토의식이 뚜렷하지 않았던 춘추 전기에는 관새(關塞)를 수어(守禦)하지도 않았을 뿐더러 심지어 일국의 속읍이 타국을 초월하여 존재할[27] 정도로 국경의 개념은 명확치 않았다. 이 때문에 국과 국 사이에는 어느 쪽에도 속하지 않는 일종의 지배의 공백지대(空白地帶)가 존재했고, 이같은 극지(隙地)가 읍을 이탈한 소농민에 의해 개발되어 취락이 형성되면서 그의 영유권을 둘러싼 국간의 분쟁이 일어나기도 했다.[28]

한편 국과 야 사이에는 교(郊; 四郊)라는 지역이 존재하여 여기에도 읍이 설치되었는데 과연 교가 국의 범위에 속하는지 아니면 야에 속하는지를 둘러싸고 현재로서는 이견이 분분한 실정이다.[29] 이와 관련하여 국의 범위도

24) 杜正勝, 1980, pp. 617~623 참조.
25) 楊寬(1959)이나, 增淵龍夫(1975, p.1) 등은 鄙를 原野로 보는 反面, 松本光雄은 鄙를 邑으로 해석하고 있고(同, 1952, p.86), 吉本道雄도 몇 가지 事例에 의거하여 鄙=原野주장을 반박하고 邑이라 규정하지만(同, 1986, p.4 및 p.15의 註①), 예컨대 《左傳》, 昭公五年條의 '竪牛取東鄙三十邑以與南遺'에서 보듯이 명확히 原野지역을 의미하는 사례가 있는 점에 비추어 鄙는 原野에 대한 일반 호칭이었고 거기서 轉化되어 邑(鄙의 邑)이라는 用例가 파생된 듯하다.
26) 城邦論을 주장하는 杜正勝은 이런 입장을 취하고 있다(同, 1986, p.475).
27) 許倬雲, 1986, p.90.
28) Hsu, Cho-yun, 1965, p.111; 李成珪, 1984, pp.44~45.
29) 우선, 楊寬은 《周禮》에 의거하여 狹義의 國은 城郭 以內이나 國郊가 同一지역으로

내성(內城) 이내,[30] 외곽(外郭; 外城) 이내, 교(郊) 이내, 봉강(封疆)내로 다양하게 정의된다. 이같은 차이는 곧 국의 발전과정에 따른 지배관철범위의 확대과정을 반영하기도 할 터인데,[31] 적어도 춘추 초기단계의 국의 범위는 외곽 이내로 한정시켜야 하리라 본다. 이상으로 당시 열국의 외형을 원경(遠景)에서 소묘하여 보았는데 그러면 이제부터 가까이 접근하여 그 내부를 심도 있게 살펴보자.

두겹의 성벽으로 둘러싸인 춘추시대의 국의 내부 모습을 도식화하면 내성안에는 제후의 궁전(宮殿)이나 종묘(宗廟) 및 기타 국의 중추적 기능을 담당하는 중요시설이 마련되고 내성과 외곽 사이의 상당히 넓은 지역에는 일반인이 거주하는 취락[鄕]이 존재했다. 그리하여 지배계급을 형성하는 국내거주인들은 비읍에 거주하는 야인[鄙人]과 대비되어 국인(國人)으로 호칭되었다. 그러나 국내거주자가 주(周)의 일족만으로 국한된 것은 아니어서 피정복민이라도 비교적 신분이 높은 중심적 구읍의 원주씨족(原住氏族)은 곽내에 거주하여 주의 일족의 관할하에 국인의 일부를 구성했다.[32] 이는 예컨대 당시 노국(魯國)내에 희성주족(姬姓周族)의 수호신인 주사(周社)와 토착 은민계씨족(殷民系氏族)의 수호신인 박사(亳社)가 병존해 있었거나,[33] 또는 최근 발굴된 곡부(曲阜) 노국고성(魯國故城)내의 서주기묘(西周期墓)가 묘장(墓葬)

간주되므로 郊를 國內에 포함시키고 郊에 六鄕이 설치되었다고 보며(同, 1959 참조), 增淵龍夫는 郊에 國人이 거주하는 鄕이 설치되었다는 점에서 이를 國에 포함시키지만 郊를 內城以外와 郭以內로 보고 있다(同, 1970, p. 147; 同, 1975, p. 2). 한편 杜正勝은 시기와 지역에 따라 郊의 소속은 달라진다고 지적하면서도 郊를 國과 구별하고 있으며 (同, 1986, p. 474), 谷口義介는 郊를 國中으로 보면서도 國都와 구분하여 郊邑 거주민을 피지배층으로 이해하고 있다(同, 1988-2, pp. 229~230). 以上과 같은 郊의 소속에 대한 논의는 主로 《周禮》의 內容과 注釋家들의 해석을 중심으로 이루어지고 있기 때문에 과연 그것이 어느 정도나 春秋前期의 실상을 반영하는지에 대해서는 의문이 있을 수 있다.

30) 谷口滿은 《左傳》, 隱公五年條에 보이는 '未及國'의 정황 및 기타 관련 用例에 대한 分析을 통해 國은 內城內로서 郭을 포함하지 않는다는 것을 검증하고, 國이 郭까지를 포함한다는 통념은 戰國時代에 형성되었고 鄭玄의 해석은 이를 바탕으로 한 것이라 추측하고 있다(同, 1988 참조). 그러나 이는 內城外郭式의 國의 형태를 전제로 한 것으로서, 郭이 대체로 B.C. 600年頃 전후에 축조되었다(杜正勝, 1980, pp. 671~672)는 견해와는 상치된다.

31) 許倬雲, 1984, p. 288.

32) 增淵龍夫, 1970, p. 144.

33) 同上, pp. 144~145; 谷口義介, 1988-2, pp. 225~227 참조.

양식에 따라 주족계(周族系)와 원주은족계(原住殷族系)로 구별된다는[34] 점으로도 증명된다.[35] 다만 이같은 국인의 범위에 대해서는 대체로 국의 구성원의 기저를 이루는 사(士)로 보는 것이 일반적 경향이지만[36] 귀족 경대부(卿大夫)나 심지어 제후까지 포함시키는 견해[37]도 있고, 혹은 국인을 계급이나 신분의 범주가 아닌 단순한 거주지역에 의거한 호칭으로서 경대부와 서인(庶人)까지도 포함되는 국내거주자 전체로 볼 수 있다는 지적[38]도 있다.

국의 구성원 중 최고 우두머리는 물론 흔히 공(公)으로 통칭되는 국군(國君)이었고 따라서 중요 국사(國事)에 대한 최종적 결정은 공의 권한이었다. 그러나 공의 성격은 물적 기반 위에서 상비군(常備軍)·관료제(官僚制) 등 폭력적 장치를 한손에 장악한 전국 이후의 전제군주(專制君主)와는 거리가 멀었고 오히려 국 구성원 전체의 정신적 지주이자 대표자로서 종교적 카리스마에 호소하는 공동체 수장(首長)에 가까웠다. 공이 지니는 이같은 특성은 당시의 국이 그 구성원간에 군사와 제사를 집단적 과제로 공유하는 이른바 융사공동체(戎祀共同體)[39]였다는 통설적 이해[40]와 잘 맞아떨어진다.

당시인들의 의식 속에 여전히 깊게 자리잡고 있었던 두 요소는 종법제(宗

---

34) 杜正勝, 1986, p. 490 참조.

35) 이처럼 土着氏族의 일부를 國人으로 편입한 것은 被征服民에 대한 원활한 鎭撫를 고려한 처사일 터인데, 그 결과 國이 단일한 同族집단이 아니라 祖先을 달리하는 異族까지도 포함하는 복잡한 구성을 이룸으로써 同一祖先에 대한 제사를 매개로 하는 혈연적 연대의식에 입각한 國內的 一體感을 기대하기는 다소 어려웠을 것이고, 따라서 異姓國人 통어라는 難題는 당시 國에서 적지 않은 취약점으로 作用했으리라 볼 수 있다. 그러나 또 한편 당시 國의 중추권력을 장악하고 있었던 것은 어디까지나 周의 一族이었고, 더욱이 春秋以後 列國間의 적대감이 고조됨에 따라 國 구성원간에는 他國으로부터 國을 防衛해야 한다는 객관적 과제를 공유하는 운명공동체의식이 강했던 점을 고려할 때 그것은 커다란 문제는 아니었을 것이다.

36) 增淵龍夫는 國人을 國의 基層을 이루는 士로 규정하면서도(同, 1970, pp. 146~151) 《國語》 '齊語'의 參國伍鄙에 의거하여 工商까지도 國人으로 表現하기도 한다(同上, p. 153). 또한 杜正勝은 《左傳》에 國君이나 卿大夫를 國人으로 칭한 事例가 없다는 견지에서 國人을 士에 가까운 존재로 보며(同, 1986, p. 490), 기타 대부분의 학자들도 이같은 입장을 취하고 있다.

37) 吉本道雄에 의하면 단순히 國人이라 할 경우에는 大夫의 下層과 士이지만 魯人·鄭人 등 '國號·人'의 경우에는 제후, 경대부까지 포함된다는 것을 지적하고 國人='國號·人'의 등식이 성립됨을 논증하고 있다(同, 1986, pp. 4~13 참조). 이와 유사한 입장으로는 松本光雄, 1952를 들 수 있다.

38) 宇都木章, 1979, p. 116, 註 21) 참조. 그는 增淵의 國人에 대한 정의에 보이는 모호성을 지적하면서 이런 입장을 취한다.

39) 《左傳》 成公 13年 '國之大事 在祀與戎'

40) 增淵龍夫, 1970, p. 154; 吉本道雄, 1986, p. 39.

法制)⁴¹라는 중국 특유의 혈연조직으로까지 구체화된 강한 씨족적 감정과
인간사(人間事)의 길흉화복은 신의 의사에 달려 있다는 이른바 주술적 세계
관이었다. 예컨대 결맹습속(結盟習俗)이라고까지 일컬어지는 춘추적 특수현
상으로서의 맹(盟)의 성행이 그것을 어길 경우 내려질 신의 저주·보복을
강제적 구속력으로서 전제하거나,⁴² 춘추 중기 전후에 시작된 대국(大國)의
멸국치현(滅國置縣)방식이 씨족적 전통을 지키려는 약소국의 강한 저항에
부딪쳐 좌절되기도 했던⁴³ 것은 그를 여실히 증명한다. 이렇게 볼 때 지속
적인 신의 가호를 보장받음으로써 국의 유지·번영을 기하기 위해서는 조선
신(祖先神)에 대한 제사는 가히 필수적이었다. 제사의 계속은 곧 씨족의 존
속이었고 반면 제사의 단절은 국의 멸망을 의미했다.⁴⁴ 공의 권위는 바로
이처럼 중시된 제사에서 차지하는 공의 지위에서 비롯된다. 국의 운명을 좌
우하는 지고신(至高神)인 천(天)과 함께 신계(神界)에 거주하면서 천에 유효
하게 작용하는 존재는 공의 조선신(祖先神)인 선공(先公)이었고 이에 대해
제사할 수 있는 유일한 존재가 공이었기 때문이다.⁴⁵ 망명한 공이 타국에서
우대를 받았던 이유도 조선(祖先)제사의 중심적 존재인 그가 해(害)를 당할
경우 해당국 조선신으로부터 내려질 재앙의 두려움 때문이었고, 당시 각국
이 타국 군주의 출분(出奔)이나 시군사건(弑君事件)에 강한 관심을 기울여 빈
번히 군사를 개입시킨 이유도 거기에 있다.⁴⁶ 아울러 종묘에서 결맹의식을
비롯한 중요행사가 거행된 이유도 그곳이 조선신이 강림하는 장소였기 때문
이다. 그리하여 군사·정치·종교의 삼요소가 불가분의 관계에 있었던 당
시로서 가령 출전(出戰)에 앞선 무기수여(武器授與)나 명령전달, 전쟁으로부
터 귀환해서의 수상(授賞) 등도 종묘(宗廟)에서 거행되었다.⁴⁷

공에 다음 가는 신분으로서 공과 더불어 국의 권력집단을 구성하는 계층
이 경대부였다. 그러나 엄밀한 의미에서 국의 주요관직을 세습독점함으로
써 이른바 세족성원(世族成員)을 형성하게 되는 부류는 그 범위가 경 및 대

41) 이에 대해서는 宇都木章, 1962 참조.
42) 高木智見, 1985 및 吉本道雄, 1985 참조.
43) 增淵龍夫, 1960-4 참조.
44) 高木智見, 1986, pp.19~20 참조.
45) 吉本道雄, 1986, p.26; Hsu. Cho-yun. 1965, p.17.
46) 高木智見, 1986, 참조.
47) 杜正勝, 1980, pp.629~634 참조.

부의 상층으로 국한되는 극소수로서, 이들은 복수의 부계(父系)가족을 거느리는 '씨(氏)'의 종주(宗主) 내지는 그에 버금가는 유력자였다.[48] 이들 경대부는 공으로부터 분여(分與)받은 비(鄙)의 채읍(采邑)을 물적 기반으로 하여 자신의 일족자제(一族子弟)에게 녹(祿)을 주어 이들을 양(養)했고 아울러 자제로써 병단(兵團)을 구성하여 그들을 이끌고 국군(國君)하에 전쟁에 참여할 의무(賦)를 부과받았다. 한편 그들은 봉읍(封邑) 중의 일부를 본읍(本邑)으로 삼아 독자적 기반을 구축해 나갔는데 그러한 본읍이 바로 서주 중기부터 춘추초에 걸쳐 출현한 도(都)[49]로서, 《좌전(左傳)》의 B.C. 659년조 서술에는 이미 도의 규모 확대가 국에 미치는 위험성에 대한 우려가 표명되고 있다.[50] 대부 중 국의 최고 직책을 관장하는 유력명문씨족(有力名門氏族)의 장을 특히 경이라 불렀고, 그는 국정을 총괄하는 집정(執政)과 아울러 군(軍)사령관직을 겸임했다.

공과 경대부로 구성되는 극소수의 권력집단 이외에 국의 기저를 이루는 최말단 지배층이 사(士)였다. 전술했듯이 사와 국인이 과연 등치(等置)될 수 있는가는 여전히 논란이 있고, 국인층의 구성성분은 사뿐 아니라 대부의 하층도 포함된다는 최근의 견해에도 일면 타당성이 있지만[51] 여기서는 양자를 동일시하는 근래의 경향에 따라 국인이라는 용어로 단일화하기로 한다.

국인의 경우도 그의 조선은 공이나 경대부였지만 계속된 분족(分族)과 인구증가로 공·경 등과의 혈연관계가 소원(疏遠)해짐에 따라 말단지족(末端支族)으로 전락한 이들이다. 국인을 직접생산자로서의 서인과 엄격히 구분하는 입장에서는 국인이 국외의 전지(田地)를 보유하여 이를 경제적 기반으로 하는 영주로서의 성격을 갖는다고 하지만[52] 그들은 직접 농업생산에 종사하거나 하급관리, 경대부의 가재(家宰)나 읍재(邑宰) 노릇을 하는 등 다양한 존재형태를 보인 듯하다.[53] 그러나 국인층은 모두가 전쟁에 참가하는 전사(戰士)로서의 공통점을 갖고 있었다. 물론 비에 거주하는 야인(野人)도 전쟁

---

48) 吉本道雄, 1986, p.6 참조. 吉本은 世族을 十氏十名으로 잡아 100명 정도로 추단하고 있다.
49) 松本光雄, 1953, p.72.
50) 《左傳》 閔公二年, 大都耦國 亂之本也.
51) 주 37) 참조.
52) 吉本道雄, 1986, pp.22~23; 谷口義介, 1988-2, p.230.
53) Hsu. Cho-yun, 1965, p.8; 增淵龍夫, 1970, p.147.

과 무관하지는 않았지만 그들의 경우는 국내 지배계급에 의해 강제로 징발
되어 전사를 보조하는 천역(賤役)에 종사한 데 불과하고,[54] 적어도 춘추 후
기 신분제의 붕괴와 보병전(步兵戰)의 대두 이전까지는 야인은 전사가 될 수
없었다. 반면 적어도 춘추 전기의 국인층은 강제징집에 의해 전투에 참가하
기는커녕 도리어 전사로서의 강한 자부심과 함께 전투참여 자체를 특권이자
당연한 의무로 여겼다.[55]

 족적(族的) 질서를 바탕으로 하는 국인의 평상시 향리(鄕里)조직은 동시에
공경(公卿)에 의해 통할되는 국의 하부통치조직이었고 이는 또한 전투시에
는 공경을 장군으로 하는 전투조직으로 기능하였다.[56] 전투에서 명령전달수
단으로 중시된 깃발은 족(族)을 단위로 구성되는 각 부대를 상징하거나 지
휘자인 족장(族長)을 표시했고 또한 깃발에 그려진 도안(圖案)은 각 씨족의
조선신을 상징하였다.[57] 이처럼 당시 열국은 여전히 군사를 집단적 과제로
공유하는 씨족공동체로서의 성격을 강하게 지니고 있었고, 국인이 참정권
(參政權)을 행사하는 공민적(公民的) 위치에 설 수 있었던 것도 그들이 씨족
집단으로서의 국의 기층을 이루는 구성분자이자 전사로서 국의 군대를 구성
하는 중요한 인적 기반이었기 때문이다.

 이를 근거로 하여 공과 경대부 이외에 국의 제삼(第三)세력을 형성하는 국
인층은 공위(公位)의 계승·폐립(廢立)을 결정하거나 외교에 간여하기도 했
고 또는 국의 천사(遷徙)에 참의(參議)하기도 했으며, 세족간의 항쟁이나 공
과 세족 사이의 투쟁에 간여하여 결정적인 영향을 미치기도 했다.[58] 물론
중요국사에 대한 결정권은 공·경 등의 지배자에게 있었지만 결정과정에서
국인의 지지 여부가 공경 자신의 지위까지도 좌우할 만큼 커다란 변수로 작
용했기 때문에 공경은 국인의 동향을 무시한 채 자의적 행위를 하기는 어려
웠다.[59] 당시 국의 중요정책 결정이 공경 등 지배층과 국인 사이의 결맹형
식으로 이루어지는 사례가 《좌전》에 빈번히 보이는 것은 이 때문이며, 이처

54) 宇都木章, 1979. pp.103~108 참조.
55) 高木智見, 1986. p.10.
56) 增淵龍夫, 1970. pp.150~151.
57) 松本光雄, 1961 참조; 高木智見, 1986, pp.14~15.
58) 杜正勝, 1986, pp.490~491.
59) 增淵龍夫, 1970. p.156.

럼 맹을 통해 국내의 결속력을 다지고 자신들의 지위를 확보할 수밖에 없었
던 점에[60] 공경 등 지배층의 권력적 취약성이 있었다.[61] 이와 같은 국인의
정치에 대한 강한 발언권과 규제력을 중시하여 도시국가론자 중에는 국인을
고대 그리스의 민회(民會)를 구성하는 자유민에 비정하는 견해가 있지만,[62]
그들이 여전히 족적 질서에 매몰된 채 족당(族黨)의 장(長)의 의견을 따르는
익명적 존재였다고 볼 때 그들의 정치적 주장은 평등한 자격과 권리를 행사
하는 자유로운 시민의 개인적 의사표출이라고 이해하기는 곤란하다.[63]

이상 간략하나마 공·경대부, 국인으로 구성되는 국의 내부구조에 대해
살펴보았다. 그러면 이제 시야를 국 밖의 비읍으로 돌려보기로 하겠는데,
먼저 감안해 둘 점은 비읍 및 비읍민의 존재형태를 구체적으로 밝혀주는 자
료가 거의 전무하고, 따라서 비읍민의 생산형태나 사회조직, 국과 비읍 사
이의 생산관계, 그리고 생산력의 단계 등에 대해서는 몇 가지 영성한 사례
를 통한 추측만이 가능할 뿐이다.

원야(原野)에 산재하는 비읍은 본래 농경 가능한 국지(局地)마다 형성된
자연취락이자 자립적 생산체였고 경대부의 채읍으로 예속된 뒤에도 그같은
성격에는 전혀 변함이 없었다. 이렇게 볼 때 지리적 입지조건에 따라 비읍
의 규모에는 당연히 적지 않은 차이가 있었을 것이다. 정복되기 이전 도시
형태의 국읍이었던 대읍(大邑)은 천호(千戶)[64] 이상의 인구를 지탱할 만한
경지를 주변에 갖고 있었을 터이고,[65] 반면 '십실지읍(十室之邑)'[66]과 같은
단출한 비읍도 있었을 것이다. 그러나 후자의 경우 그것이 언급된 정황을

60) 高木智見, 1985, p. 47.
61) 吉本道雄에 의하면, 일반 國人의 군사적 자립성 때문에 公·世族은 國人에 대한 일
    방적 지배를 행사할 수 없었고 그 때문에 제사와 군사라는 國 全成員이 公有해야 할 國
    방위라는 과제를 제시하고 그에 從事하는 限 國人의 복종을 기대할 수 있었다고 한다
    (同, 1986, p. 26).
62) 貝塚茂樹, 1954 참조.
63) 增淵龍夫, p. 161.
64) 《戰國策》, 趙策, "古者四海之內, 分爲萬國 城雖大無過三千丈, 人雖衆無過三千家"
65) 물론 이런 邑의 자리에 國이나 都가 자리잡았을 것이다. 千戶 以上이 주변의 土地로
    자급자족하기는 어려웠을지도 모르지만 國 주변의 비옥한 토지가 國君의 직영 公田(谷
    口義介, 1988-2, p. 230)이 되었던 것도 본래 國의 위치가 주변의 廣大한 토지를 기반으
    로 발전했음을 반증한다고 볼 수 있다.
66) 《論語》, 〈公冶長〉, 子曰 十室之邑 必有忠信.

감안하면[67] 예외적인 존재이고, 전자 역시 춘추 후기 현으로 전환된 구읍이란 것들이 본읍과 주변의 군소(群小)의 속읍에 대한 총칭이란[68] 점을 감안하면 보편적인 읍의 형태라 보기는 어렵다. 따라서 다음과 같은 몇 가지 점을 고려해 볼 때 읍 규모의 대체적 평균치를 상정해 볼 수도 있을 것이다. 첫째, 자연관개에 의존했던 당시 대다수의 읍이 산지(山地)에서 유출되는 하천에 연(沿)하여 산지와 평야의 접점이나 그 근처에 주로 위치했다는[69] 지리적 공통점으로부터 특별한 예외를 제외한다면 가능 경작범위 및 그에 의거한 적정 인구의 대체적 상한이 있었음을 추측할 수 있을 것이다. 둘째, 당시 귀족이 영유하는 채읍의 숫자가 신분·관계(官階)·공적(功績) 등에 비례한다는 사실[70]은 읍의 단위규모가 대체로 엇비슷하다는 것을 뒷받침한다. 셋째, 적정인구 및 경지를 넘어선 지나친 읍 규모의 확대는 산림수택(山林藪澤)의 고갈, 경지까지의 왕래 및 그 관리(管理)의 어려움을 초래했을 것이다.

도시국가론자 가운데는 한대(漢代)의 취락규모로부터 유추하여 당시 성곽도시의 평균규모를 300호로 잡기도[71] 하지만 이는 '도비불과백실 이편야사(都鄙不過百室以便野事)'[72]만을 감안해도 기층의 전형적 읍이라 보기 어렵고, 반면 선진(先秦) 취락규모를 10~25호로 잡는 자연촌락설(自然村落說)[73]도 읍 본래의 공동방위집단적 성격에 의거할 때 지나치게 소규모인 듯하다. 따라서 이상과 같은 정황적 조건과 기타 문헌자료를 바탕으로 하여 당시 비읍 규모의 최상한을 100호로 보고 대체적 평균치를 30~40호로 추정하는 견해가[74] 더 타당한 듯한데, 물론 이 역시 추론의 역(域)을 넘지는 못한다.

이와 같은 비(鄙)의 봉읍에 대해 국내귀족이 취한 지배방식은 읍내의 기존 공동체질서를 거의 그대로 온존시킨 채 읍 단위로 파악하는 이른바 총체

67) 同上 참조.
68) 增淵龍夫, 1960-3 참조.
69) 五井直弘, 1969 참조. 그는 晋 大夫 祁氏·羊舌氏의 邑의 지리적 위치를 추적 검토하여 이같은 시론적 결론을 내리면서, 춘추 以前의 농경지가 山谷河間의 이른바 제 1 차 농지였다는 本村正雄의 說(同, 1965)을 실증하고 있다.
70) 杜正勝, 1983, p. 211.
71) 宮崎市定, 1974, p. 165.
72) 《逸周書》〈作雒〉.
73) 池田雄一, 1969, pp. 6~7 참조.
74) 杜正勝, 1983, p. 212.

104

적 지배였다.[75] 말하자면 그것은 읍 단위로 할당된 일정량의 공납과 역역(力役)을 주로 공동체의 수장(首長)을 매개로 하여 착취하는 방식이었다. 이처럼 그들이 단지 영유권이나 수취권(收取權)만을 행사하는 정도의 극히 느슨한 지배에 머물 수밖에 없었던 것은 읍내에 여전히 강하게 유지되고 있는 씨족조직 및 이를 바탕으로 하는 씨족공동체질서를 파괴하고 읍내 구성원에게까지 지배력을 미치려 할 경우에 부딪힐 강한 반발 때문이기도 하겠지만 더 핵심적인 요인은 그러한 공동체적 질서를 불가피하게 만든 당시의 낮은 생산 수준에 있었다. 목(木)·석기(石器) 등의 열악한 농구(農具)에 의한 분산적 개체(個體)노동이 보장하는 생산 수준이란 것이 극히 보잘것없기 때문에 당시의 지배계급은 보다 효율적인 잉여노동력 착취를 위해 개체생산력을 제고시킬 수 있는 비읍민의 집체(集體)노동방식에 의한 공전(公田)경영에 의존할 수밖에 없었다.[76] 이와 같은 공전의 형성배경에 대해서는 읍 본래의 토지신(土地神)이나 곡신(穀神) 또는 조선신에게 바칠 자성(粢盛)을 마련하기 위해 족장의 관리하에 전씨족원이 공동경작하던 신전(神田; 祭田)이 정복 이후 경대부의 채지로 사여(賜與)된 '공의 전(田)'으로 전환되었고, 그에 따라 구래의 신사적(神事的) 공경(共耕)은 공전에서의 부역노동으로 변질되었으며 그 수확물은 경대부 귀족에 바쳐졌다(물론 귀족은 그 일부를 공에게 다시 바침)고 추측될 수 있다.[77] 아울러 공전경영은 노동조직의 편성, 공동경작의 지도감독, 수확물의 보관 등 전과정에 걸쳐 공동체 수장의 전통적 지배에 의존하여 이루어졌고 귀족은 단지 자기 휘하의 읍재(邑宰)를 파견하여 수확물만 징수해 갔을 뿐이다.[78] 말하자면 귀족은 공전경영을 비롯한 읍의 재생산구조에는 전혀 간여하지 않고 읍내의 수장을 매개로 하여 단지 생산물과 노동력만을 착취했다. 《맹자(孟子)》의 정전제(井田制) 주장에 보이는 노역지조(勞役地租)로서의 이른바 조법(助法)의 실체는 바로 비읍민(鄙邑民)이 제공해야 했던 공전에서의 공납(貢納)노동인데,[79] 그들은 이밖에도 축성이나 궁

75) 이 점에 의거하여 殷周시대를 아시아적 共同體의 잔존下에 수탈을 行하는 총체적 노예제사회로 이해하는 견해가 있다(예컨대 好並隆司, 1978, p.123 참조).
76) 李瑞蘭, 1985, pp.42~43 참조.
77) 增淵龍夫, 1975, p.15 참조.
78) 谷口義介, 1988-2, pp.235~236.
79) 井田制의 연구동향에 대해서는 李成珪, 1985 참조.

전건설 및 보수 등의 요역에 징발되었다. 예컨대 서주 이래의 농경사회의
모습을 전하는 거의 유일한 자료인 《시경(詩經)》의 농사시에는 이들 비읍민
이 씨족공동체를 유지하면서 족장의 지휘·감독 아래 생산에 종사함과 동시
에 영주에 대한 공납과 역역의 의무를 집단적으로 수행하는 모습이 목가적
으로 잘 묘사되고 있다.[80] 물론 서주 후기에 들어와 종래 단일영주의 지배
하에 있던 읍공동체가 복수영주에 의해 분할지배되는 현상이 나타났지만 그
것이 읍 내부구조에 별다른 영향을 미치지는 못한 듯하고[81] 당시의 완만한
생산력 발전에 비추어 볼 때 적어도 춘추 초기까지의 비읍민은 균등한 토지
점유하에 거의 계층분화 없는 공동체 생활을 영위하고 있었다.[82]

이상 국과 비읍의 이중체제를 이루는 성읍국가에 대해 정물화를 그리듯
다소 도식적으로 서술해 보았다. 물론 춘추 중기 이전까지의 사회가 정태적
(靜態的)인 것은 결코 아니었고 그 내부에는 꾸준한 변화와 발전이 계속되었
던 게 사실이다. 그러나 그것은 어디까지나 완만했고 춘추 중기를 대체적인
경계로 하여 그 이후의 급격한 여러 변동에 의해 기존의 성읍국가체제는 해
체 국면에 접어들게 된다.

II. 春秋 中期 以後의 諸變動

1. 公室의 쇠퇴와 世族투쟁

대략 B.C. 600년경을 전후한 무렵부터 정치·경제·사회 등 제(諸)방면에
걸쳐 나타난 변화 중 가장 두드러지게 눈에 띄는 현상은 두말 할 나위 없이
전쟁의 격화와 그에 수반된 약소국의 멸망이다. 가령 멸망시기가 기록된 75

---

80) 이에 대해서는 谷口義介, 1988-1 및 孫作雲, 1966 참조.
81) 李成珪, 1984, pp. 34~38 및 杜正勝, 1983, p. 228 참조.
82) 小宗的 집단으로서의 鄙邑은 당연 혈연 내지 혈연의식을 기초로 하지만 또 한편 그
   것은 농경을 주로 하는 기본적 집단으로서 地緣的 지향을 갖는 것도 사실이며(宇都木
   章, 1962, p. 209), 따라서 순수혈연집단으로 계속 존속했다고 보기 어려울 수도 있고,
   심지어는 邑共同體의 土岱는 혈연이나 地緣이 아니라 취락으로서의 邑 자체가 갖는 거
   주형태, 生產활동, 均賦·社祭 등에 의한 一體性 때문이라는 지적도 있지만(杜正勝,
   1983, pp. 228~234), 이 역시 현재까지는 받아들여지기 어렵다고 볼 때 춘추 前期까지
   는 鄙邑民도 氏族制 生活을 영위했을 것이다.

106

국 중 65국이 B.C. 662년 이후 멸망했다는 사실[83]은 그를 여실히 증명한다. 따라서 과연 춘추 중기 이후의 제변화를 일으킨 원동력이 무엇이었는가에 대해서는 일단 접어두더라도 그런 변화를 선도(先導)한 것이 열국간의 빈번한 전쟁이었다는 것은 수긍될 수 있다.

주지하듯이 춘추기에 들어와 주왕(周王)이 통제력을 상실함에 따라 그에 대신하여 나타난 질서유지형태가 패자(覇者)를 구심점으로 하는 회맹적(會盟的) 질서였고, 그것이 지향한 '존망계절(存亡繼絶)'이란 기존의 열국체제(列國體制)를 유지하는 것이었다. 즉, 그것은 열국간의 혈연적 연대의식과 공동문화의식, 그리고 타국을 멸했을 경우 해당국의 조선신으로부터 받을 재앙을 우려한 주술적 세계관[84] 등을 기반으로 하여 소국(小國)의 종묘사직(宗廟社稷)과 씨족적 질서를 그대로 인정하면서 복속시키는 방식이었다. 따라서 패자와의 맹약(盟約) 내용이 아무리 굴욕적이라도 약소국은 조선제사로써 상징되는 자국의 독자성을 유지할 수 있었다.[85] 그러나 춘추 이래 꾸준히 계속된 전쟁과 멸국(滅國), 그리고 열국간에 되풀이된 동맹(同盟)과 배반현상만을 꼽아보더라도 이는 결코 영속적일 수 없는 잠정적이고 과도기적인 질서유지방식에 불과했다. 더욱이 당시 국내의 공·경대부, 국인간에도 맹(盟)·반(叛)이 빈번히 되풀이된 것을 아울러 감안해 보면 결맹의식이 이미 질서유지기능을 상실해 가고 있었음과 동시에 당시인들이 점차 주술적 세계관의 굴레에서 벗어나고 있었음을 확인할 수 있다. 결국 춘추 중기를 전후하여 진(秦)·진(晋)·초(楚) 등 주변 강대국은 종래의 회맹적 지배방식에서 탈피, 소국(小國)을 멸하고 나서 이를 현으로 삼아 일방적으로 지배하려는 이른바 멸국치현의 새로운 지배방식으로 전환하였다. 이와 같은 상황변화에 대처하여 중원제국(中原諸國)이 취한 가시적(可視的) 조치로서 우선 손꼽을 수 있는 것이 바로 국도(國都)의 요새화였다. 물론 이른바 축성(築城)운동은 춘추시대 개막 이래 광범위하게 지속되어 온 현상이지만 각국의 외곽축조가 B.C. 600년경을 전후하여 성행했다는 사실[86]이 그를 웅변하고

83) Hsu, Cho-yun, 1965, p. 58.
84) 高木智見, 1986, pp. 19~20.
85) 增淵龍夫, 1960-③, p. 396, 431
86) 五井直弘, 1985, p. 3; 杜正勝, 1980, pp. 671~63 참조. 물론 大國의 外郭 축조는 매우 이르고 都의 그것은 B.C. 6세기 후반으로 다소 늦다(杜正勝, 1980, p. 671).

있다. 이처럼 전쟁이 격화되고 멸국의 위험성도 고조됨에 따라 강대국과 약소국을 불문하고 종래 수준의 국(國)방위를 넘어선 국력강화의 과제는 국의 내부 권력구조 및 심지어 국의 비읍에 대한 지배에도 적지 않은 변화를 초래했다.

춘추 중기 이후 각국 내부에서 거의 공통적으로 나타난 일련의 정치적 변화는 기존 권력구조의 재편과정이면서 동시에 향후의 전국적(戰國的) 권력구조를 태동하는 과정이기도 했다. 결국 세족투쟁의 최후 승리자가 이미 유명무실한 존재로 전락해 버린 공으로부터 국권을 찬탈함으로써 일단락되는 이 변화과정의 핵심적 추세는 공실(公室)의 쇠퇴와 사가(私家 ; 世卿家)의 대두였다.

조선신에 대한 사제자(司祭者)로서의 주술적 권위에 의존했던 공의 권력적 취약성은 계속된 분족(分族)에 의한 혈연적 유대의 약화와 조선신이 지녔던 권위의 점진적 퇴조에 따라 심화될 수밖에 없었다. 이처럼 공이 국내 구성원을 하나로 결집시키는 구심점으로서의 기능을 점차 상실한 반면 앞서 언급한 국제적 상황의 변화는 국력의 강화와 군비(軍備)의 충실을 위한 강력한 국내체제의 구축을 시급하게 필요로 했다.[87] 더이상 기존의 권위로써는 자신의 지위를 지탱하기 어려웠던 공은 이와 같은 시대적 요청에 힘입어 씨족공동체의 대표자에서 가부장적 군주권으로의 변신을 시도하기도 했다.[88] 그러나 국인에 대한 폭력적 억압장치를 결여한[89] 공의 권력적 취약성을 감안해 볼 때 이러한 시도는 국인의 부담과중에 따른 집단적 반발을 초래할 뿐 결코 성공할 리 없었고[90] 경대부에 대해서는 더욱 그러했다. 궁극적으로 일신(一身)에 집약적으로 체현(體現)된 구질서를 쉽사리 극복할 수 없었던 공은 춘추 중기 이후에 전개된 신국면에 적절히 대처하지 못한 채 결국 세족과의 투쟁에서 밀려나 유명무실한 존재로 전락하는 수밖에 없었다.

일반적으로 세경가(世卿家)의 등장에 대해서는 그들이 전쟁의 격화에 따른 위기적 난국을 계기로 하여 군사권을 장악함으로써 점차 공실의 권력을 공동화(空洞化)하면서 권력의 전면으로 부상할 수 있었다는 식으로 설명된

---

87) 增淵龍夫, 1970, p. 159.
88) 增淵龍夫, 1960-4 참조.
89) 吉本道雄, 1986, p. 26.
90) 增淵龍夫, 1970, p. 160.

다.[91] 노(魯)의 삼환씨(三桓氏), 진(晋)의 이성세족(異姓世族), 정(鄭)의 칠목
(七穆), 제(齊)의 최(崔)·경(慶)·진씨(陳氏), 송(宋)의 유력가문(有力家門)
등 각국의 세경가의 등장시기가 대체로 춘추 중기경이었던 것은 전쟁의 격
화와 시기적으로 맞아떨어진다. 그러나 과연 전쟁의 격화 자체가 이들의 등
장을 필연화시켰을까? 국인에 대한 일방적 지배를 실현할 수 없었던 것은
그들 역시 공의 경우와 대동소이했고 따라서 국난을 자신의 입지구축에 유
리한 기회로 삼아 어느 정도 이용할 수는 있을지언정, 단순히 국난극복만을
명분으로 하여 국인에게 가혹한 부담을 지우는 개혁을 단행함으로써 자신의
군사적·경제적 기반을 강화하기는 어려웠다. 더욱이 기존의 국인층만으로
구성된 군대로는 격화하는 전쟁에 유효히 대처하기는 어려웠고, 한편 세족
투쟁에서 승리하기 위해서도 자기의 사속적(私屬的) 군사력의 확보는 필수
적이었다. 이같은 난제를 무난히 해결함으로써 자신의 지위를 지키고 더 나
아가 가부장적 권력으로 전환하기 위해 귀족층이 취한 방식이 채읍의 증대
및 그에 대한 착취 강화와 국인층에 대한 시혜(施惠)였다.[92]

우선 전자에 대해 살펴보면《좌전》에 보이는 진(晋)의 작원전(作爰田)·작
주병(作州兵; B.C. 645), 노(魯)의 초세무(初稅畝; B.C. 594)·작구갑(作丘甲;
B.C. 590)·용전부(用田賦; B.C. 483), 정(鄭)의 작구부(作丘賦; B.C. 538) 등의
기사에 담겨져 있는 전제(田制)·세제(稅制)·병제(兵制)의 개혁이 그것이
다. 춘추시대에 단행된 이와 같은 일련의 부세제도(賦稅制度)의 개혁이 과연
어떤 지역을 대상으로 했고, 그 구체적 내용은 무엇이며, 또한 실시시기의
차이에 따른 내용상의 변화는 무엇이었는가에 대해서는 적지 않은 논란의
여지가 있지만[93] 그의 대체적인 성격은 국인층 이외의 비읍민에 대한 수취
방식의 개혁이었던 것 같다. 즉, 종래 단지 농경에만 종사할 뿐 직접적으로
군사에 관련을 맺지 않았던 비읍민에 대해 새로이 가혹한 군역·군부(軍賦)
를 부과하거나 또는 수확물을 보다 효율적으로 착취함으로써 귀족의 군사
적·경제적 기반을 더 강화하기 위해 취해진 것이 이들 개혁의 본질이었다
고 할 수 있다.[94]

91) Hsu, Cho-yun, 1965, pp. 57~58 참조.
92) 增淵龍夫, 1970, p. 165.
93) 李成珪, 1984, pp. 12~46 참조.
94) 이에 대해서는 宮崎市定, 1933 및 增淵龍夫, 1970, pp. 172~178; 李成珪, 1984,

이처럼 춘추 중기 이후의 유력세족은 비읍민에게까지 군역을 부과하여 이들을 자신의 사적 무장(武裝)조직으로 편성함으로써 확고한 무력기반을 다졌으며 동시에 그들은 이 사병집단(私兵集團)을 중앙군(中央軍)에 편입시켜 자신이 직접 지휘했다. 말하자면 당시 각국의 중앙군은 명목상으로는 여전히 공의 휘하에 있었지만 실질적으로는 귀족들이 각기 이끄는 사속적 군대의 연합체였다. 예컨대 진(晋)이 B.C. 661년의 작이군(作二軍)에서 B.C. 588년의 작육군(作六軍)에 이르기까지 70년 사이에 정규군의 규모를 3배로 확충할 수 있었던 것은 이와 같은 비읍민에로의 징병확대조치의 결과였고[95] 그 군대의 실체는 지휘자인 세족이 거느리는 사적 무장집단이었다.[96] 이같은 추세는 제(齊)에서도 마찬가지로서 최·경·진(陳;田)·포(鮑)씨 등의 유력세족은 강력한 사병집단을 장악하고 있었고, 그 역시 징병확대의 결과였다.[97]

결국 춘추 중기 이후 귀족의 주도하에 그들의 세력확대나 이익추구를 위해 추진된 여러 개혁은 전통적인 국·비읍의 이중구조하에서 전사의 역할을 독점했던 국인의 특권적 지위를 동요, 무산시키고 더 나아가 국과 비읍의 엄격한 구분과 그에 의거한 전통적 상하관계를 허물어뜨리는 계기를 마련했다.[98] 그러나 이와 같은 사회구조의 해체는 단시일에 일어났을 리 없고, 더욱이 춘추말까지 전쟁방식의 주류(主流)는 전통적 전차전(戰車戰)이었기 때문에 군역으로 징발된 비읍민은 도졸(徒卒)이었을 뿐 전투의 주역은 어디까지나 무예(武藝)를 단련한 국인층이었다. 따라서 귀족들이 비읍민에 대한

---

pp. 12~46 참조. 李교수는 新墾田을 중심으로 形成된 新취락의 土地와 民을 公權力의 지배內에 편입하면서 그것을 귀족간에 경제적·군사적 기반으로 再분배한 조치로 이해하고 있다. 한편 杜正勝에 의하면 晋의 作州兵은 國人의 餘子를 兵으로 기용한 것, 作丘甲은 戰略要地의 人을 징발하여 兵役을 부과한 조치, 用田賦는 有田者는 모두 賦를 내게 하는 全農皆兵조치로 설명하고 있다(同, 1983 참조).

95) 杜正勝, 1983, p. 103.

96) 增淵龍夫, 1970, pp. 171~174.

97) 이는 특히 각기 春秋前期와 後期에서의 齊의 상황을 전하는 《國語》〈齊語〉와 《管子》〈小匡〉의 參國伍鄙制에 보이는 내용상의 차이에서도 여실히 증명된다. 즉, 前者의 경우 國內의 士鄕만이 軍役을 부담함으로써 三軍을 구성하는 反面, 後者에서는 鄙 역시 軍事조직으로 편성된다는 사실은 춘추 중기 이후 齊에서도 鄙邑民에게 軍役을 부과했음을 시사하는 것이다(자세한 것은 岡崎文夫, 1950 및 增淵龍夫, 1970, pp. 150~151 그리고 杜正勝, 1983, p. 105 참조).

98) 李成珪, 1984, p. 33.

군역부과를 통해 새로운 군사적 기반을 확보했더라도 국인층의 지지는 그들에게 여전히 중요했다.[99] 이를 위해 그들은 채읍에 대한 가혹한 수탈을 통해 획득된 경제력을 기반으로 하여 적극적으로 국인에 대한 시혜에 나섰다. 예컨대 제의 전씨(田氏)가 공실에서 정한 양기(量器)보다 큰 가량(家量)으로 백성에게 곡식을 대여하고 공량으로 환수하며 또한 자신의 채지에서 나오는 목재와 어패류를 시장가격보다 싸게 내다 팖으로써 국인이 물 흐르듯 그에게 귀의했다는 유명한 일화[100]나, 정의 한씨(罕氏)와 송(宋)의 악씨(樂氏)가 기근을 당한 국인을 구휼함으로써 명망을 얻었다[101]는 등의 사례는 국인층의 지지를 겨냥한 세족의 세력확대책에서 비롯된 것으로 볼 수 있다. 이처럼 자신의 세력확대에 부심한 유력 경대부들은 한걸음 더 나아가 빈궁한 국인층을 규합하여 더 핵심적인 가부장적 무력집단을 형성한다. 이른바 용력(勇力)의 사(士)로 일컬어지는 이들은 본래 경대부의 족인(族人)이었지만 계속된 분족(分族)과 인구증가로 말단지족으로 밀려났거나 또는 격화되는 세족간 투쟁의 결과 몰락함으로써 자신의 전토(田土)를 갖지 못하게 된 불우한 존재로서, 그들은 자기 본족의 경대부가 아니라도 더 후한 대우로써 자신을 영입해 주는 경대부가 있으면 그의 가신(家臣)이 된다. 그리하여 유력세족과 이들 가신 사이에 맺어지는 사적 주종관계는 종래의 씨족적 유대나 신(神)의 재앙을 전제로 하는 맹약에 의한 관계와 달리 은혜의 수수(授受)를 매개로 하는 구체적인 인적 결합관계였고, 씨족적 질서의 해체과정 속에서 그에 대체되어 나타난 이러한 새로운 인적 결합양식을 흔히 임협적(任俠的) 질서라 일컫는다.[102] 전통적 씨족질서를 고수하려는 입장에 서는《좌전》의 편자(編者)가 이처럼 개별구체적인 은혜의 수수를 계기로 하여 세족과 주종관계를 맺는 비(非)혈연적인 가신집단을 당(黨)·도(徒)로 지목하고 비판한 것은 그 때문이다.[103] 이상과 같이 당시의 각 유력세족이 세력확대를 위

99) 가령 世族투쟁에서도 國人이 가담한 쪽이 他方을 곧 평정하게 된다(吉本道雄, 1986, p. 25).
100)《左傳》, 昭公 三年.
101) Hsu, Cho-yun, 1965, p. 91 참조.
102) 增淵龍夫, 1960-1 참조.
103) 增淵龍夫, 1960-4, pp. 84~85. 吉本은 이와 같은 통설적 이해를 비판하면서 黨의 成員은 個人名이 거의 기록되는 大夫 以上의 신분으로 家臣이 아니고, 反面 徒는 익명집단으로서 家臣과 世族에 대한 잠재적 지지자인 浮動層의 二種으로 구성된다고 보고 있다

한 경제적·무력적 기반 구축에 부심했던 애초의 계기는 국방위를 위한 국력강화라는 공동과제 해결에 있었고, 따라서 열국간의 전쟁위기가 계속되는 한 세족간의 연합공존체제는 잠정적이나마 불안정하게 유지될 수 있었겠지만, 또 한편 세력확대과정에서 세족간의 갈등이 심화되어 궁극적으로 충돌이 빚어질 것은 자명한 이치이다.

귀족투쟁은 노에서와 같이 유력세족인 삼경(三卿; 三桓氏)이 공실을 균등하게 삼분(三分)하는[104] 방향으로 국의 권력구조가 변질된 경우에는 뚜렷하게 나타날 리 없고, 특히 진(秦)·초(楚)와 같이 문화적 또는 지역적 특수성 때문인지간에 여하튼 귀족성장이 군주권을 위협할 만한 정도는 아니어서 춘추전국에 걸쳐 단일혈통의 군주권이 계속 유지된[105] 경우에는 더욱 그러하다. 춘추 중기 이후의 피비린내나는 세족투쟁은 공실을 명목화하며 등장한 다수의 유력세족이 더이상 불안정한 공존체제를 유지할 수 없었던 진(晉)·제(齊)에서 그 전형적인 양상을 찾아볼 수 있다. 그것이 외면상 정쟁의 형태를 띠지만 본질적으로 타세족(他世族)의 채읍에 대한 상호 병탄과정이면서 동시에 투쟁에서 패배한 세족의 소멸과정이었음은 두말 할 나위 없다.

우선 진의 경우를 보면 그것은 공실과 전혀 혈연관계가 없는 이성세족(異姓世族)간에 6경의 지위를 둘러싸고 벌어지는 권력투쟁의 양상을 띤다.[106] 진의 최고관직으로서 삼군(三軍)의 장(將)·좌(佐; 中軍將이 최고직위인 執政)를 겸임하는 6경은 진의 정치적·군사적 권력의 핵심이었다.[107] 본래 공족세력을 억제할 목적도 포함되어 능력·경험에 의거해 선발되던[108] 6경이 점

(同, 1986, pp. 27~31 참조). 아울러 《左傳》昭公 二十五年條에는 季孫氏에 대해 "政自之出久矣, 隱民多就食焉 爲之徒者衆矣"라고 적고 있는데, 이에 의거하면 특히 徒는 빈궁한 國人層으로서 季孫氏가 이들에게 은혜를 베품으로써 자신의 중요한 武力的 기반으로 삼았음을 짐작할 수 있다. 徒에 대해 자세한 것은 裘錫圭, 1981 참조.

104) 《左傳》, 襄公 十一年, "正月 作三軍, 三分公室而各有其一".
105) 秦과 楚가 춘추 以來 여타 諸國에 비해 君權이 우월했던 배경에 대해서는 李成珪, 1984, pp. 259~263; 好並隆司, 1978, pp. 55~58 및 Creel, 1970, pp 136~158 참조. 물론 楚의 경우 兩者의 갈등이 있었던 것도 사실이다(Hsu, 1965, p. 86).
106) 이와 같은 특색은 文公이 一族의 힘을 제거하고 異姓을 등용하여 정치권력을 통일강화하려 했으나 文公의 死後 公이 명목화되면서 異姓世族이 대두되었기 때문이다.
107) 당시의 관직에는 직무수행을 위한 경제적 기반으로서 邑田이 부수됨은 물론 기타 많은 이익획득이 보장됨(吉本, 1986, p. 31)을 아울러 고려할 때 卿의 지위는 특권이 향유되는 위치임에 틀림없다.
108) Creel, 1970, p. 31.

차 이를 통해 성장한 이성세족간에 교대로 돌아가며 독점되는 것은 당연한 추세이며 따라서 한정된 6경의 지위를 차지하기 위한 다수 세족의 투쟁은 거의 불가피했다. 이 과정에서 우선 약소세족(弱小世族)이 도태되고 그들의 채읍을 몰수하여 현화(縣化)함으로써 더 강력해진 세족이 남지만 이들 사이에 다시 각축전이 벌어져 패배한 쪽은 소멸된다. 이같은 세족간의 투쟁에 의해 극(郤)・서(胥)・고(孤)・난(欒)・기(祁)・양설씨(羊舌氏) 등의 유력세족은 몰락하고 그 채읍은 몰수・분할되어 한(韓)・위(魏)・조(趙)・범(范)・중행(中行)・지씨(知氏) 등 소수의 유력세족의 지배하에 현으로 재편・분속(分屬)된다.[109] 결국 B.C. 497년부터 6년간 지속된 조씨(趙氏)와 범(范)・중행씨(中行氏)간의 투쟁과 B.C. 454년 한・위・조씨와 지백(知伯)간에 벌어진 싸움으로 범・중행씨와 지씨가 각기 패망한 뒤, 나머지 삼씨(三氏)가 진(晉)을 삼분(三分)하여 B.C. 403년 제후로서 정식 승인된다. 이같은 투쟁양상은 제의 경우에도 거의 대동소이한데, 단지 제에서 보이는 특징은 진(陳)의 공자(公子)로서 제로 출분해 왔다고 일컬어지는[110] 전경중(田敬仲)에서 비롯된 이성세족으로서의 진씨[田氏]가 춘추 중기 이후 점차 세력을 증대해 가면서 강성일족(姜姓一族)인 공족(公族)들은 구축해 나갔던 점이다. 우선, 원래 구공족으로서 제국(齊國)의 권력을 장악하고 있던 이대세족(二大世族)인 고(高)・국씨(國氏)가 B.C. 574년의 쟁란과 뒤이은 최씨의 경공(慶公) 옹립(B.C. 574)을 계기로 명목적인 경(卿)으로 전락한 반면 최・경씨(慶氏)가 완전히 실권을 장악했지만 B.C. 546년 경씨에 의해 최씨가 축출되고 다시 B.C. 545년 공족인 난(欒)・고씨(高氏)와 비공족(非公族)인 전(田)・포씨(鮑氏)에 의한 경씨축출이 이루어지고 B.C. 534년에는 공족제씨(諸氏)가 모두 추방된다. 마지막으로 삼대세족인 전・포・안씨(晏氏) 사이의 투쟁에서 전씨가 승리를 거두어 결국 B.C. 481년에는 전성자(田成子; 常)가 경의 지위에 올라 내정을 담당하게 됨으로써 실질적인 세족투쟁은 종식되고 이후 4대에 걸쳐 전씨가 상(相)으로서 권력을 독점하다가 B.C. 386년 전화(田和)가 제후로서

---

109) 예컨대 B.C. 514年 멸망한 祁・羊舌氏의 10邑이 縣으로 바뀌고, 그중 4縣을 韓・魏・趙・知氏가 나누어 가진 것을 들 수 있다(《左傳》, 昭公 二十八年條 참조).

110) 太田幸男은 이같은 사실을 의심하여 田敬仲의 出身 및 入齊에 관한 史料 전체가 田氏의 정권획득을 유교윤리의 입장에서 정당화하기 위해 漢代儒者들에 의해 조작된 허구라고 추측하고 있다(同, 1969, p.28).

명실상부한 지배자가 된다.[111]

이상과 같은 진·제의 세족투쟁[112]에서 보이는 공통점은 이성세족이 결국 국권을 찬탈한다는 것인데, 이는 공족이 신질서 모색과정에서 적절히 대응치 못했음을 의미하기도 할 것이다. 어쨌든 이와 같은 격렬한 투쟁에서 패배한 세족의 종주(宗主)는 타국으로 망명하거나 추방되고 또는 처형되기도 했으며,[113] 그의 일족 역시 몰락하여 범·중행씨와 같이 서인으로서 농경에 종사하기도 하고 심지어는 노예의 신분으로 전락하기도 했다.[114] 귀족의 집단자살[115]이라는 표현이 적절하리만치 극심한 세족투쟁을 주된 요인으로 하여 춘추시대의 유력세족들은 거의 몰락하여 이후 역사의 무대에서 자취를 감추고 만다. 가령 전국시대 각국의 상직(相職)을 맡은 인물 가운데 춘추시대 귀족출신이 전혀 없다는 점에서도 이는 여실히 증명된다.[116] 아울러 이와 같은 세족의 소멸에 따른 사회적 공백상태를 메꾸어 나간 것이 사(士)였고,[117] 전국시대에 들어오면 이른바 사인(士人)의 시대라 일컬어질 정도로 그들은 역사의 주인공으로 정치의 각 부문에서 중요 역할을 담당하게 된다.

2. 縣의 出現과 氏族制秩序의 해체

춘추 중기를 분수령으로 하여 종래 정치·경제·사회의 전반을 규율했던 씨족제질서가 붕괴된다는 것은 거의 확고부동한 정설로 굳어져 있다. 그러나 그 요인 내지 원동력을 각국간의 공벌(攻伐)과 그 과정에서 나타난 새로운 지배방식으로서의 현제(縣制)의 성립에 둘 것인가 아니면 생산력의 발전에 둘 것인가를 놓고 팽팽하게 의견이 대립되고 있는 실정이다. 먼저 전자에 대해 살펴보면서 문제의 실마리를 풀어나가 보자.

앞서도 지적했듯이 B.C. 7세기경부터 강대국은 약소국에 대한 종래의 느

---

111) 以上 齊의 世族투쟁에 대해서는 太田幸男, 1969, pp.29~32 참조.
112) 晋·齊의 世族투쟁에 대한 개괄적 검토에 대해서는 增淵, 1960-4, pp.88~91 및 Hsu. 1965, pp.82~85 참조.
113) 《國語》, 〈晋語〉八, 夫郤昭子 其富半公室 其家半三軍…… 其身尸於朝, 其宗滅於絳.
114) Hsu, 1965, p.88.
115) 同上, p.89.
116) 同上, Ch. 2 참조.
117) 同上, pp.34~37 및 pp.89~90 참조.

114

순한 복속에서 탈피하여 이들 소국을 정복하고 거기에 새로이 현(縣)을 설치하는 이른바 멸국치현(滅國置縣)의 지배방식을 취하기 시작한다. 이러한 현은 중원(中原) 외곽에 위치한 초(楚)·진(晉) 등이 주변의 이민족을 멸하고 다시 중원으로 진출하는 과정에서 많이 나타났다. 그 때문에 현은 변경을 방위하는 군사적 거점으로서의 성격이 강했고[118] 따라서 더 확고한 지배를 필요로 했다. 《사기(史記)》에 의거하면 정복지에 가장 먼저 현을 설치한 것은 진(秦)으로 되어 있지만(B. C. 688),[119] 당시의 현에 관한 풍부한 사실을 담고 있는 《좌전》에는 진의 현 설치 사례가 전혀 보이지 않는 반면 초와 진(晉)의 그것이 집중적으로 기재되어 있다. 그에 의하면 초는 북진과정에서 일찍이 신(申; 河南省 소재)을 멸망시켜 최초의 현을 설치한 이래, 식(息; B.C. 680), 등(鄧; B.C. 678), 황(黃; B.C. 648), 강(江; B.C. 623) 등 하남(河南) 지역의 고국(故國)을 차례로 현화(縣化)하였고 진도 B.C. 627년부터 현 설치 사례를 보이고 있다. 이처럼 춘추시대의 현은 국을 전신(前身)으로 했기 때문에 속읍(屬邑)을 많이 보유하여 설치 당시에는 규모가 컸고 이후 점차 현의 세분화 경향이 나타난다.[120]

본래 계(繫; 걸려 있다, 따라서 당기면 끌려온다)를 의미하는 현은 중앙에 현(懸)하는 지방, 즉 중앙의 직할지를 가리키고, 따라서 현의 출현은 분권적 열국봉건체제의 부정이자 전국 이후 확립된 군주에 의한 직접 지배방식으로서의 군현제(郡縣制)의 선구라고 볼 수 있다. 이와 같은 현이 춘추시대에 이미 성립했음을 논증함으로써 군현이 진대(秦代)부터 시작된다는 《한서(漢書)》,〈지리지(地理志)〉 이래의 일반적 통념을 일축한 이는 청초(淸初)의 고염무(顧炎武)였다. 이러한 고염무의 고증(考證)에서 진일보하여 춘추시대의 현을 지역에 따라 두 형태로 구분한 이가 고힐강(顧頡剛)이다.[121] 현재까지도 고전적 연구로 평가되는 그의 견해에 따르면 진(晉)·제의 현이 경대부에게 봉읍으로 사여됨으로써 구래의 봉건적 색채가 강한 반면, 진(秦)·초의 현은 군주의 직할지로서 전국 이후의 이른바 진한적(秦漢的) 현으로 연결된다

---

118) 楊寬, 1981 참조.
119) 《史記》,〈秦本紀〉, "(武公)十年 伐邽冀戎 初縣之".
120) 五井直弘, 1968 참조.
121) 顧頡剛, 1937 참조.

고 한다.[122] 이를 출발점으로 하는 이후의 춘추(春秋) 현연구는 진한적 현과의 비교라는 관점에서, 군주의 일방적 지배가 가능했는가의 여부를 가늠하는 관건으로서 현관령자(縣管領者)인 현대부(縣大夫)·현공(縣公) 등 세족구성원에 의한 세습지배 여부, 족적 질서의 파괴 정도, 그리고 현의 보편적 설치 여부 등에 초점이 맞추어져 전개되어 왔다.[123]

그를 종합해 볼 때 권력의 집중도(集中度)에서나 지배력의 관철도에서나 춘추의 현이 전국 이후의 그것과는 동질일 수 없다는 게 대체적인 견해인 듯하다. 그런 의미에서 춘추시대에 출현한 현은 전국 이후에 가서야 확립되는

---

122) 이와 같은 顧의 견해를 계승하여 楚의 縣의 성격을 해명한 연구로는 Creel, 1970을 들수 있다.

123) 顧의 지역적 구분의 不合理性을 비판하고 春秋縣의 한계를 강조함으로써 春秋縣 연구의 또 다른 劃期를 마련한 이는 增淵龍夫였다. 그는 春秋縣이 原住氏族의 핵심적 질서를 파괴하여 지배하는 방식으로서, 有力世族의 一族子弟에게 分與되어 私領化함으로써 世族의 重要기반이 된 것은 晋·楚가 대동소이하다는 점을 지적하고, 縣大夫·縣公의 세습화를 억압하여 이를 官僚化시킴과 동시에 멸국과정에서의 핵심적 族秩序 파괴 이후에도 여전히 강하게 잔존해 있는 土着세력의 族의 遺制를 分解하여 郡縣制的 지배를 실현하기 위해서는 강력한 전제권력과 그 權力을 지탱하기 위한 物的 기반이 필요하고, 바로 여기에 春秋縣과 戰國 以後의 이른바 秦漢的 縣의 차이점이 있다고 보았다(同, 1960-3). 以後의 연구는 이러한 增淵의 입장에 대한 비판으로 일관되었다. 우선 池田雄一은 增淵의 견해가 秦漢的 縣을 완성·정비된 理念型으로 전제하고 그 對極으로서 春秋縣을 설정함으로써 그의 世襲化, 封邑化, 族질서파괴의 경향을 지나치게 강조한 것이라고 비판하고 春秋의 縣이 직선적으로 秦漢的 縣의 기원이 되지는 않겠지만 春秋의 縣도 縣설치시점에서는 中央의 支配權강화·官僚化에로의 길도 반드시 불가능한 것은 아니었고, 公支配下에 縣을 강하게 繫하려 했던 方向性은 역시 秦漢的 縣으로 연결되며, 春秋縣의 한계는 封邑化, 세습화에 있지 않고 오히려 縣설치가 한정된 일부지역(主로 國勢의 擴大에 동반하여 약소국을 倂合置縣한 변경지역)에 그쳐 그 급속한 擴大가 보이지 않는 데 있다고 주장하고 있다(同, 1976). 平勢隆郎에 의하면 특히 楚의 경우에는 春秋期에 이미 縣管領者에 의한 세습지배가 널리 부정되고 있어 晋에서 다수 보이는 世襲지배와는 극히 대조적이며(同, 1981), 또한 晋의 경우에도 B.C. 5세기초에는 縣에 대한 세습지배가 부정되고 있음을 고려할 때 管領者에 의한 세습이 부정되는 시기가 戰國以後라는 增淵의 견해는 일반성을 상실한다고 지적된다(同, 1986). 아울러 族질서 파괴정도도 그다지 심한 편은 아니었고 秦漢的 縣 역시 기존질서 위에 운용되었다는 점을 강조하는 池田에 의하면, 春秋縣에서 일단 지배씨족이 배제된 뒤 지역의 長老的 존재를 지배기구 內에 편입시키는 시도는 지역사회의 기존질서를 이용하면서 支配의 원활한 침투를 고려한 것으로서, 이는 三老·父老를 이용한 秦漢的 縣과도 통하여 兩時代의 縣은 同一線上에 있다고 지적된다(同, 1976, p. 131). 특히 변경방위를 위한 軍事基地的 성격이 강한 楚縣은 族的 질서를 기반으로 유지되는 해당지역의 土着的 군대로써 縣방위가 이루어졌기 때문에 族的 질서의 파괴 정도는 극히 경미할 수밖에 없었다는 지적도 있다(安倍道子, 1984 참조). 그러나 以上과 같은 부분적 비판이 增淵에 의해 설정된 춘추전국시대의 전체구도를 깨기에는 아직 미흡한 듯하다.

신질서의 모색단계에 가까웠고 따라서 그의 본질적 의의는 오히려 구질서의 해체에 있었다고 보는 쪽이 타당할 듯싶다. 즉, 그것이 정복지에 대한 보다 직접적이고 확실한 지배를 확보하기 위해 설치된 것이라면 그를 위한 선결 과제는 정복지 내부에 존재해 온 구래의 질서구조, 즉 조선신을 매개로 한 씨족적 질서를 파괴하는 것이었기 때문이다. 더욱이 피정복국 대부분이 씨족적 전통이 강한 중원(中原)의 고국(故國)이었고, 따라서 약소국이라도 씨족적 전통을 지키기 위한 저항 역시 강력했기 때문에 원활한 지배를 위해서는 원주씨족(原住氏族)의 질서를 파괴하는 일은 필수적이었던 반면 결코 용이하지는 않았다. 예컨대 초가 진(陳; B.C. 534), 채(蔡; B.C. 531)를 멸망시켜 현으로 만들었다가 다시 복국(復國)시킨 일도 그러한 어려움을 반영하는 것이었다.

이같은 난관을 극복하고 일단 정복에 성공한 강대국은 우선 피정복국의 씨족적 질서를 상징하는 종묘사직을 파괴하고 종기(宗器)를 몰수했으며 저항의 근원을 이루는 지배씨족을 처형하거나 강제이주시키기도 했다. 또한 항복귀순할 경우에는 강제수단을 동원하지 않았지만 최후까지 격렬하게 저항한 경우에는 장래의 치안을 고려하여 피정복민 전체를 타지역으로 천사(遷徙)하기까지 했다.[124] 이 과정에서 피정복국의 공은 처형되거나 출분하기도 했고 또는 정복국으로 압송되기도 했으며 일반 평민이나 지배씨족은 노예로 전락하기도 했다.[125]

춘추시대에 100여 국이 멸망한 사실을 먼저 염두에 두면서 그 멸국과정에서 약소국이 보였을 격렬한 저항과 정복 이후 피정복민에게 내려진 조치를 감안하면 전쟁과 정복이 구래의 씨족적 질서의 파괴와 하향적 신분이동에 미친 심대한 영향을 가히 짐작하고 남음이 있다. 이런 관점에서 볼 때 씨족제적 읍공동체(邑共同體)의 해체요인을 열국간의 공벌(攻伐)에서 구하는 것도 타당성이 있는데, 그러나 이와 같은 견해에 대해서는 또 한편 공동체가 어디까지나 생산단위라 한다면 공동체 지배층과 족제적(族制的) 질서의 상징인 종묘사직의 말살은 지배체계의 해체일 뿐 공동체 자체의 해체는 아니고 따라서 읍공동체의 해체계기는 내부의 계층분화에서 찾아야 한다는 비판

---

124) 池田雄一, 1976, p. 127.
125) 以上의 縣化과정에 대해서는 增淵, 1960-3·4 및 Hsu. 1965, pp. 59~61 참조.

이 제기되었다.[126] 이같은 입장과 관련하여 종래 주목의 대상이 되어온 것이 초세무(初稅畝)였다.

노(魯) 선공(宣公) 15년(B.C. 594)조의 《춘추(春秋)》 경문(經文)에 보이는 초세무가 귀족의 세력확대를 위해 추진된 일련의 춘추시대 개혁 가운데 하나였음은 전술한 바와 같은데 특히 이는 생산관계와 직결되는 전제(田制)의 변화였던 만큼 전통시대 이래 많은 주목을 받아왔다. 그런 방향에서 초세무의 구체적 성격을 이해하는 데 중요한 실마리를 제공하는 것이 《춘추》 삼전(三傳)에 실려 있는 이 석 자의 주석 내용이다. 비난조로 일관된 삼전의 논평에 의하면 초세무는 곧 자(藉)의 폐지를 의미했다. 자는 바로 노역(勞役)에 의한 공동경작[助法][127]이며, 세무(稅畝)란 공양전(公羊傳)의 논평이 지적하듯 '이무이세(履畝而稅)', 즉 무수(畝數)에 의거한 과세라는 점에서 볼 때 초세무는 공전(公田)에서의 집단경작방식에서 사전(私田)에 대한 안무취곡(按畝取穀)으로, 다시 말해 노역지대(勞役地代)에서 실물조세(實物租稅)로의 전환이었다.[128] 이같은 획기적 개혁이 단행될 수밖에 없었던 배경은 공전경영의 비효율성과 사적 토지점유의 불균등에 있었다고 볼 수 있는데 이를 좀 더 구체적으로 설명하면 다음과 같다. 즉, 종래의 공납노동에 의한 강제적 공전경작은 철저한 감독을 필수조건으로 한다는 점에서 볼 때 자체모순을 갖고 있는 데다가, 비읍내의 재생산구조에 관심을 기울이지 않는 지배층의 가혹한 수탈에 따른 읍민의 집단적 도산(逃散)이나 나태함 등의 소극적 저항에 부딪쳐 원활한 유지가 어려워졌고 게다가 수확량도 저하되었기 때문에 지배층은 이러한 곤경을 해결하면서 더 효율적인 착취를 꾀하기 위해 읍민이 진력생산(盡力生産)하는 사전의 수확에 눈을 돌리게 되었는데, 한편 생산력의 발전과 인구증가는 점진적이나마 신(新)개간지를 계속 확대시켰고, 그 결과

---

126) 五井直弘, 1971 및 豊島靜英, 1972 참조.
127) 增淵의 考證에 의하면 藉는 이에 대한 전통적 해석인 借, 즉 民力을 借用하는 것이 아니라 '밟는다'는 의미로서 원래 神田에서의 全氏族員의 共同耕作을 가리키는 것이라고 한다(同, 1975 참조).
128) 佐藤武敏은 初稅畝의 前後 共히 실물지대였다는 입장에서 이러한 일반적 견해와는 달리, 그것이 농업기술의 변화에 대응하여 從來의 대충적 징세방식을 바꾸어 상세한 토지조사에 의거, 과세한 것으로서 말하자면 課稅方式의 기술적 개혁이었다고 보고 있으며(同, 1957), 郭沫若은 이를 귀족에 의한 井田制의 正式폐지와 그에 따른 土地私有權의 확립 및 地主制의 出發點으로 보고 있다(同, 1954).

춘추 중기에는 이미 균등한 토지점유가 붕괴되고 사적 토지점유의 불균등성
이 현저화하여 결국 경지면적에 따라 과세하게 된 것이 바로 초세무였다.[129]
이렇게 보면 초세무는 읍 내부의 변화발전을 전제로 하여 그에 대응한 후속
조치로 이루어진 지배방식의 변화였다. 그러나 종래의 수취체계가 단시일
에 전면적으로 바뀌기도 지난(至難)하거니와[130] 그럴 만큼 커다란 위기에 봉
착했다고 보기에도 의문이 있다[131]고 할 때, 적어도 B.C. 594년이라는 시점
에서 노의 비읍 전체를 대상으로 초세무조치가 실시되었다고는 거의 생각할
수 없다. 아마도 그것은 특정지역만을 적용대상으로[132] 한 국지적 개혁이었
고 대체로 B.C. 483년의 용전부(用田賦)에 이르러 전(全)지역에 걸친 조법(助
法)폐지와 안무(按畝)징수가 이루어졌다고 보는[133]쪽이 타당할 듯싶다.[134]
그런 의미에서 초세무를 읍내의 계층분화 및 그에 따른 씨족제적 읍공동체
붕괴의 획기로 보기는 어렵지만 또 한편 적어도 특정지역에서나마 조법의
폐지가 출현했다는 것은 씨족제 질서의 붕괴라는 이후의 시대적 대세가 시
작되었음을 의미하기도 한다.

이러한 맥락에서 춘추 중기 이후 씨족제질서가 붕괴된 요인을 철제농기구
의 보급에 따른 생산력의 급격한 상승으로 설명하는 것이 기존학계의 일반
적 입장이다. 그에 따르면, B.C. 7~6세기경 제철업의 발전에 따른 철기의
출현으로 종래의 주요 농구로서 제작상의 부단한 발전에도 불구하고 기능상
의 질적 변화가 없었던 목제뇌사(木製耒耜)와 기타 곽(钁; 괭이)·서(鋤; 호
미) 등도 철기로 대체됨과 동시에 여경(犂耕; 牛耕)이 시작되면서부터 이전
에는 엄두를 낼 수 없었던 심경(深耕)과 기타 토양가공·중경(中耕)·제초

129) 以上은 主로 增淵, 1975에 의거하였다. 아울러 이에 대해서는 Hsu, 1965, pp. 107~
    109 및 豊島, 1972, pp. 92~93 참조. 또한 私的 土地占有의 主體는 가부장적 혈연집단
    (增淵) 또는 里와 같은 집단적 존재(豊島)로 추측하고 있다.
130) 杜正勝, 1985, p. 19.
131) 李成珪, 1984, p. 29.
132) 李成珪, 1984는 종래의 助法을 적용할 수 없는 新취락에서 시행된 稅法으로 보고 있
    으며(同, p. 30), 또는 谷口義介는 씨족적 질서가 점차 붕괴되고 土地의 不均等占有가
    나타나 助法실시가 어려워진 國中에 局限하여 실시된 이른바 徹法이었다고 본다(同,
    1988-2, pp. 232~233).
133) 李成珪, 1984, p. 30; 谷口義介, 1988-2, pp. 233~234.
134) 더욱이 魯가 先進지역이었음을 감안하면 여타 지역은 말할 것도 없다. 예컨대 秦의
    경우 실물지대의 징수시기는 B.C. 408년의 初稅禾였다.

(除草) 등이 용이해져 단위면적당 생산량이 급격히 상승했다. 이와 함께 노동생산성이 크게 제고됨으로써 광대한 황무지와 원야(原野)에 대한 개간이 확대되어 공동체적 토지소유의 규제를 받지 않는 농경지가 출현함은 물론 사적 토지소유의 불균형도 심화되었다. 그 결과 낮은 생산 수준 때문에 불가피하게 유지되던 씨족제적 읍공동체질서는 붕괴되었고 가족단위의 소농경영이 출현했다.[135] 이상이 춘추 중기 이후부터 전국초에 걸친 씨족제질서의 해체 및 소농형성의 경위에 대한 통설적 견해의 개요인데, 이와 같은 설명의 치명적 결함은 철제농구와 우경(牛耕)의 출현이 과연 어느 정도나 농경지를 확대하고 씨족을 분해시켰는지에 대한 구체적 해명이 거의 없이 단순한 추정으로 일관하고 있다는 점이다. 따라서 그것이 설득력을 갖기 위해서는 간접적이나마 당시의 제철업의 발전 정도나 철기의 존재양태 및 보급 정도를 문헌적 검토나 고고학적 성과로써 검증해야 하나 현재까지의 결과만 놓고 보면 오히려 비관적인 실정이다.

중국 학계의 지배적 견해에 의하면 이미 서주(西周) 말에 야철(冶鐵)기술이 시작되어, 늦어도 B.C. 6세기에는 황하유역 및 양자강 중류유역이 철기시대에 진입했다[136]고 하지만, 현재까지의 발굴결과로는 춘추말~전국초에 철제농구가 보편화되었다고 보기는 어렵다. 이 시기의 것으로 추정되는 철기의 출토례(出土例)는 극히 미미하고 그 형태도 단순 투박할 뿐만 아니라 대형묘(大型墓)의 부장품으로 국한되어 있다.[137] 이와 함께 당시의 제철업이 관영수공업(官營手工業)의 형태로 운영되었기 때문에 일반농민이 입수하기는 매우 어려웠으리라는[138] 점을 아울러 고려할 때 적어도 춘추말 전국초에는 철이 매우 희귀한 금속으로서 국가권력이나 특권층만이 독점적으로 소유·관리하는 생산용구나 공예품이었을 뿐, 일반인의 농·공구로는 그다지 사용되지 못했다고 볼 수 있다.[139] 우려경 및 우비환(牛鼻環)의 개시도 일반적으로는 B.C. 6세기부터라고 지적되지만 현재까지 출토된 철려(鐵犁)가 모

135) 以上에 대해서는 西嶋定生, 1981, pp.43~50 및 傅築夫, 1981, 5장 1절 참조.
136) 兪偉超, 1985, p.39 및 楊寬, 1982 참조. 최근 섬서성 鳳翔 秦公大墓에서 발굴된 철기는 C14측정으로 B.C. 870±150으로 밝혀졌다고 한다 韓偉鴻, 1981, p.108.
137) 五井直弘, 1985 및 黃興岳, 1976 참조.
138) 佐藤武敏, 1960 참조.
139) 同上, p.376.

두 전국 중기 이후의 것이라 볼 때 그 이전 우려경의 활성화를 상정하기도
어렵다.[140] 물론 현재까지 출토된 철기의 수량이 극히 미미하다는 것만 가지
고 당시의 철제농구의 사용·보급을 단정짓기는 어렵고, 발굴의 우연성이
나 철의 부식에 의한 소멸이라는 점도 충분히 고려해야 하지만, 또 한편 전
국 이후에도 철기가 조악한 형태·성능을 벗어나지 못했고[141] 또한 여전히
목(木)·석(石)·패기(貝器)가 함께 사용된[142] 점을 감안하면 그 이전의 제철
업 수준이나 철제농구의 보급 정도를 쉽사리 짐작할 수 있다. 따라서 춘추
중기 이후 철제농구의 출현은 인정되지만 그의 사용범위는 극히 한정되었고
그의 보급도 극히 완만하여 전국 중후기에 가서야 비로소 보편화되었다고
결론지을 수 있다. 이렇게 볼 때 춘추 중기 이후의 철제농구 및 우경의 출
현·보급에 의한 생산력의 획기적 상승을 전제로 하여 씨족제적 읍공동체의
해체와 소농의 출현을 설명했던 기존의 통설은 설득력이 적고 따라서 전쟁
의 측면이 더 강조될 수밖에 없다. 물론 철기의 보급을 단언할 수 없다고 해
서 생산력의 측면을 간과할 수는 없다. 씨족제질서의 붕괴를 비롯한 춘추
중기 이후의 여러 변동을 가져온 기본원동력은 어디까지나 꾸준한 생산력의
상승에 의한 사회경제적 발전에 있었다. 그러나 이를 토대로 하여 정치·경
제·사회적 변동을 주도한 추진력은 전쟁이었다. 그리하여 공실(公室)의 쇠
퇴, 세족의 대두 및 소멸, 비읍민에 대한 군역부과를 계기로 한 국야(國野)
구분의 붕괴와 신분제의 해체, 약소국의 대거소멸 등 씨족적 감정을 바탕으
로 유지되던 구래의 분권적 봉건질서를 결정적으로 붕괴시키는 지렛대 역할
을 한 것은 전쟁이었다.[143] 아울러 이와 같은 구질서의 붕괴과정 속에서 권
력의 점차적 응집 및 그에 수반된 사(士)의 등장, 현의 출현 등 새로운 조짐
이 나타나 신질서를 모색해 나갔다. 그러나 신질서의 형성을 위해서는 더
강력한 군주권의 확립과 그를 정점으로 한 구질서의 청산 및 체제정비가 필
요했음은 물론이고, 춘추시대는 그 과제를 전국시대에 떠넘겼다.

---

140) 五井直弘, 1985, p. 25, 渡邊信一郎에 의하면 戰國시대의 阡陌制는 手勞動耕作을 前
　　提로 하는 小農法이며 牛耕에 의거하는 大農法은 漢代 以後 盛行했다고 한다(同,
　　1986, 참조).
141) Hsu, 1965, pp. 130~131.
142) 雷從雲, 1980, p. 264.
143) 許倬雲, 1986 참조.

III. 戰國 國家의 形成과 그 課題

전국시대의 개막과 함께 나타난 국가형태상의 변화는 일반적으로 성읍국가의 붕괴와 영토국가의 출현으로 이해되고 있다. 즉 종래 분권적 봉건질서하에서 읍을 단위로 하여 유지되던 중층적·거점적 지배가 군현제(郡縣制)[144]하의 영역에 의한 직접지배[145]로 바뀌었다는 것이다. 이와 같은 지배구조의 변화에 의거하여 전국시대를 고대국가의 성립기로 보는[146] 견해도 있지만, 그러나 또 한편 분권적 성읍국가의 유제(遺制) 역시 강하게 남아 있었고[147] 영역지배란 것도 기실은 현성(縣城)을 단위로 하는 데 그쳤다. 더욱이 이와 같은 군현제적 지배의 관철이 그리 순탄한 것만은 아니어서 전국시대 군주에게는 해결해야 할 과제가 산적해 있었다. 그 가운데서도 시급한 것은 역시 전쟁의 격화에 대비하는 문제였다.

전국시대에 들어오면 이미 대다수의 약소국은 멸국과정을 통해 정리된 뒤인지라 소수의 강대국만이 남아 병존체제를 유지하게 되지만, 정치적 구심점의 부재라는 춘추 개막 이래의 기본모순은 여전히 상존해 있었기 때문에 제후국간의 공벌(攻伐)과 상쟁(相爭)은 잦아들기는커녕 오히려 더욱 격화되었다. 물론 춘추시대에 비해 총체적인 전쟁발발 건수는 1/2 미만으로 줄어

---

144) 楊寬에 의하면 郡은 春秋末 晉에서 出現했고, 새로 획득된 변경에 설치되어 지역은 넓으나 인구가 희박하여 면적은 縣보다 컸지만 중요성은 낮았는데, 戰國 以後 변경지역이 점차 개발됨에 따라 郡 밑에 몇 개의 縣을 설치함으로써 郡縣制 조직이 형성되었다고 하며(同, 1980, p. 200), 한편, 宮崎市定의 추측에 의하면 戰國時代에 들어와 强國의 영토내부가 모두 縣으로 편성되어 縣의 숫자가 증가하자 이를 적당한 區域으로 통합하여 郡으로 칭했는 바, 郡은 群의 의미로서 縣의 모음을 뜻한다고 한다(同, 1962, p. 59).

145) 楠山修作, 1969, p. 77 참조.

146) 楠山도 그러하지만(同上), 특히 國家를 계급지배의 表現物로 규정하는 太田幸男은 殷周시대를 國家단계 以前의 部族연합체로 규정하고 中國에서의 國家의 成立을 B.C. 5~4세기로 잡고 있다(同, 1985, p. 238). 한편 中國의 경우에는 春秋戰國교체기를 分岐로 노예제에서 봉건제로 이행했다는 것이 郭沫若 以來 다수 학자에 의해 주장되고 있다(이에 대해서는 林甘泉外, 1982 및 堀敏一, 1982 참조).

147) 가령 齊의 경우에서 孟嘗君을 비롯한 諸田氏의 獨立化 경향(太田, 1975-1 참조)이나 기타 戰國 封君의 강한 독자성이 그 두드러진 例라 할 수 있고, 또는 魏惠王을 魏의 수도가 梁이란 데서 梁君(梁惠王)이라 칭하거나 韓이 鄭을 滅하고 거기를 도읍으로 함으로써 韓昭侯를 鄭昭侯로 칭하는 것도 城邑國家의 遺制 가운데 하나이다.

122

들어 외견상 평온을 회복한 듯하지만, 이는 교전(交戰)양상이 이른바 7웅(七雄)간의 대결로 압축되었기 때문이며 각국의 참전빈도를 놓고 보면 결코 춘추시대의 그것에 못지않았다.[148] 더욱이 전쟁방식의 변화에 따른 전쟁규모의 확대와 전쟁의 장기화는 춘추시대와는 비교가 안될 정도였다.

전국 이후의 전쟁양상에서 보이는 획기적 변화 가운데 하나는 전술이 종래의 차전(車戰)에서 보병전(步兵戰)으로 전환되었다는 점이다. 물론 이와 같은 변화가 단시일 만에 이루어졌을 리는 없고, B.C. 540년 최초의 독립보병부대의 사용(使用)사례가 나타난[149]이래 전투에서 보병이 차지하는 비중이나 중요성이 꾸준히 확대된 결과이다. 그러나 춘추시대까지의 전쟁의 주력은 어디까지나 차승(車乘)이었고 적어도 춘추 전기까지의 전쟁은 평소에 어(御)·사술(射術)을 익힌 국인층 이상만이 전사로서 참여하는 차전이었다. 당시의 전투는 우선 교전 쌍방이 정연하게 차진(車陣)을 배열한 연후에 시작되었는데,[150] 일단 교전에 들어가 한쪽의 차진이 무너지면 다시 대열을 정돈하기란 극히 어려웠기 때문에 단 한번의 전투로 승패가 결정되기 십상이었다. 따라서 아무리 커다란 전투라도 고작 하루나 이틀이면 끝나버렸고[151] 패배한 군대는 도주하거나 또는 참전국이 휴전협정을 맺음으로써 마무리되었다. 다만 요새화된 성곽을 공격할 경우에는 전쟁이 장기화되었으나 본래 전차(戰車)란 공성(攻城)에는 제 기능을 발휘할 수 없었기 때문에 춘추기의 공성은 대개 포위로 그쳤다. 따라서 장기적인 포위에 견디지 못한 수비측이 농성을 풀고 성하지맹(城下之盟)의 치욕을 감수하기도 했지만 전국(戰國) 이후 보편화되는 함락목적의 공성전(攻城戰)은 극히 드문 일이었다.[152]

그러나 춘추 중기 이후 전쟁의 격화에 대응하여 나타난 전쟁 규모의 확대

148) Hsu, 1965, pp. 62~63.
149) 同上, p. 66, 69.
150) 당시에는 궁지에 빠져 있거나 취약한 적에 대해서는 공격하지 않는 것이 武人의 바람직한 행위라는 軍禮가 있었기 때문에 가령 宋襄公은 전투태세가 갖추어지지 않은 楚를 공격치 않고 대열정비를 기다린 뒤 공격하여 결국 패배를 자초하기도 했다(高木智見, 1986, pp. 6~8).
151) 예컨대 유명한 城濮(B.C. 631)·邲(B.C. 597) 전투는 하루 만에 끝났고 鄢陵(B.C. 575)전투도 이틀에 승부가 결정되었다.
152) 杜正勝, 1984, p. 92.

현상은 종래와 같은 차전 위주의 방식에 점차적인 변질을 초래했다. 전술한
귀족 주도하의 군제(軍制)개혁은 단순한 차승의 수적 증가에 그치지 않고 군
역의 확대부과를 통해 징발된 비읍농민을 수차도졸(隨車徒卒)로 편입함으로
써 전통적인 1승당(一乘當) 갑사(甲士)・도졸(徒卒) 비율을 계속 높여 나갔
다.[153] 이처럼 증가일로에 있던 수차도졸이 독립보병부대로 전환된 계기는
산악(山岳) 거주 이민족과의 전투경험에서 확인된 전차의 비효율성 탓도 있
지만 그보다는 강(江)과 호소(湖沼)가 많은 오월(吳越)지역에서의 보병 창시
와 그의 중원에로의 파급이었다. 이후 보병의 중요성이 급속히 높아져 전쟁
의 승패를 좌우하는 결정적 요소는 전차에서 보병으로 전환되었고, 전국에
들어오면 대규모 보병이 전투의 주역으로서 완전히 정착했다. 이처럼 춘추
전국교체기를 대체적 분기점(分岐點)으로 보병이 전차를 대체한 배경에는
전차의 비싼 제작비용이 고려되기도 했겠지만[154] 주된 요인은 전쟁조건의
변화에 따른 전차의 중요성 쇠퇴에 있었다. 즉, 전쟁규모의 확대에 의해 두
터워진 전선(戰線)에는 늪지・산지와 같은 지형도 존재했고 전투의 장기화
에 따라 악천후하에서의 전투도 불가피할 경우가 많았는데, 이런 조건에서
는 전차가 극히 비효율적이었던 반면 보병은 언제 어디서나 기동성을 발휘
할 수 있었기 때문이다. 기동성이란 면에서는 기병(騎兵)이 보병보다 우위
를 점했지만 이 역시 습지에서는 불리했다. 그렇다고 해서 전국 이후에 전
차가 전혀 사용되지 않았던 것은 물론 아니고 완벽한 작전구사를 위해서는
차승(車乘)・기병・보병으로 구성되는 3군(三軍)의 적절한 배합이 가장 이상
적이고 필수적이었지만 주력은 어디까지나 보병이었다. 가령 야전(野戰)에
서 적진(敵陣)을 혼란 또는 함몰시키는 데는 전차가, 그리고 측면공격이나
기습작전에서는 기병이 각기 중요한 기능을 담당했지만 전면공격이나 포위
망 돌파는 보병에 의해 감행되었다. 아울러 공성전에서도 궁극적으로 성을
함락시키는 역할은 보병이 맡았다.[155] 이처럼 춘추 중기 이래 전술상의 변화

153) 杜正勝에 의하면 통시대적으로 甲士는 3人이 원칙이었지만 殷~西周末까지는 대체
    로 一乘當 10명의 徒卒이 보통이었지만, 春秋 前期에는 30명 가까이로 늘었고, 中期
    以後에는 72명, 戰國 以後에는 100명으로 계속 증가했다고 한다(同, 1984, pp.76~82).
    한편 許倬雲은 B.C.7세기의 경우를 근거로 하여 72명은 너무 많고 10~30명 정도였다
    고 본다(Hsu, 1965, p.66).
154) Hsu. 1965, p.71.
155) 杜正勝, 1984 참조.

와 전쟁양상의 대규모화·지구전화(持久戰化)는 상승작용을 하면서 갈수록
심화되어 급기야는 전국 중기 이후 한 전투에 수십만의 병력이 동원되기도
했고 수년간 전쟁이 지속되는 일도 생겼다.

춘추 전기에 각국이 보유하는 전차는 고작 수백 승(乘) 정도였다. 예컨대
B.C. 631년의 성복(城濮)전투에 진(晋)이 동원한 병력은 7백승이었고 제(齊)
는 환공(桓公)시에 8백승을 보유하고 있었다. 따라서 1승당 병력을 30인으로
잡더라도 춘추 전기 강대국의 병력은 최대한 3만 정도로 추산된다. 이같은
수치는 춘추 중기 이후 급격히 증가하여 예컨대 B.C. 534년 이류국(二流國)
인 노의 전체 군사력은 천승(千乘)이었고, B.C. 529년 진은 4천승 이상의 병
력을 보유하고 있었다. 이는 전차에 부속된 도졸의 증가를 아울러 감안하면
엄청난 병력의 확대였다. 더 나아가 전국시대에 들어오면 7웅의 군사력은
'차천승(車千乘)·기만필(騎萬匹)·대갑수십만(帶甲數十萬)'으로 통칭되는
데, 예컨대 약소국인 한(韓)과 위(魏)의 보유병력이 각기 30만, 진(秦)과 초
(楚)는 100만에 달하여 춘추 전기에 비하면 10~30배로 증가된다. 이에 따라
전투에 투입되는 병력의 규모도 증가하여 춘추말~전국초에 10만 전후이던
것이 전국 중기 이후에는 더욱 증가하여 B.C. 293년 진장(秦將) 백기(白起)는
한·위연합군을 대파하여 24만을 참수(斬首)하였고, B.C. 260년 진이 조(趙)
에게 궤멸적 타격을 입힌 저 유명한 장평전(長平戰)에서는 15세 이상의 진민
모두가 참전하였고 백기가 조의 항졸(降卒) 40만을 갱살(坑殺)하는 대참극을
벌이기도 했다. [156] 이와 같은 참전병력의 대규모화와 그에 따른 전장의 광역
화(廣域化)를 고려해 볼 때 춘추시대처럼 전쟁의 승패가 단시일에 결판날 리
는 없고 따라서 지구전화는 필연적인데 심지어는 3~5년씩 걸리기도 했다.
아울러 전국 이후 함락을 목표로 한 공성전의 보편화와 그에 상응한 성곽의
대규모화·견고화로 인해 포위전에도 보통 수개월이 소요되었다. [157] 7웅에
대한 당대 이래의 호칭이 전국(戰國)이었던 것이 가히 실감이 되고 남을 정

---

156) 《史記》, 〈秦本紀〉, 〈秦始皇本紀〉, 〈六國年表〉 및 各世家의 기록을 종합해 보면 B.C.
    361~234年 사이에 秦國이 敵軍을 참수 또는 생포한 숫자가 무려 1,645,500人에 달한다
    고 한다. 물론 이는 군사적 승리를 과장한 秦側의 주장이었을 가능성을 고려해도 전투
    가 얼마나 대규모적이었으며 그 참상이 어느 정도였는가를 충분히 반영한다(李成珪,
    1985, p.779).
157) Hsu, 1965, p.65.

도이다.

이처럼 전쟁이 빈번·극렬해짐에 따라 방어수단도 진보하여 각국은 전략
요충지에 관새(關塞)를 설치하여 군대를 주둔시키거나 내지와 변경에 장성
(長城)을 축조하기도 했으며 또한 전쟁경험을 바탕으로 한 병법(兵法)과 군
사학(軍事學)도 발전했다.[158] 그러나 또 한편 전쟁으로 인한 참상과 사회혼
란 및 민중의 고통 역시 극에 달했다. 대규모 전쟁으로 전야(田野)와 성은
황폐화되거나 피로 물들었고 수십만의 포로가 학살되거나 노예로 전락했으
며, 광범위한 지역이 약탈되어 많은 이들이 고향을 등지거나 사회적 신분을
박탈당했고[159] 빈번한 징발과 과다한 부세(賦稅)로 민중의 생활은 파탄지경
에 이르렀다. 전국의 식자층이 당대의 현실을 천하대란(天下大亂)의 상태로
인식하거나 미증유의 위기로 표현한 것도 이 때문이며 거기에서 비롯된 평
화에의 염원은 통일론(統一論)으로 구체화되기도 했다.[160] 그러나 끊임없는
전쟁의 원인은 제후할거체제에 있었고 그렇다고 해서 공존체제를 유지하자
는 비공론(非攻論)이나, 인정(仁政)만 베풀면 민심(民心)이 귀의하여 왕천하
(王天下)할 수 있다는 맹자류(孟子流)의 왕도론(王道論)도 한낱 이상에 불과
하다면 상쟁의 극복과 전란의 종식을 위한 통일에 이르는 유일한 길은 무력
항쟁의 종극적 승리뿐이었다.[161]

이렇게 볼 때 결국 열국간의 부단한 상호 방벌(放伐)과 겸병투쟁은 거의
불가피한 현상이었다. 특히 전쟁에 의한 무수한 국가의 멸망을 직접 목도하
거나 역사적으로 경험했을 각국 제후에게 멸망에 대한 위기의식은 갈수록
심화될 수밖에 없었다. 또 한편 그들 모두는 천하의 일원적 지배를 열망하
기도 했을 터인즉, 존망(存亡)의 위기를 극복하고 더 나아가 천하 통일의 주
역이 되고자 했던 것은 그들의 공통된 과제이자 목표였음에 틀림없다. 당시
의 전쟁이 교전국의 정치·경제·인구·기술수준 및 민기(民氣)까지도 포함

---

158) 楊寬, 1980, pp. 292~314 참조.
159) Hsu, 1965, p. 68.
160) 戰國時代의 통일론은 결코 思想家들만의 무의미한 관념론은 아니었고 秦에 의한 통
    일도 단순한 武力에 의한 결과만은 아니었다. 그것은 당시의 정치·경제·사회·문화
    적 조건과 직결되어 고조된 시대정신이었고 秦에 의한 통일도 그러한 당시인들의 희구
    의 결과였다(李成珪, 1975 참조).
161) 李成珪, 1975, pp. 32~47 참조.

126

하는 총체적 국력에 의해 그 승패가 결정될 정도로[162] 총력전의 양상을 띤 것도 바로 이 때문이며, 따라서 인적·물적 자원을 극대화하여 가능한 한 최대의 무력을 비축함으로써 전쟁에서의 우위를 확보하기 위해서는 강력한 군주권을 중심으로 한 국내체제의 정비가 가히 필연적이었다. 요컨대 춘추기에 그러했듯이 전국시대에도 국가형태의 발전 및 군주권 확립의 계기 내지 주요 원동력은 전쟁과 열국경쟁이었으며 사회경제적 변동 역시 이와 밀접한 관련을 맺고 있었다.[163] 물론 부국강병(富國强兵)을 지향하는 강력한 체제의 구축을 무리없이 추진·관철시켜 나가기 위해서는 군주권의 물적 기반 확보가 우선적으로 전제되어야 하는데, 이와 관련하여 종래 중시되어 온 것이 군주권에 의한 산림수택(山林藪澤)의 가산화(家産化)였다. 즉, 종래 공동체적 규제하에 공동이용되었던 산택지리(山澤之利)가 점차 군주권의 사산(私産)으로 전화됨으로써 전국 이후 전제군주권의 형성에 중요한 경제적 토대를 제공했다는 것인데 이하 그 경위를 간략히 살펴보자.

산림수택은 본래 제사와 군사를 공동으로 하는 씨족제적 읍공동체의 전렵(田獵)장소로서 중요 의미를 갖고 있었다. 여기에서 공동체의 장(長)은 씨족 구성원을 이끌고 전렵을 행함으로써 병사(兵事)를 익히는 동시에 사냥한 그 획물(獲物) 중의 대수(大獸)는 우선 공동체의 제사를 위한 공물(供物)이나 군사자재에 충당하고 나머지 소수(小獸)는 읍인(邑人)에게 분배했다. 이처럼 산림수택의 이용은 읍공동체의 규제하에 있었고 그를 대표하는 자가 공동체의 장(長; 公)이었는데, 씨족공동체의 해체에 따른 전통적 국체제(國體制)의 변질과정에서 공이 그 규제권을 자신의 가부장적 영유권으로 전화하여 산림수택을 배타적으로 독점이용함으로써 점차 권력을 강화시켜 나갔다.[164] 그리하여 춘추 중기 이후 전란이 격화되면서 산림수택은 직할상비군의 확대·강화를 위한 군사자재의 공급원으로서 과도기적 중요성을 갖기도 했지만 춘추~전국에 걸친 교역확대 및 상업발달을 계기로 하여 전국 이후 산림수택으로부터의 수입(收入)은 전제군주권력을 형성, 지탱하는 중요한 경제적 기반으로서의 역할을 담당하게 된다. 가령 염지(塩池)를 영유(領有)한 진의 극

162) 楊寬, 1980, p. 291.
163) 許倬雲, 1984, p. 93.
164) 그러나 이와 같은 公의 시도가 좌절된 경우에는 오히려 山澤이 卿大夫에 의해 分有되었고, 이런 경향이 우세한 國은 戰國期에 들어와 分裂·滅亡하기도 했다.

씨가 염의 채취·판매를 통해 공실(公室)을 능가하는 부와 세력을 장악하거나 제의 전씨가 자기 영내의 산택에서 산출되는 목재·어패류 등을 저렴한 가격으로 내다 팔아 국인의 지지를 획득한 사례는 춘추말 산택의 산물이 상업교역의 대상이 되었고 따라서 산택의 경제적 가치가 증대되었음을 보여준다. 전국시대에 들어오면 상업이 비약적으로 발전하는 가운데[165] 전중국(全中國)이 하나의 시장권을 형성함으로써 각 지역 특산물이 활발한 교역의 대상이 되는데, 그러한 특산물로서 열거되는 것이 주로 산림수택의 자연산물이었다. 이처럼 산택의 산물이 상품화되어 더 광범위한 수요에 응하게 되자 산림수택은 새롭고 거대한 부를 낳는 재원으로서 각국 군주의 주요 관심대상이 되었다. 그에 따라 산택자원은 군주권의 엄격한 관리하에 배타적으로 영유됨과 동시에 군주권의 비호를 받는 특권적 민간업자에게 대여되거나 또는 관영산업(官營産業)의 형태로 개발·운영되었고, 특히 압도적 다수를 점하는 일반민의 수요를 대상으로 하는 제염(製塩)·제철(製鐵) 부분은 최대의 수익을 보장해 주었다. 이와 같은 산택자원의 채취·판매뿐 아니라 산림수택의 개간·관개·배수를 통해 조성된 공전의 경영 역시 군주권의 주요한 수입원이 되었다.[166] 이처럼 산림수택의 가산화를 통해 전제군주권력 형성

---

165) 특히 戰國 以後 상업의 비약적 발전을 촉진시킨 계기 乃至 조건으로는 다음과 같은 점을 꼽을 수 있다. 첫째, 一國의 직접통치지역이 擴大됨으로써 상인이 자유롭게 往來할 수 있는 영역이 그만큼 넓어졌다. 둘째, 평화적 交流이건 戰爭이건간에 國家間의 빈번한 접촉이 陸上·水上交通의 향상을 가져왔다. 셋째, 경제발전의 地域的 不均等性이나 각 지방 특산물의 産出 등의 地域差는 지역간의 상호의존도를 심화시켰고 원거리 交易에 따른 고도한 상업이윤을 보장했다. 넷째, 상품유통의 매개물로서의 화폐, 특히 금속화폐가 광범위하게 유통되었다. 다섯째, 鐵器手工業의 비약적 발전→鐵器의 商品化→鐵製農具의 보급→농업生産力의 상승 등의 순환적 상승작용에 따른 農業과 手工業의 분리는 相互間의 生産物의 商品유통을 성립, 발전시켰다. 여섯째, 生産力의 발전에 따른 인구증가와 食品의 다양화, 조리·가공·보존기술의 진보발전은 食塩수요를 현저히 증가시켜 塩의 生産, 판매를 촉진시켰다. 일곱째, 城市의 발전에 따른 고정시장의 出現과 官僚를 비롯한 도시거주 인구의 증가는 상품유통의 원활화와 상품수요의 확대를 촉진했다(以上에 대해서는 楊寬, 1980, pp. 88~124; Hsu. 1965, pp. 116~121; 影山剛, 1984, pp. 1~11; 杜正勝, 1980, pp. 681~693 등 참조). 이와 같은 조건하에서 상업이 크게 번영하였고 더욱이 상품의 유통범위가 각국의 통치지역을 초월하여 全中國을 하나의 시장권으로 만들었지만, 국경통과의 철저한 규제, 關稅의 중첩적 부과, 度量衡의 不統一 등은 커다란 불편을 야기했고 이에 따라 경제질서의 一元化를 위한 정치적 통일이 요구되었다(李成珪, 1975, pp. 47~69 참조).

166) 山澤의 家産化에 관한 以上의 설명은 主로 增淵龍夫의 1960-2에 의거하였다. 이와 같은 增淵의 주장에 대해 西嶋定生은, 家産形成에 기반을 두는 家父長的 군주의 出現이

을 위한 물적 기반을 확보함으로써 전국시대 제후는 갈수록 격화되는 전쟁에 대비하여 강력한 체제 구축에 나설 수 있었다고 보겠다.[167] 그러나 또 한편 춘추 중기 이래 가속화되어 온 정치·경제·사회적 제(諸)변동에 수반하여 노정(露呈)된 갖가지 모순의 심화 역시 전쟁이라는 요인 못지않게 체제개혁을 요구하고 있었고, 그러한 문제의 청산, 해결은 국내안정과 군주권강화를 위해서도 필수적이었다. 그중에서도 특히 전국초 군주권이 최우선적으로 해결해야 할 시급한 과제는 기층사회 내부의 모순격화였다.

춘추 중기 이후 재산의 사유화에 따른 읍 내부의 계층분화를 계기로 하여 씨족적 토지소유가 쇠퇴함으로써 읍공동체가 해체된다는 것은 사료적 근거는 명확치 않지만 거의 기정사실로 받아들여지고 있다. 이미 B.C. 594년 한정된 지역에서나마 토지점(소)유의 불균등을 전제로 한 징세제도로서의 초세무가 등장한 이래 철제농구의 출현 및 농법의 발달에 따른 생산력의 상승은 읍공동체의 붕괴를 가속화시켜 전국 이후에는 개별가족을 노동단위로 하는 소농경영방식이 보편적으로 정착되었다고 볼 수 있다.[168] 그러나 공동체의 분해 계기가 계층분화에 있었고 춘추말~전국초의 철제농구의 보급도 일부 계층에 편중되었다고 한다면,[169] 이 과정에서 다수 읍민의 몰락·이산은 필연적이었다. 게다가 춘추시대의 전제(田制)개혁이 그런 모순의 해결을 지향하기는커녕 초세무나 용전부(用田賦)의 일관된 '안무취곡(按畝取穀)' 방식에서 엿볼 수 있듯이 귀족들의 세력확대를 위한 효율적 세수(稅收)증대만을

人民支配의 근원이라면 그 지배는 이러한 군주에 축적된 物的 權力의 一方的인 物理的 表現이라 지적함으로써(同, 1961, p.505) 國家權力의 公共性을 간과하는 增淵의 전반적인 古代史 연구 시야의 결함을 비판하였고, 重近啓樹는 君主의 家産과 다른 一般山澤이 보편적 존재형태였다고 지적하기도 했으며(同, 1976), 好並隆司 역시 君主의 園圃 以外의 一般山澤에는 君主의 家産이라는 의식이 없었고 '公私共之'라는 共同體的 특질을 지닌 채 秦代까지 계속되었으며, 따라서 君主權을 專制化하는 최대요인이 山澤의 獨占에 있다는 것은 충분한 설명이 될 수 없고, 逆으로 전제군주권력 形成의 결과 (가령 秦始皇期에 그러하듯) 一般山澤을 利用하는 商工業者에 대한 課稅가 가능했다고 비판했다(同, 1981-1).

167) 李成珪, 1989에 의하면 秦의 경우에는 戰國 以後 팽창하는 군사비 충당을 위해 山林藪澤의 개발이 官營體制下에 적극 추진되었다고 한다.

168) 渡邊信一郎은 종래 거의 추측의 단계를 벗어나지 못했던 씨족공동체의 붕괴와 小農民의 형성과정을 노동과정의 변화발전에 대한 분석을 통해 나름대로 검증하고 있다 (同, 1986, 1章참조).

169) 五井直弘, 1971, 1985 참조.

목표로 추진됨으로써, 오히려 토지점유의 불균형을 방치·조장하는 셈이
되었고 그에 따른 계층분화의 확대와 빈부격차의 심화는 커다란 사회불안요
소로 대두될 수밖에 없었다. 특히 읍을 이탈한 대부분의 몰락농민이 취할
수 있는 삶의 방도란 군도(群盜)나[170] 유력자의 사속(私屬)이 되는 것이었다
고 볼 때 이는 군주권의 상대적 약화와 불안정, 지배대상의 감소를 초래할
뿐이었다.[171] 아울러 계층분화에 따른 읍민의 이탈을 더욱 촉진한 요소는 공
동체적 유제의 강한 잔존과 그를 이용한 토착 유력층의 가혹한 착취였다.

　춘추말부터 전국기에 걸친 기층사회의 변화는 동시기의 급격한 정치적 변
혁에 비해서는 매우 완만했고,[172] 따라서 씨족제 질서의 해체 이후에도 부로
적(父老的) 토호(土豪)를 중심으로 자율적 질서가 유지되는 지연공동체(地緣
共同體)가 그 뒤를 잇게 되었다고 지적되지만[173] 거기에는 구질서의 유제가
강하게 남아 있을 수밖에 없었다. 예컨대《사기(史記)》〈골계열전(滑稽列傳)〉
저(褚)선생〔少孫〕보(補)에 묘사된 전국초 위국(魏國) 업(鄴)의 상황은 그를
설명하기 위한 훌륭한 소재를 제공하고 있다. 즉, 위문후시(魏文侯時) 업령
(鄴令)으로 부임한 서문표(西門豹)가 목도한 업사회(鄴社會)는 삼로(三老)·
정연(廷掾)·호장자(豪長者)·무축(巫祝) 등 토착유력층이 하신(河神)에 대한
제사(河伯의 娶婦行使)를 이용하여 백성을 수탈하였을 뿐 아니라(물론 제사비
용 명목의 金錢은 그들 유력층에게 돌아갔다) 아름다운 처녀를 희생으로 강요했
기 때문에 주민의 도망이 속출하여 인구가 감소하고 생산도 크게 위축된 상
황에 놓여 있었다.[174] 여기에서 확연히 증명되듯이 신(神)의 권위는 공동체
를 결속시키는 정신적 구심점이기는커녕 오히려 질곡일 뿐이었고 공동체의
수장층은 주술적 세계관의 잔존을 매개로 한 착취자로 변질되었다. 결국 서
문표가 이와 같은 업의 사회적 모순을 해결하는 것은 후술하는 바와 같지

---

170) 이에 대해서는 楊寬, 1980, pp. 135∼139 참조. 李成珪 교수에 의하면 춘추시대의 盜
　　의 실체는 邑을 이탈하여 지배의 공백지대인 이른바 隙地를 개발하여 新취락을 形成한
　　농민으로 그같은 호칭은 公權力의 지배 外의 존재라는 측면이 강조된 데서 비롯된 듯
　　하다고 한다(同, 1984, pp. 44∼45).
171) 以上 계층분화에 대해서는 李成珪, 1984, pp. 46∼48.
172) 杜正勝, 1983 참조.
173) 增淵龍夫, 1970, pp. 181∼182.
174) 以上 鄴社會에 대한 分析은 李成珪, 1984, pp. 48∼50; 豊島靜英, 1972, 1974, 1979;
　　好並隆司, 1978, pp. 138∼155 참조.

만, 그야 어쨌든 제례(祭禮) 등의 공동체적 유제를 매개로 한 토착유력층의
빈민수탈과 그에 따른 소농민의 이탈은 물론이려니와 더 나아가 국가권력의
침투를 거부할 정도로 배타적인 공동체의 폐쇄적 자율성 역시 일원적 지배
체제의 확립에는 커다란 저해요소였고 따라서 국가권력에 의한 공동체 관리
라는 문제 역시 당시 군주권의 해결과제였음에 틀림없다.

소농민의 몰락과 농지이탈을 초래한 또 다른 요인으로서는 소농의 재생산
구조 자체의 취약성을 꼽을 수 있다.[175] 가령 《한서(漢書)》, 〈식화지(食貨志)〉
의 이른바 이회(李悝)의 진지력지교(盡地力之敎)에 제시되고 있는, 100무의
전지(田地)와 5구(五口)의 가족을 거느린 표준적 소농민상의 경영형태가 보
여주는 만성적 적자는 그 적절한 예이다. 이처럼 전국초 소농의 재생산구조
가 불안정했던 이유는 철제농구의 편중적 보급, 농업기술의 낙후성, 수리관
개시설의 결여, 풍흉에 따른 곡가(穀價)의 등락 등 때문이었고 따라서 소농
민의 파산 가능성은 클 수밖에 없었다. 전국시대 농민이 고리대에 의존하거
나 더 나아가 용객(傭客)·노예로 전락하는 모습을 생생하게 묘사한 문헌이
눈에 띄는 것도 이 때문이다. 아울러 전국 이후 도시거주인구가 급증[176]했던
배경에는 물론 생산력의 획기적 발전에 따른 사회적 분업화가 중요한 요소
를 점했겠지만, 또 한편 이러한 파산농민의 도시유입 역시 무시할 수 없는
부분을 차지했을 것이다. 이밖에 상업의 번영에 따른 고도한 상업적 이윤의
유혹 역시 소농의 농사포기 및 전업(轉業)의 시도를 촉진하였다. 따라서 국
가권력이 소농의 재생산구조에 간여하거나 농본억상(農本抑商)정책을 적극
추진함으로써 농업생산력을 증진시키고 폭리를 추구하는 상인으로부터 농
가경제를 보호하여 농민을 토지에 안착시키는 일 역시 급선무였다.

이상에서 누누이 지적한 바와 같이 춘추 중기 이후 누적되어 온 갖가지 사
회적 모순을 해결하는 일은 이른바 경전(耕戰)의 민(民)을 최대로 확보하면
서 군주권을 강화하고 타국과의 경쟁에서 승리하기를 원하는 전국 군주의

---

175) 물론 小農民의 自立的 再生產을 저해한 중요 요소로서 國家에 의한 軍役·賦稅 착취
　　를 아울러 꼽을 수있다.
176) 가령 齊의 수도 臨淄의 戶數는 七萬戶로 二十一萬의 成年男子가 있었고(《戰國策》,
　　〈齊策一〉;《史記》,〈蘇秦列傳〉), 여기에 老人, 어린이, 여자 등을 감안하여 一戶當 人
　　口를 평균 10人으로 잡아보면 臨淄의 人口는 50~60萬으로 추산될 정도로 거대한 도시
　　였다.

시급한 과제가 아닐 수 없었다. 그러나 이를 위해서는 군주권의 욕구가 반
영된 구체적 정책을 입안, 제시해 주고 그것을 인민지배의 장에서 직접 추
진, 실현하는 인적 존재가 필요했음은 물론이고, 따라서 군주의 수족과 고
굉의 역할을 할 수 있는 관료집단의 충원과 관료제의 정비는 무엇보다도 선
결되어야 했다.[177]

영토국가 출현 이후의 상황은 춘추시대 귀족의 비읍경영에서 볼 수 있었
던 징세(徵稅) 중심의 간단한 행정과는 질적·양적 차원에서 사뭇 달랐다.
직할통치지역의 획기적 확대는 군주의 개체적·공간적 한계를 심화시켰을
뿐 아니라 행정사무의 복잡화·전문화를 필연적으로 수반했다.[178] 따라서
실제적 행정능력과 정치적 식견을 갖춘 유능한 인재가 대거 필요하게 되었
다. 전국시대에 들어와 신분상의 귀천에 관계없이 철저한 능력 본위로 인재
를 등용해야 한다는 인식의 표현으로서 이른바 상현(尙賢)이 풍미했던 것도
그 때문이다.[179] 물론 춘추시대에도 관료의 고유한 능력과 그를 위한 교육의
필요성을 강조한 사례가 보이고, 특히 진(晉)의 경우에는 능력과 경험에 입
각한 관료의 선발·승진이 엄격한 제도적 전통이기도 했지만[180] 이는 어디
까지나 귀족 내부에만 국한된 일로서 춘추시대는 여전히 신분적 구분을 지
향한 귀족제사회였다. 반면 전국 이후 관료기구 정비의 필요상 유능한 인재

---

177) 가령 李成珪, 1984, p.234에 의하면 秦의 變法에 참여한 인물들이 ① 구체적 行政을
담당하지는 않지만 國政의 자문, 정책의 제시 등의 역할을 하는 賓客集團과 ② 구체적
관직을 갖고 行政에 임하는 官僚集團으로 구성된다고 보고 있다. 한편 戰國 관료제의
人的 기반에 대해서는 增淵龍夫의 古典的 연구가 있다(同, 1960-1, 1962). 漢代의 郎吏
에 보이는 家臣의 성격을 실마리로 하여 관료제의 형성과정을 해명하려는 그의 입장에
따르면 춘추 중기 이후 씨족제 질서의 붕괴과정 속에서 대거 방출된 下層의 新興之士
가 똑같이 氏族制의 질서의 붕괴과정 속에서 自己擴大해 나가는 家父長의 집단, 즉 公
室이나 有力世族의 家臣으로 흡수되었고 이러한 私臣이야말로 戰國 이후 形成된 관료
제의 중요 人的 기반으로서 君主에 近侍하는 郎이나 기타 家臣이 확대되는 직할통치를
위한 관료에 補任되어 간 것이 일반적 현상이었고 君主와 家臣을 결합시킨 것은 은혜
의 授受를 매개로 하는 人的 결합관계, 즉 任俠의 관계였다는 것이다. 요컨대 이와 같
은 家臣의 관료제가 戰國시대 전제군주 확립의 중요기반이 되었다는 것인데, 이와 같
은 해석의 결함으로서는 다음 두 가지가 지적된다. 첫째, 관료제를 一方的 지배의 질
서로 파악함으로써 여기서도 국가권력의 公共性이 무시되고 있다는 점이다. 둘째, 관
료제의 形成을 군주와 관료의 個人的·直接的 관계만으로 상정함으로써 公權力으로의
전환계기가 간과된다는 점이다(이같은 비판에 대해서는 江村治樹, 1982 참조).
178) Hsu, 1965, p.99.
179) 尙賢에 대해서는 黃俊傑, 1977 참조.
180) 許倬雲, 1965; Creel, 1970 참조.

가 대거 요구되었기 때문에 이제 신분은 효율적 관료선발을 저해하는 거추
장스러운 요소일 뿐이었다. 더구나 찬탈과 배반의 위기를 늘상 느꼈던 당시
의 제후가 자신의 지위를 위협하지 않을 단순 기능인을 이상적 관료로 삼았
을 것은 자명하다고 보면 유력한 족적 배경은 오히려 배격대상이 될 수밖에
없었다.[181]

이와 같은 시대적 조건과 군주의 요구에 따라 빈궁한 하층의 사(士)가 학
식을 통해 입신양명할 수 있는 기회는 더 넓어졌고 심지어 미천한 신분에서
경상(卿相)에까지 오르는 예도 적지 않았다. 가령 정(鄭)의 천신(賤臣)이었
던 신불해(申不害)가 학술을 통해 한 소후(韓昭侯)에게 등용되어 상(相)이
된[182] 것이나 본래 초의 말단 소리(小吏)였던 이사(李斯)가 순경(荀卿)에게서
제왕의 술(術)을 익혀 진(秦)의 승상에까지 오른[183] 것은 그 적절한 예이다.
또한 구사(求仕)의 뜻을 이루지 못한 채 귀향함으로써 가족의 냉대를 받던
소진(蘇秦)이 학문에 몰두하여 결국 6국합종(六國合從)을 주도하는 데 성공한
뒤 금의환향하여 그의 앞에서 벌레처럼 기는 가족들의 모습을 보고 "나에
게 땅뙈기만 있었던들 6국(六國)의 상의 인수(印綬)를 찰 수 있었겠는가"라
고 탄식했다는[184] 일화는 빈사(貧士)의 출사(出仕)를 통한 입신의 전형적 사
례라 할 수 있다. 이와 같은 군주권의 인재요구에 편승한 능력지상주의(能力
至上主義)와 출세주의의 풍조는 사회 전반에 걸친 신분상승 욕구를 더욱 부
채질했고,[185] 그에 따라 행정기술이나 병법의 교육을 통해 관료예비군을 배
출하는 학단(學團)도 증가했으며, 심지어는 《한비자(韓非子)》의 과장섞인 표
현을 빌자면 집집마다 상앙(商鞅)·관중(管仲)의 법령서(法令書)와 손빈(孫
臏)·오기(吳起)의 병서(兵書)를 소장할 정도였다.[186] 그러나 또 한편 신분상
승심리의 만연과 학문몰두 풍조는 경전지민(耕戰之民)의 최대 확보를 지상
과제로 삼는 군주권의 입장에서는 커다란 위해요소로서 당연 척결되어야 했

---

181) Hsu, 1965, pp. 94~95.
182) 《史記》 卷 63, 〈老子韓非列傳〉.
183) 《史記》 卷 86, 〈李斯列傳〉.
184) 《史記》 卷 69, 〈蘇秦列傳〉.
185) 가령 魏國 中牟縣의 中章·胥己가 修身과 博學으로 천거되어 中大夫가 되자 中牟人
中에서 농사짓기를 그만두고 집과 밭을 팔아 文學을 業으로 하는 者가 半이나 되었다
(《韓非子》, 〈外儲說左上〉)는 일화는 그의 일단을 반영한다.
186) 《韓非子》, 〈五蠹〉.

고, 아울러 오로지 입신양명만을 목표로 일신의 재간과 구변에 의존하여 출
사에 나서는 궁사(窮士)들을 적절히 선별하여 관료로 등용하거나 또는 관료
선발 이후 그들의 태만과 부패를 척결하여 효율적인 관료제 운용을 기하는
일 역시 군주권의 주요 과제였다.

Ⅳ. 變法과 齊民支配

전장에서 언급한 여러 과제의 해결을 목적으로 전국시대 제후가 다투어
단행한 개혁이 이른바 변법이었음은 주지의 사실이다. 가장 먼저 변법을 실
시한 제후국은 위(魏)였다. 위 문후(魏文侯)는 전국시대 법가(法家)의 시조
(始祖)로 일컬어지는 이회(李悝)를 등용하여 법전편찬, 농업생산력 제고(提
高), 농가경제 보호대책 실시 등을 통해 국내체제를 정비함으로써 협소한
영토에도 불구, 전국초 최강국의 지위를 누릴 수 있었다. 위에 이어 B.C.
403년 조(趙)에서는 상국(相國) 공중련(公仲連)의 주도하에 정치적 개혁이 추
진되었다. 그 다음으로 초 도왕(悼王)은 B.C. 390년 전후경에 위로부터 축출
된 오기(吳起)를 영윤(令尹)으로 발탁하여 개혁을 주지(主持)케 했다. 오기변
법의 핵심은 세습 봉군(封君)의 특권을 배제하고 불필요한 관직을 혁파함으
로써 이치(吏治)를 정돈하고 군사력을 증강시키는 것이었다.[187] 그러나 도왕
의 사후, 변법실시로 커다란 타격을 입었던 구귀족세력에 의해 오기가 처형
됨으로써 초의 변법은 소기의 목표를 달성하지 못했다. 흔히 춘추시대의 최
강국이었던 초가 결국 진(秦)에 의해 멸망한 것도 바로 이 때문이라고 지적
된다. 한(韓)의 경우에도 B.C. 354년 소후(昭侯)가 신불해(申不害)를 상으로
기용하여[188] 그의 주도하에 효율적인 관료제 운용방식 등을 도입함으로써
군주독재체제를 확립했고,[189] 그 결과 적어도 신불해가 상으로 재임한 15년
동안은 약소국 한이 타국으로부터 침략을 당하지 않았다고 일컬어질[190] 정

---

187) 吳起變法에 대해서는 岡田功, 1981 참조.
188) 申不害가 相으로 발탁된 해를 楊寬은 355年으로 잡고(同, 1980, p.180), 《史記》 卷15
    〈六國年表〉에는 351年으로 되어 있는데, Creel은 나름의 고증에 의거, 354年으로 잡고
    그가 죽음과 함께 相의 지위를 떠난 시기를 B.C. 337~340年頃으로 추정하고 있다(同,
    1974, pp. 23~24).
189) 申不害의 관료제운영원리에 대해서는 Creel, 1974 참조.
190) 《史記》 卷 63, 〈老子韓非列傳〉, (申不害) 內修政敎 外應諸侯 十五年 終申子之身 國治

도로 국력이 충실해졌다. 제에서도 B.C. 357년 즉위한 위왕(威王)이 추기(鄒忌)에게 상(相)의 지위를 맡겨 그로 하여금 개혁을 추진케 했다고 한다. 한·제와 거의 같은 시기에 진(秦)의 효공(孝公) 역시 위(魏)의 출신인 상앙을 중용하여 그의 주도하에 B.C. 356년에 제1차 변법을 실시한 뒤 그의 마무리 조치로서 B.C. 350년 제2차 변법을 관철시킴으로써 전국시대 최강국으로 부상하게 된다.[191] 연(燕)에서도 B.C. 316년 연왕 쾌(噲)의 자지(子之)에 대한 선양사건(禪讓事件)[192]에서 보듯이 획기적 개혁조치가 이루어졌다.

이상에서 열거한 바와 같이 7대강국(七大強國)은 B.C. 400년경을 전후한 무렵부터 100여 년간에 걸쳐 경쟁적으로 변법을 단행함으로써 국내체제를 정비해 나갔다. 가히 변법의 시대라 칭할 만한 B.C. 4세기를 거치면서 열국 내외의 상황이 현저하게 변화하는 이유도 거기에 있다. 예컨대 전국 중기 이후 각국이 한 전투에 동원하는 병력이 전국초에 비해 수배로 증가하여 수십만에 달하게 된 것은 단순한 인구증가의 소산이라고 설명하기는 어렵고, 오히려 보다 중요한 요인은 변법을 통한 징병제의 보편적 실시에 있었다.[193] 아울러 제후가 종래의 후(侯)나 군(君)과 같은 칭호를 버리고 왕호(王號)를 사용하게 된 것도 칭왕(稱王)개시와 변법실시의 시기적 인접성에 비추어 볼 때 결코 변법과 무관하지만은 않은 듯싶다. 전국시대 제후 가운데 최초로 왕을 자칭한 것은 위 혜왕(魏惠王)이었고(B.C. 354), 이어 제 위왕(齊威王)도 칭왕(稱王)하여 B.C. 334년에는 양국이 상호 왕호를 승인했다. 그 다음으로 진(秦)과 한이 B.C. 325년 칭왕했고, B.C. 323년에는 조·연·중산(中山) 역시 왕호를 사용하게 되었다.[194] 이와 같이 각 군주의 칭왕이 변법실시와 대체적인 시기상의 일치를 보인다는 점을 중시해 볼 때, 결국 칭왕은 각 제후가 변법을 통한 국내체제 안정 및 국력신장을 확보함으로써 이제 명실상부한 전제군주의 지위와 권위를 과시하고, 더 나아가 왕천하(王天下)의 열망을 표출한 결과[195]라 볼 수 있다. 물론 변법을 B.C. 4세기만으로 국한시킬 수는 없

兵疆 無侵韓者.
191) 以上 각국 變法의 개괄적 내용에 대해서는 楊寬, 1980, pp. 170~195 참조.
192) 이를 계기로 子之가 國事를 事決케 되었다는 일화가 《史記》 卷 34, 〈燕召公世家〉; 《戰國策》, 〈燕策一〉; 《韓非子》, 〈外儲說右下〉에 보인다.
193) 楊寬, 1980, p. 287; 杜正勝, 1983, 1984 참조.
194) 以上의 稱王에 대해서는 楊寬, 1980, pp. 317~322 참조.
195) 가령 《史記》 卷43, 〈趙世家〉에 "(武靈王)八年……五國相王 趙獨否曰 無其實 敢處其

고 전국 개시 이래 열국경쟁이라는 상황이 지속되는 한 개혁은 계속 필요했을 것이다. 그러면 각국 군주가 직면한 국내외적 위기와 모순을 해결해 줄 수 있었던 변법의 구체적 내용은 무엇이었을까?

변법은 문자 그대로 종래의 분권적 봉건질서하에서 각 지역 또는 공동체마다에 독자적으로 유지되어 오던 다양하고 (따라서) 상충적인 구전통·가치·관습을 일소하고 그 대신 군주를 정점으로 하는 일원적 법치질서를 전 통치지역에 새로이 관철시키려는 시도이다. 가령 당대인(當代人) 채택(蔡澤)이 상앙과 오기에 의해 추진된 변법의 중요 의의를 '일기속(一其俗)' 또는 '일초국지속(一楚國之俗)'이라[196] 평가한 것은 그 때문이며, 상앙의 제 1 차 변법이 공동체적 연대성의 파괴를 목적으로 했고 그의 후속조치로서의 제 2 차 변법은 중앙집권체제 확립을 지향했다는 지적[197] 역시 그를 반증한다. 그러나 그것이 각 지역의 국가질서로의 통합·편성이라는 외관적 틀의 확립에 그치는 것은 물론 아니다. 오히려 그의 주된 의도는 이와 같은 일원적 법치질서를 바탕으로 하여 씨족공동체 해체 이후 방치, 누적되어 온 갖가지 사회적 모순을 일거에 해결하기 위해 소농민에게 균등한 토지점유와 안정적 재생산구조를 보장하면서, 이들을 호적제(戶籍制)의 편성하에 제민(齊民)[198]으로서 일률(一律) 파악함으로써 국내체제를 안정시키고 군주권을 강화함과

名乎"라 한 것은 稱王이 단순한 호칭의 변경만은 아니고 그에 相應하는 권위가 필요함을 반증하며, 秦昭王과 齊湣王이 稱帝했다가 다시 이를 포기할 수밖에 없었던(太田, 1975-1, p.181 참조) 것도 그와 관련지워 생각할 수 있다.

196)《史記》卷 79,〈蔡澤列傳〉.

197) 好並隆司, 1978, p.84.

198) 齊民制는 木村正雄이 최초 사용한 以來 日本에서는 보편화된 용어이다. 木村에 의하면 中國古代의 기본적 生產關係는 노예제의 특수형태로서의 齊民制로 규정된다는 것이다. 즉, 그것은 그리스·로마와는 달리 모든 人民이 國家라는 生產體에 편입되어 국가의 노동력으로서 예속되는 生產關係로서, 거기서의 人民은 出生한 本籍地에 긴박되어(編戶之民), 거주 이전의 自由를 박탈당한 채(本籍地主義) 稅役 등을 人頭的으로 부과당하고(直接的·個別的·人頭的 支配), 국가의 예속下에 두어진(人身的 支配) 존재였다는 것이다(同, 1965, p.7). 한편 戰國 秦의 국가질서를 齊民支配體制로 규정한 李成珪 교수는 이와 같은 계급개념으로서보다는 '齊'의 均等的, 平等的 의미가 당시 '民'의 성격을 표현하는 데 적당하다는 판단에서 齊民이라는 용어를 使用한다고 피력하고 있다(同, 1984, p.10). 또한 杜正勝은 당시의 戶籍制 실시와 庶民신분의 均等性이라는 견지에서 編戶齊民이라는 用語를 사용하고 있다(同, 1983 참조). 이밖에 戰國 以後 국가에 대한 일정의 貢租·貢賦·軍役 의무의 전제하에 100畝씩의 均等私田에 대한 세습적 占有權을 인정받는 小農을 渡邊信一郎은 分田農民이라 규정하고 있다(同, 1986, 第 3 章 참조).

농시에 경전의 민을 최대로 확보하여 열국간의 군사적 경생에서 우위를 점하는 것이었다. 따라서 변법의 공통적 복표로서 손꼽히는 구귀족세력의 일소, 엄격한 관료 통제, 제민지배의 실현 가운데서도 변법의 성공 여부를 가늠하는 최대 관건이자 궁극적 지향점은 제민지배체제(齊民支配體制)의 확립에 있었다고 하겠고, 당시 각국이 추진한 변법의 주요 골자 역시 그러한 복표를 실현하기 위한 내용들을 담고 있었다. 물론 이러한 목표의 실현은 각국이 안고 있는 다양한 현실적 여건에 따라 그 관철도라는 면에서 적지 않은 차이를 보였을 것은 분명하고 대개의 경우 거센 반발에 직면했으리라는 점도 쉽사리 예상된다. 가령 위 문후가 변법을 단행함과 동시에 민의 두터운 신망을 받는 단간목(段干木)·자하(子夏)·전자방(田子方) 등의 현자를 예우한[199] 것은 민의 반발을 무마하기 위한 기만적 수단의 일환이라 할 수 있고,[200] 귀족세력의 불만을 산 오기와 상앙이 초 도왕(楚悼王)과 진 효공(秦孝公)의 사후 비참한 최후를 맞게 된 것도 그런 반발의 소산이었다. 변법에 대한 반발은 특히 구래의 전통이 강하게 남아 있었던 동방제국에서 더욱 심했을[201] 터이고, 따라서 그것은 변법의 전체 성격까지도 규정했겠지만, 또 한편 당시 각국이 당면한 과제의 공통성을 고려할 때 적어도 각국이 지향했던 변법의 궁극적 목표가 제민지배체제의 구현이었음은 누구도 부인할 수 없을 것이다.

제민지배의 실현을 위한 선결조건은 앞서도 언급했듯이 상이한 전통과 관행하에 폐쇄적 공동체질서를 유지해 온 각 지역의 독자성을 파괴하고 전(全)통치지역에 걸쳐 관료제에 의한 균질(均質)의 군현제적 지배를 관철함으로써 일원적 국가질서를 확립하는 일이었다. 물론 이는 국가권력에 의한 일방적인 폭력적 지배의 관철만은 아니어서 공동체적 유제의 질곡에 시달리던 기층사회의 요구이기도 했다. 예컨대 업의 현령(縣令)으로 부임했던 서문표가 위후의 분신으로서 업공동체의 원생적(原生的) 신(神)이었음에도 불구하고, 이제는 공동체 성원의 질곡에 불과했던 하백(河伯)의 지배를 타도하고

---

199) 이에 대해서는 好並隆司, 1979 참조.
200) 春秋시대의 경우지만 가령 季康子가 백성을 위한 투사로 알려진 孔子의 찬성을 획득함으로써 새로운 세금부과에 대한 백성들의 저항을 감소시키려 했던 것은 이와 유사한 事例이다(Creel, 1949, p.68).
201) 好並隆司, 1978, p.42.

착취자로 변질된 토착유력층을 굴복시켜 국가질서를 관철시킴으로써, 업민을 동원하여 대규모 수리시설을 건설할 수 있는 계기 내지 조건을 확보한[202] 것은 그의 호례(好例)가 아닐 수 없다. 다만 이 경우에는 군현제적 지배의 구체적 성립과정을 알 수는 없는데, 그에 대해서는 상앙변법이 훌륭한 본보기를 제공해 준다.

상앙은 우선 제 1 차 변법에서 십오제(什伍制)와 연좌제(連坐制)를 통해 인민을 빈부에 관계없이 평등하게 십오로 편성하여 상호 감시케 함으로써 연대와 정의(情誼)를 기반으로 하던 향리공동체의 내부질서를 파괴하는 조치를 단행하여 7년간의 시행과정을 거친 뒤, 2차 변법에서 '소도(小都)·향읍(鄕邑)·취(聚)를 모아 현(縣)으로 만들고 영승(令丞)을 둠으로써'[203] 군현제적 지배를 확립했다. 이렇게 해서 만들어진 31현이 과연 어느 지역에 어떤 방식으로 설치되었는가에 대해서는 여전히 이견이 분분하지만,[204] 2차 변법이 1차 변법의 마무리 후속조치로서 양자가 상호연관성을 갖는다고 본다면[205] 그것은 진(秦) 영토 전역을 시행지역으로 했고 현 설치에 의해 종래의 취락을 그대로 현이 통합했다고 보는 쪽이 타당할 듯싶다.[206] 이렇게 해서 일단 군현제적 지배를 관철시킨 연후 본격적인 제민창출을 위해 취해진 조치가 수전체제(授田體制)[207]의 확립을 통한 토지의 균등분배와 국가에 의한 소농경제의 보호였다. 우선 위(魏)의 경우를 살펴보자.

앞서도 지적했듯이 이회는 '진지력지교(盡地力之敎)'에서 당시의 소농민이 만성적인 적자가계로 몰락할 수밖에 없는 현실을 숫자적으로 분석·제시

---

202) 이에 대한 자세한 분석은 豊島靜英, 1974 참조.
203) 《史記》 卷 68, 〈商君列傳〉.
204) 첫째, 그것이 군사적 필요에 의해 魏와 가까운 변경의 新占領地에 설치되었고 따라서 그것은 강제徙民에 의해 在來의 씨족적 전통으로부터 단절된 이른바 初縣이었다는 說(西嶋, 1961, p. 517), 둘째 그것은 秦의 全영토에 모두 설치되었으며 在來의 小共同體를 병합하여 그 위에 縣이라는 行政단위를 만들었다는 說(守屋美都雄, 1968), 셋째, 정치력이 강력히 미치는 수도 咸陽 부근에 설치되었다는 說(好並隆司), 또는 舊來의 小共同體로부터의 集住에 의해 우선 一里百戶의 단위가 만들어지고 그 위에 縣이 설치되었다는 說(豊島靜英, 1975) 등 다양하다(以上의 견해에 대한 소개와 비판에 대해서는 太田, 1975-2 참조).
205) 好並隆司, 1978, p. 87.
206) 池田雄一, 1976 참조. 그는 戰國時代의 徙民과 郡縣化가 반드시 의도적으로 관련되지는 않는다는 點을 들어 西嶋定生의 說을 부인하고 있다.
207) 現存文獻과 出土資料에는 授田에 대한 지칭으로서 分田·均田·授田·行田 등의 용어가 쓰이고 있다(李瑞蘭, 1985, p. 44).

138

함으로써 소농의 안정적 재생산확보를 위한 정책실시의 출발점으로 삼고 있다. 이와 같은 소농의 파산위기를 타개하기 위해 그가 제시한 방안으로서는 우선 농법의 개량을 통한 무당생산량(畝當生産量)의 증대를 꼽을 수 있고, 국가가 적극 개입하여 곡가(穀價)의 안정적 조절을 기하고자 하는 이른바 '평조법(平糶法)'도 농촌경제의 안정과 보호를 위한 정책이었다.[208] 서문표의 주도하에 건설된 장수(漳水) 12거(十二渠) 역시 이회의 소농안정책의 일환으로 보이는데, 다만 그의 건설 목적이 단순히 관개에 의한 기존 민전(民田)의 양전화(良田化)였는지 또는 토지점유의 불균등에 따른 사회적 모순을 해결하기 위한 신경지(新耕地)의 개간 및 그에 의한 수전제도의 확립이었는지에 대해서는 논란이 있지만,[209] 어쨌든 그것이 소농의 보호·육성을 위한 국가 주도의 수리사업이었던 것만은 분명하다. 그러나 또 한편《여씨춘추(呂氏春秋)》와《한서(漢書)》,〈구혁지(溝洫志)〉에는 1호당 100무의 균등분급을 원칙으로 하는 수전제도가 위에서 확립되었다는 근거가 보이며,[210] 1975년 발굴된《진간(秦簡)》,〈위호율(魏戶律)〉에도 위의 급전사례(給田事例)가 나타난다.[211] 이와 같은 위의 소농보호 노력의 시원(始源)에 대해서는 은작산(銀雀山) 한묘출토(漢墓出土)의《손자병법(孫子兵法)》,〈오문편(吳問篇)〉에 담겨 있는 내용이 또 다른 시사점을 던져준다. 춘추말 독립화 경향을 띠어가는 진(晋) 6경(六卿)의 제전(制田)에 대해 언급하는 이 오문편에 의하면 범(范)·중행씨(中行氏), 지씨(知氏), 위·한씨, 조씨는 자신들의 지배영역에서 전통적인 100보 1무제를 지양하고 무당(畝當) 규모를 각기 160·180·200·240보로 확대조정하고 있다. 물론 해당기사만으로는 무당 규모의 확대조정이 어떤 목적하에 이루어졌는지는 분명치 않지만 그것이 단순한 효율적 수취만을 위한 조치가 아니었던[212] 것은 확실하다고 볼 때 대체로 전통적인

208) 好並隆司, 1978, pp. 152~154.
209) 가령 好並은 前者를(同, 1978, p. 147), 그리고 李成珪(同, 1984, p. 50), 豊島(同, 1972)는 後者를 주장하고 있다.
210) "魏襄王與群臣飮酒……史起對曰 魏氏之行田也以百畝 鄴獨二百畝 是惡田也".
211) '勿鼠(與)田宇'. 李成珪 교수에 의하면, 이 法令의 제정시기가 B.C. 252년인 점에 비추어 볼 때 戰國末까지도 齊民에 대한 授田制度가 魏에 존속했음이 입증된다고 한다(同, 1984, p. 78).
212) 가령 해당기사에 趙의 경우에는 無稅라는 구절이 並記된 점에서 볼 때 授田조치가 없다면 無稅의 토지를 구태여 정리할 필요는 없었을 것이다(李成珪, 1984, pp. 77~78).

평균토지점유액의 배수를 호당 분급하기 위한 전제개혁이었다고 추측된다.
말하자면 이는 전국적 군주권을 지향했던 춘추최말기(春秋最末期)의 세족이
더 안정적인 지배를 확보하기 위해 피지배 농민의 재생산구조에까지 깊이
간여한 결과라 볼 수 있지만 과연 그러한 개혁이 전지역에 걸쳐 실시되었다
고 보기는 의심스럽고 수전(受田)단위가 개별가족으로 구성되는 소농이었는
지도 알 수 없다. 따라서 보편적인 수전체제의 확립은 전국 이후로 보는 쪽
이 타당할 듯싶다.[213] 어쨌든 이렇게 볼 때 위를 포함한 3진(三晉)지역에서
수전체제가 관철되었다는 것은 확실한데, 특히 조의 240보 1무제를 도입하
여 실시된 수전제가 상앙변법에서의 천맥제(阡陌制)였다.

전국변법 중 토지개혁을 직접 언급한 것은 상앙변법뿐이며, 그 경우에도
토지정책과 관련된 구체적인 사료는 고작 '개천맥(開阡陌)' 또는 '결렬천맥
(決裂阡陌)'과 '제원전(制轅田)'에 불과하다. 그 때문에 이를 둘러싸고 종래
끊임없이 되풀이되어 온 논쟁에도 불구하고 현재까지도 명확한 합의점이 도
출되지 못하고 있는 실정이며, 따라서 여기서는 몇 가지 유력한 설을 중심으
로 그의 전체적 의미만을 제시하기로 한다.

우선 천맥은 240보 1무를 단위로 하는 경지를 천무·백무로 구획하는 도
로라는 것이 우세한 견해인 듯하고,[214] 개천맥의 '개'가 '설치'를 의미한다
고 볼 때 개천맥은 천맥에 의한 경지의 구획정리조치[215]였으며, 그 목적은
240보 1무의 신무제(新畝制)를 기초로 하여 핵가족으로 구성되는 1호당 100
무씩의 토지를 균등분배하기 위한 물적 전제조건을 마련하는 데 있었다[216]
고 해석할 수 있다. 결국 개천맥은 수전체제의 확립을 위한 선행공작(先行工
作)이었고, 개천맥의 결과 '부세가 공평해지고',[217] '생민(生民)의 업을 안

---

213) 가령 渡邊에 의하면 B.C. 6~5 교체기에 趙簡子에 의해 240步 1畝制가 실시되었고 그
  후 B.C. 453年 晉의 三分에 따라 영역이 거의 확정되었을 때 趙國의 영역에 240步 1畝制
  를 바탕으로 하는 授田體制가 擴充추진되었으리라 하는데(同, 1986, pp. 66~67) 이 역
  시 추측에 불과하다.

214) 楠山修作, 1969 및 渡邊信一郎, 1986, 第2章 참조.

215) 그러나 이렇게 해석할 경우에는 決裂阡陌의 의미가 모호해진다. 그렇다고 決裂을
  '갈라 나눈다'고 해석하고 이를 '開'의 후속조치로 보아 阡陌을 설치한 연후에 그 안
  의 土地를 분급한다고 理解하는 것도 開와 決裂이 同一의미로 추측될 때 무리하다. 이
  때문에 阡陌을 道路로 보지 않고, 一頃의 면적으로 보아 開는 開裂=決裂, 즉 一頃씩
  의 토지를 나눈다고 해석하는 입장도 있다(李成珪, 1984, pp. 74~79 참조).

216) 李成珪, 1984, pp. 76~79.

217)《史記》卷 68,〈商君列傳〉, 爲田開阡陌……賦稅平.

정시키는'[218] 성과를 거둘 수 있었던 것도 그 때문일 것이다. 제원전(制轅田)
역시 이와 같은 수전제도와 모종의 연관성을 갖는 조치임에는 틀림없고, 그
렇게 볼 때 제원전의 해석을 둘러싸고 전개된 여러 견해 중 가장 유력시되는
것은 원전(轅田)에 대한 전통시대의 일해석(一解釋)인 역전설(易田說; 休耕農
法)을[219] 토대로 제기된 휴경농법의 폐지설과 그의 제정설(制定說)로 압축될
수 있다. 제원전을 제지(폐지) 원전으로 해석하는 전자에 의하면, 원전제는
은주적(殷周的)인 공동체 규제하의 정기환지농경법(定期換地農耕法)에서 전
국 이후의 연일작방식(年一作方式; 連作)에 의한 개별가족의 고정점유·개별
경영의 형태로 전환되기 이전의 과도기적인 공동소유·휴경을 위한 역전제
(易田制)·개별경영의 형태로 출현한 것이며, 이 과도기적인 단계를 폐지한
것이 상앙의 제원전인데 이는 철제농구의 출현 보급에 의한 토지생산력의
증대로 휴경농법이 극복되면서 가능했다는 것이다.[220] 이는 일견 매우 돋보
이는 발상인 듯하지만 과연 제(制)를 제지(制止)로 해석할 수 있는지도 의문
이려니와 더욱이 상앙 당시 휴경농법이 완전히 극복되어 연일작방식이 확립
되었다는 주장은 한대(漢代)의 대전법(代田法)이 휴경농법의 원리를 기초로
한 것이라는 점만 고려해도 납득하기 어렵다. 오히려 전국시대 2~3인의 노
동력을 갖는 개별가족(個別家族)의 가경(可耕)면적이 신무제로 40~50무 정
도였다고 볼 때[221] 상앙이 그의 2~2.4배를 기본 수전액(授田額)으로 책정했
던 것은 현실적인 휴경농법을 염두에 둔 것이라고 보는 쪽이 타당할 듯싶
다.[222] 그렇다면 제원전은 호당 노동능력과 휴경농법의 고려하에 확립된 토
지정책이라는 게 확실시되며, 바로 여기에서 소농의 안정적 재생산에 대한

---

218) 《史記》 卷 79, 〈蔡澤列傳〉, (商君)決裂阡陌 以靜生民之業.
219) 轅田에 대한 전통시대의 해석은 ① 賞田說, ② 軍賦를 내는 說, ③ 食田說, ④ 授田
    說(固定授田法), ⑤ 休耕農法과 관련된 易田說의 5가지로 정리될 수 있고 종래의 연구
    도 이 범위內에서 전개되어 왔다. 이에 대한 자세한 내용은 楠山修作, 1973 및 李成珪
    珪, 1984, pp.89~90 참조.
220) 渡邊, 1986, 第一章 참조. 이와 같은 渡邊의 주장에 대해 太田幸男도 찬동하고 있다
    (同, 1979 참조).
221) 渡邊 역시 이와 같은 可耕면적을 인정하면서, 대부분의 표준 가족은 受田額 중 半 가
    까이를 그대로 방치할 수밖에 없었다고 추측하는데(同, 1986, 第一章 참조), 이는 後
    述하듯이 적극적 개간 장려에 의한 생산력 증대를 지향한 상앙변법의 기본정신과 모순
    된다. 竹內靖彥도 이와 같이 保有耕作地와 耕作能力의 대응문제가 전혀 고려되지 않은
    점을 지적, 渡邊의 說을 비판하고 있다(同, 1987, pp.3~4).
222) 以上의 休耕農法시행의 주장에 대해서는 李成珪, 1984, pp.89~95 참조.

배려와 제민의 노동력의 효율적 통제 및 극대화를 지향하는 상앙변법의 기본정신을 찾을 수 있다.

이상과 같이 수전체제를 확립하고 더 나아가 인구증가에 따른 수전의 확대에 대응하기[223] 위해 필연적으로 요구되는 것은 광대한 경지의 확보였다. 《상군서(商君書)》에 의거하는 한 상앙이 최초로 반포한 법령이 황무지개간책인 간전령(墾田令)이었던[224] 것이나 각국이 황무지개간을 위해 대규모 관개시설을 건설한 이유도 거기에 있다.

춘추말까지만 해도 치수(治水)의 목적은 군사적인 수로의 개척이나 공성용(攻城用)에 더 관심이 집중되었고, 본격적인 농지개척으로 관심이 전화된 것은 역시 전국시대 이후에 속한다.[225] 전국시대에 국가 주도하에 추진된 대규모 치수사업은 제방의 축조와 거(渠; 운하)의 개착으로 대별되며, 전자가 전국 이후 광개저평(廣開底平)한 분지(盆地)나 하류평야에 이른바 제2차 농지가 대거 개설됨에 따라 주로 수해방지를 위해 보편화되었다면[226] 관개를 목적으로 하는 것은 후자였다.[227] 당시 거의 개착공정에서 보이는 기술적 특징은 첫째 부근에 원래 있던 호박(湖泊)을 저수지로 이용하는 방법, 둘째 수량(水量)을 조절하는 수문(水門)의 건설, 셋째 하천 중류에 언(堰)을 만드는 방법의 운용, 넷째 관개를 통해 토양의 염분을 제거하고 진흙으로 시비효과를 높이는 방법의 창출 등을 꼽을 수 있다.[228] 이와 같은 관개용 운하개착의 효시는 서문표의 장수(漳水) 12거(十二渠)인 듯하고[229] 이후 각국은 치수를 국가적 관심하에 적극 추진하였다.[230] 가령 진(秦)의 경우에는 소왕(昭王) 때

---

223) 戰國授田制度가 授田에 대한 부분적 還受를 내포하고 있지만(李成珪, 1984, pp. 97~100), 대체로 授田農民의 세습적 土地占有權을 公認한 것이라는 주장(渡邊, 1986, 第三章 참조)의 타당성에 비추어 볼 때, 魏나 秦에서 확인되는 戰國末의 給田규정(李成珪 1984, 78~79 참조)은 계속적인 土地擴大를 前提로 한 것이었다고 볼 수 있다.

224) 好並隆司, 1981-2, p. 50.

225) 木村正雄, 1965, pp. 165~169.

226) 木村正雄, 1965, p. 158; 楊寬, 1980, p. 37.

227) 이와 같은 治水事業은 河川의 일방적 차단이나 水路변경을 가져왔고 그것이 隣國에 직접적인 피해를 초래하여 국제적인 분쟁이 되었기 때문에 治水의 共同規制가 제기되었고, 그것이 統一論으로 이어지기도 했다(李成珪, 1975, pp. 48~53 참조).

228) 楊寬, 1980, pp. 43~44.

229) 以後 魏의 경우에는 梁惠王時의 B.C. 360年과 B.C. 339년에 이와 유사한 운하개착이 추진되는데 자세한 것은 木村, 1965, pp. 177~178 참조.

230) 이와 같은 治水事業의 배경에는 水稻耕作의 擴大가 크게 作用한 듯하고(李成珪,

촉군수(蜀郡守) 이빙(李冰)이 민강(岷江) 중류에 도강언(都江堰)을 설치함으로써 수류를 분산시켜 그 이전까지 빈발했던 범람에 의한 수해를 막고 항운(航運)의 편리를 도모함과 동시에 거대한 관개효익(灌漑效益)을 올렸다. 특히 전국말 진왕정(秦王政) 때 개착된 정국거(鄭國渠)는 전장(全長) 300여 리, 관개면적 4만여 경(頃)에 달하는 거대한 관개운하로서 진(秦)이 시도한 대규모 수리사업 중에서도 최대규모였다. 한 출신의 수리기술자 정국(鄭國)에 의해 주도되었다 해서 이름붙여진 정국거의 건설배경에는, 진의 군사적 압력에 시달렸던 인접국 한이 진의 재력을 소모시키고 동침(東侵)에 눈돌릴 겨를을 빼앗기 위한 책략이 숨어 있었다는 일화가 있지만, 오히려 진은 그를 통해 경수(涇水)를 끌어들여 염분투성이의 황무지에 가까웠던 관중(關中)지역을 무당(畝當) 6석 4두를 증산하는 옥토로 바꿈으로써 천하통일의 대업을 달성하기 위한 중요한 경제적 기틀을 마련할 수 있었다.[231] 요컨대 당시 각 국은 이상과 같은 대규모 치수공사를 벌임으로써 수전(授田)을 위한 토지를 대량확보했고, 또한 이렇게 해서 조성된 개간지역에는 신읍을 건설하여 민을 이주, 정착시켰을 것이다.[232] 아울러 이와 같은 대규모 치수사업은 편호제민(編戶齊民)의 조직적 노동력을 대거 동원·투입함으로써 가능했음은 물론이지만 또 한편 전국 이후 확대보급된 철기의 효용성 역시 결정적인 힘으로 작용했음에 틀림없다.

전국기에 들어와 철제농구의 보급에 의한 경기심도(耕起深度)의 증대, 잡초진근(雜草陳根) 구제(驅除)의 철저, 시비효율의 증대로 토지생산력이 상승함으로써 개별가족을 단위로 하는 소농경영이 정착되어 간다는[233] 것은 대체로 수긍되는 바이지만, 앞서도 지적했듯이 적어도 현재까지의 고고학적 성과에 의거하는 한 철기의 보편적 보급은 전국 중기 이후였던 것이 거의 확

1975, p.49), 戰國時代 華北의 稻생산지역이 後世에 비해 넓었던 이유도 水利事業의 발전에 있었다고 한다(楊寬, 1980, p.51).

231) 鄭國渠에 대해 자세한 것은 木村, 1965, pp.182~187 참조.

232) 가령 鄭國渠 개착 以後 그에 의해 長安 부근의 인구가 증가한 것도 그런 관점에서 볼 수 있겠고 따라서 이런 지역에 대해서는 전통적 질서로부터 단절됨과 아울러 국가에의 依存度가 높은 初縣(新縣)을 상정할 수도 있다. 그러나 또 한편 당시 集落형태를 변화시킬 정도의 대규모 관개공사는 극히 제한된 지역에서 이루어졌고, 대부분 지역에서는 그런 정도의 농경지 擴大는 없었다는 지적(五井直弘, 1963, p.130)도 있고 보면 初縣(新縣)이 당시의 縣 중 높은 비중을 차지했다고 단언할 수는 없다.

233) 渡邊信一郞, 1986, 第一章 참조.

실시된다. 전국시대의 철기발굴현황을 종합해 볼 때 중기 이후로 비정되는 철기의 존재양태에서 나타나는 특징적 변화를 정리하면, 첫째 이 시기에 들어오면 철기의 출토례가 급증하며 출토지역도 중국 전역에 걸쳐 고루 분포될 뿐만 아니라[234] 이전까지 묘장(墓葬)에 국한되어 출토되던 것과 달리 취락 등 생활유적으로부터의 출토례도 증가하며, 둘째 목·석제 농구의 출토가 현격히 감소하며, 셋째 제철유지(製鐵遺址)가 제후국의 국도(國都)뿐 아니라 기타 지방에서도 다수 발굴되며 철범(鐵范) 중 농구범(農具范)이 차지하는 비율이 70%를 차지했고, 넷째 철기의 유형이 다양해지고 형태도 실용적으로 다듬어졌을 뿐 아니라 가공기술이나 열처리 수준도 상당히 높아졌다.[235] 이와 같이 전국 중기 이후 철기가 그 발전된 효능과 함께 종래의 목·석기를 몰아내고 생산도구로서의 주도적 지위를 차지하게 됨으로써 경기(耕起)·복토(覆土)·토양가공(土壤加工)·중경(中耕)·제초(除草)·수확(收穫) 등 일련의 생산과정을 더 효율화시켰을 뿐 아니라 구혁(溝洫)의 개착, 피당(陂塘)의 수건(修建), 수정(水井)의 굴착 등의 소규모 수리시설 및 국가주도의 대규모 수리사업에도 더욱 박차를 가하게 해 주었고 그에 따라 농업생산력도 획기적으로 발전될 수 있었다. 그러면 이처럼 전국 중기 이후 철기가 보편화될 수 있었던 배경은 무엇이었을까?

그 주된 배경은 물론 춘추말 전국초 이래의 농·상·수공업의 미증유한 발전 및 그에 상응하는 사회적 분업화의 상승작용이었다. 그러나 문제는 이와 같은 상공업의 발전과 분업화의 본질적이고 지배적인 존재형태와 성격에 있다. 종래 춘추전국시대의 상공업에 대한 통설적 이해는 춘추시대까지 관부(官府)에서 관장되던 상공업이 전국 이후 사영(私營)과 관영(官營)으로 양분되었고, 특히 제철업 분야에서는 제(齊) 등 일부지역에서 전통적 관부경영이 상당히 오랫동안 남아 있었지만 3진(三晉)지역을 중심으로 일찍부터 민간경영이 형성되면서 그것이 갈수록 각지로 파급·확대되었다는 것이다.[236] 그러나 출토자료에 의거하는 한 제철업을 비롯한 대규모 수공업은 관영산업 형태였고, 특히 진(秦)의 경우에는 목축업까지도 포함하여 관영산업

---

234) 특히 약소국 燕의 경우 다수지역에서 多量이 出土된 것은 그보다 강성한 他六國의 철기생산, 使用을 추측케 해준다(雷從雲, 1981, p. 264).

235) 以上에 대해서는 雷, 1981; 五井直弘, 1985; 楊寬, 1980, p. 33~36 등 참조.

236) 佐藤武敏, 1960; 大島利一, 1963 참조.

이 거의 모든 주요 산업부문에서 확인될 뿐 아니라, 철기·광업·염업(塩業)·동기(銅器) 등은 국가독점산업이기까지 했다.[237] 따라서 민간제철업을 인정하더라도 당시 국가권력이 소농의 안정적 재생산에 보인 관심도를 아울러 고려한다면 철기의 보편화를 주도한 것은 국가권력이라 볼 수 있다. 물론 진이 그토록 관영산업을 발전시킨 이유가 국가재정수입의 확충, 유휴노동의 활용, 민영산업이 발전을 유발할 대상(大商)의 성장봉쇄[238] 등이었음은 충분히 인정되지만 또 한편 《진간(秦簡)》에서 나타나 있는 바와 같이 국가권력이 수전농민에게 철기를 대여하거나,[239] 또는 경우(耕牛)를 할당, 강제사육시킴으로써 우경의 확대를 꾀한[240] 점을 중시해 보면 제민의 안정적 재생산 강구 역시 중요한 몫을 차지했다고 볼 수 있고 따라서 그것은 수전체제의 완성을 기하는 일이기도 했을 것이다.

이상에서 살펴본 바와 같이 당시 각국은 수전체제의 정비를 위해 다양한 노력을 경주해 왔고 그렇게 함으로써 토지점유의 불균등에 따른 빈부의 양극화 현상을 해소함은 물론 더 나아가 토지사유화의 진전을 억제하는 효과도 기할 수 있었고,[241] 동시에 수전에 상응하는 공조(貢租)·공부(貢賦)·군역(軍役)의무를 제민에게 부과함으로써 부국강병을 도모했다.[242] 이처럼 변법은 국내적 모순과 대외적 위기를 동시에 해결하기 위한 개혁이었고 따라서 사회모순의 해결과 군사체제의 강화는 변법의 2대목표로서 그중 어느 하나만을 유독 강조할 수 없는 동전의 양면과 같은 것이었다. 그러나 또 한편 전자가 제민의 복리(福利)증진을 위한 것이 아니었음은 물론이고 일단 확립된 제민지배체제란 제민에게 최대한의 노동과 봉사를 강요하는 효율적 착취체제에 불과했으며, 따라서 제민지배가 실현될수록 전자의 목표는 희석화될 수밖에 없는 반면 열국할거의 국제적 모순은 이와 같은 각국의 제민지배

---

237) 李成珪, 1984, pp.129~185 참조.
238) 同上.
239) 五井直弘, 1985, p.26.
240) 重近啓樹, 1979, p.40.
241) 가령 李瑞蘭은 戰國授田體制의 목적에 대해 빈부격차의 해소보다는 土地私有化의 억제에 초점을 맞추고 있다(同, 1985 참조).
242) 阡陌에 의해 區劃된 耕地는 編號로써 등록된 陌마다에 亭部에 의해 통일적으로 管理되어 什伍制의 편성으로써 國家의 군사영역의 最末端을 구성한다는 지적(渡邊, 1986, 第二章참조)은 授田體制와 軍事體制가 什伍制를 기초로 결합되어 있었음을 반증한다.

구현의 노력에 의해 그만큼 심화될 수밖에 없었다고 볼 때 군사체제의 강화
라는 목적이 더욱 전면으로 부상할 것은 당연한 소치이다. 가령 상앙변법의
성립계기에 대해 종래 군사적 측면이 강조되어 왔고, 또는 상앙의 2차 변법
이 1차 변법에서 확립된 군사체제를 장기적으로 유지하기 위한 정책이었다
는 지적[243]이 있는 것도 그 때문이며, 특히 변법에서 차지하는 군공작(軍功
爵)의 높은 비중도 그런 관점에서 설명될 수 있을 것이다.

전공(戰功)에 의한 신분상승기회는 이미 춘추말에 나타났지만[244] 전국 이
후 신분제의 해체와 전쟁격화에 따라 더욱 넓어져 미천한 신분에서 장군의
지위에까지도 오를 수 있게 되었다. 특히 각국이 군공작을 보편적으로 실시
함으로써[245] 종래 귀족의 전유물이었던 작(爵)이 일반민에게도 사여되었고
이를 계기로 군공(軍功)을 기준으로 한 작에 의한 신분질서가 새로이 정립되
었다.[246] 가령 진의 경우에는 납속수작(納粟授爵)이 작제(爵制)의 일부이긴
했지만 작위(爵位)취득의 조건이 주로 군공, 특히 참수(斬首)의 공(功)이었
고, 유작자(有爵者)는 전택(田宅) 및 서자(庶子)에 대한 역사권(役使權)을 등
급에 비례하여 누증(累增) 사여받았으며, 상급(上級)의 작위자는 신첩(臣妾)
을 소유하거나 일정 영역에 대한 수취권 및 권위를 등급에 따라 허용받았
고, 관직진출의 특별한 기회가 보장됨은 물론 형법상 감면의 특권이 보장되
었으며 기타 신분에 상응하여 특정한 의복을 입거나 사후의 묘제(墓制)도 특
별한 형식이 허락되는 등 생활면에서도 특별한 예우를 받았다.[247] 이처럼 군

---

243) 太田幸男, 1975-2 및 1980-1 참조. 이에 대해 豊島靜英은 "軍事의 要請은 변법시행의
　　一契機에 불과하고 역시 사회적 요청, 당시 해결해야 할 사회적 과제가 근저에 있었
　　다"(太田, 1975, 討論要旨 참조)고 비판하고 있으며(이와 같은 입장에서 서술된 豊島
　　의 논문은, 同, 1975) 好並隆司 역시 이에 동조하고 있지만(同, 1981-2, p. 49) 또 한편
　　豊島가 이처럼 共同體 내부의 계층분화에 따른 사회적 모순의 해결을 변법단행의 主要
　　因으로 보는 근저에는 기실 共同體의 再編에 의한 아시아적 生産樣式의 成立을 견지하
　　는 자신의 입장을 뒷받침하기 위한 의도 역시 크다고 아니할 수 없다.
244) Hsu, 1965, pp. 72~73 참조. 특히 B.C. 493년 鄭과의 전투에서 晋 趙鞅이 내걸었던 다
　　음과 같은 약속은 그 好例가 아닐 수 없다. 《左傳》, 哀公 2年 "克敵者, 上大夫受縣 下
　　大夫受郡 士田十萬 庶人工商遂 人臣隷圉免".
245) 朱紹侯, 1980 참조.
246) 이른바 個別人身的 支配가 관철되는 秦漢의 縣의 成立계기를 상앙변법의 初縣에서
　　구하는 西嶋定生은 爵의 이와 같은 신분질서 형성기능에 착안하여 전통적 질서가 단절
　　된 初縣에 民에 대한 賜爵을 매개로 하여 新질서가 형성되었다고 보지만(同, 1961,
　　pp. 554~556), 戰國시대에 보편적 民爵賜與는 극히 드물었고 통일 이후에 가서야 보편
　　화된 듯하다(李成珪, 1986, pp. 9~10).
247) 李成珪, 1986, pp. 14~17.

146

공작에는 다양한 보상이 뒤따랐기 때문에 가령 B.C. 266년의 사구성(邪丘城) 전투가 끝난 뒤 진의 병사들이 적군(敵軍)의 머리 하나를 놓고 서로 공을 다투거나 타인의 공을 가로채는 일까지 있었다. 이에 대응하여 참적자(斬敵者)에 대한 조사도 번잡한 절차를 거쳐 극히 신중하게 행해졌다.[248] 이처럼 진이 계층분화의 위험을 무릅쓰고 군공작제를 추진한 것은 변법에서 군사체제 확립의 목표가 얼마나 중요했는가를 짐작할 수 있다.

이상에서 언급한 내용을 중심으로 하여 전국변법이 지향했던 바를 요약하면 다음과 같다. 첫째 폐쇄적 공동체질서는 물론 혈연적 유대와 대가족제를 파괴[249]하고 관료제에 의한 군현제적 지배의 전제하에서 십오제와 연좌제를 바탕으로 제민을 철저히 감시·감독함으로써 왕권을 정점으로 하는 일원적 법치질서 내지 국가질서를 확립하고자 했다. 둘째 수전체제의 정비와 수전농민의 재생산구조에의 간여를 통해 경전(耕戰)의 민을 최대로 창출·확보함과 동시에 행정수단을 동원, 그들에게 최대의 노동과 봉사를 강요하는 효율적 착취체제를 마련함으로써 안정적 세원을 보장하고 타국과의 경쟁에서 승리하고자 했다. 셋째 주요산업을 관영화하거나 또는 국가독점화하여 민영산업의 성장을 억제함으로써 지나친 상품유통에 따른 수전농민의 몰락을 방지하고 부민(富民)의 출현을 막고자 했다. 넷째 참수자에 대한 우대책과 군공서열에 입각한 작제적(爵制的) 신분질서정립을 통해 제민의 자발적 전투의욕을 진작시킴으로써 전쟁에서의 우위를 확보함과 동시에 제민의 신분상승욕구를 부추김으로써 효과적 지배를 기하고자 했다.

당시 각국 군주권은 거의 공통적으로 이와 같은 제민지배체제의 구현을 강력히 희구했고 그를 위해 다투어 변법을 추진했다. 그러나 또 한편 그런 의도가 담겨 있는 구체적 정책의 입안 내지 시행과 그의 현실에서의 관철과는 별개의 문제임에 틀림없다. 따라서 각국의 특수성에 따라 그의 관철도에는 적지 않은 차이가 있었을 것은 당연히 예상되는 바인데 현실과의 불가피한 타협과정에서 변법의 본의가 왜곡되는 일도 많았고 심지어 구체제의 엄

---

248) 古賀登, 1980, 4章 참조.
249) 가령 商鞅變法에서의 이른바 分異의 法에 대해서는 그 목적과 관련하여 異說에 제기 되고 있지만 대체로 大族의 分解를 통한 核家族化 추진정책이었다는 것이 일반적이다 (太田, 1975-2 및 李成珪, 1984, pp. 79~89 참조).

청난 반발에 직면하여 개혁 전체가 좌절되는 경우도 적지 않았을 것이다. 이와 같은 현실적 난관을 극복하고 상앙변법 이래의 개혁정책을 꾸준히 밀고 나가, 결국 B.C. 230년의 멸한(滅韓)을 필두로 하여 B.C. 221년의 멸제(滅齊)에 이르는 6국겸병에 성공함으로써 중국 최초의 통일제국을 출현시킨 것은 진(秦)이었다.

그러면 변법을 주도했을 법가 또는 묵가(墨家)250)의 발원지가 동방지역이었음에도 불구하고 오히려 진에서 그 사상이 성공적으로 구현될 수 있었던 배경은 무엇이었을까? 이하 진의 변법 성공요인 내지 제국형성의 계기에 대해 살펴보는 것으로 본장을 마무리짓기로 하자.

이에 대해서는 종래 타국에 대비된 진의 특수성이 강조되어 왔는데, 그중에서도 우선 지적될 수 있는 점이 타국에 비해 우월한 군권(君權)의 전통이다. 진이 춘추시대에 이미 천자만의 특권이자 그 권위의 상징인 제천의식(祭天儀式)을 거행하고 있었던 점이 자료에서 확인된다고 볼 때 군권의 근거를 천(天)에 두는 이른바 왕권신수신앙(王權神授信仰) 내지 천명응수관(天命膺受觀)은 입국 이래의 전통이었을 것으로 추측된다.251) 이러한 전통을 배경으로 하여 진의 군주권은 일찍이 족적 규제를 뿌리치고 전국 이후 보다 용이하게 군권강화를 진행시킬 수 있었고 따라서 변법·역시 보다 철저하게 추진할 수 있었다. 이와 관련하여 지적될 수 있는 또 다른 요인은 진의 문화적·경제적 낙후성이다. 당시 중원제국이 진을 극단적으로 이적시(夷狄視)했던 것은 주지하는 바인데, 이는 반진(反秦)감정252) 탓도 있으려니와 진(秦)의 문화적 낙후성에 대한 경멸감이 보다 주된 요인이었다. 가령 전국말 순자(荀子)가 입진(入秦)소감을 "백성이 질박하고 음악은 속(俗)되지 않고 복장도 난하지 않으며 유사(有司)를 몹시 두려워하고 순종하니 상고(上古)의 백성과

---

250) 李成珪 교수에 의하면 秦의 齊民支配體制 확립에 주도적으로 참여한 것은 墨家집단이었다고 한다. 자세한 것은 同, 1984, 第3編 참조.
251) 李成珪, 1984, pp. 259~265 참조. 好並隆司에 따르면 이와 같은 王權神授信仰은 秦의 遊牧社會的 특성에서 비롯되며, 斬首의 功에 유달리 열을 올린 秦 兵士들의 투쟁에너지 역시 利를 중시하고 전쟁에서의 항복과 패배를 부끄러워하는 유목민적 특성으로 설명될 수 있다고 하는데(同, 1978, pp. 41~72 참조), 이와 같은 秦의 유목민적 특성 강조에 대한 反論으로는 太田幸男, 1980-2 참조.
252) 이 요인에 대해서는 李成珪, 1985, pp. 773~780 참조.

148

같다"라고 피력한 것은 철저한 제민지배체제의 효과[253]와 함께 그러한 문화적 후진성에 따른 진민(秦民)의 소박단순성을 드러내는 것일 터이고 또한 이 소박성이 제민지배의 구현도를 더욱 제고시키는 요인으로 작용했을 것이다. 아울러 이같은 문화적 특성을 야기한 진의 낙후된 생산력이 강력한 힘을 행사하는 전제권력(專制權力)의 성립을 가능케 했다는 견해도[254] 진의 읍체제(邑體制) 붕괴가 동방제국보다 늦게 B.C. 5세기말부터 진행되기 시작했다는 지적[255]과 관련지어 볼 때 일면 타당성이 있다고 보겠다.

맺 음 말

지금까지의 서술내용에서 누누이 지적, 확인된 바와 같이 춘추전국시대의 전개를 주도함으로써 그 변혁기적 성격을 강하게 규정한 것은 전쟁의 격화와 그를 계기로 응집·강화된 권력이었다. 춘추 중기 이래 갈수록 가속화된 양자의 상승작용과 함께 심화된 이 시대의 변혁기적 본질은 분권적 봉건질서의 해체와 군현제적 지배의 성립으로 표현되는 각지역·집단의 독자성 상실과 중앙권력에의 예속화의 과정으로 요약될 수 있다. 이 과정에서 나타난 구체적 양상으로서는 우선 약소국의 부단한 몰락과 현(縣)의 출현, 전통적 국야(國野) 이중체제 및 그를 바탕으로 하는 씨족적 신분구조의 해체, 공실(公室)의 쇠퇴와 귀족의 투쟁 및 대거소멸, 사(士)의 등장 등을 꼽을 수 있었다. 특히 전국 이후 각국 군주권은 총력전의 양상에 대처할 수 있는 군사체제의 확립과 씨족공동체 해체 이후 누적·방치되어 온 갖가지 사회적 모순의 해결을 위해 다투어 변법을 단행함으로써 폐쇄적 공동체질서의 와해, 수전제도에 의거한 균등한 토지분배, 민영산업의 발전억제, 군공서열에 입각한 작제적(爵制的) 신분질서의 정립 등을 실현코자 했다. 이렇게 해서 결국 강력한 왕권을 정점으로 하는 제민지배체제가 확립될 수 있었던 것이다.

그렇다면 과연 이상과 같은 골격 위에 서술된 본론의 내용은 어느 정도나 타당한 것일까? 이에 대한 답변에 대신하여 이하에서는 춘추전국시대의 전

---

253) 李成珪, 1984, p. 288.
254) 太田幸男, 1975-2, p. 123 및 同 1980-2 참조.
255) 楊寬, 1973, p. 6.

체적 변화에 대한 기존연구의 문제점과 과제를 지적함으로써 맺음말에 대신하고자 한다.

우선 지적될 수 있는 것이 기층사회의 실체적 변화에 대한 해명의 문제이다. 앞서도 이미 밝힌 바 있듯이 춘추전국시대 기층농민의 생활 및 생산의 형태, 토지소유를 둘러싼 생산관계, 생산력의 발전단계, 취락구조 등을 구체적으로 제시해 주는 자료가 거의 전무한 실정이기 때문에, 종래의 연구는 상부구조의 형태 변천에 대한 검토 위에서 그에 상응하는 기층사회의 단계를 설정하고 이를 몇몇 영성한 자료로써 분석·확인하는 방법을 취해 왔다. 이는 현재로서 거의 불가피한 것이긴 하지만 그러나 당시 상부구조의 변화 발전이 특히 전쟁이라는 외재적 요인에 의해 크게 촉발되었음을 부인할 수 없을 때 과연 이와 동질의 변화를 생산의 장인 기층사회에 적용할 수 있을지는 의문이다. 물론 철기의 출현·보급에 의한 생산력의 발전은 충분히 인정되는 바이지만 그의 질과 양에 대한 고려 없이 단순한 철기의 출현만으로는 급격한 사회변화를 단언할 수 없다. 당시 기층사회에 구(舊)족적 질서의 강한 잔존이 확인되고 있고,[256] 이 시대의 사회분화가 매우 완만했다는 입장이 견지되는[257] 이유도 여기에 있으며, 따라서 국가권력에 의한 기층사회의 철저한 재편도 현존 문헌사료 및 출토문자 자료에 보이는 법령이나 정책만으로는 기정 사실화하기 어려운 점이 있다.

둘째, 이와 관련하여 문제되는 것이 특히 전국시대 국가권력의 성격이다. 이 시대의 전제군주권력 형성에 대한 60년대까지의 연구경향은 강제적인 족적 질서파괴와 그 위에서의 군현제적 개별인신지배의 관철이라는 데 초점이 맞추어져 왔고 변법의 성격도 이와 관련 규정되었다. 그리고 그 강제적 지배의 기반 내지 매개물로서 산림수택의 가산화와 가산관료제(家産官僚制)의 정비, 또는 사작(賜爵)을 수반하는 사민(徙民)이 강조된 반면 공동체의 내부 계층분화는 거의 무시되었다. 이에 대한 비판으로서 70년대 이후에는 변법 및 그에 의한 고대국가의 성립계기를 전제군주에 의한 강제적·타율적 지배보다는 공동체 내부의 계급분화에 따른 모순 격화의 해결에 두었다. 즉, 기

---

256) 增淵, 1960-5 참조. 이에 의거하여 60年代에는 族的 전통이 강한 舊縣(春秋縣)과 국가에의 依存度가 높은 初縣(新縣)의 區分해명의 필요성이 제기되기도 했다.

257) 五井直弘, 1970, p.428, 以後 그의 일련의 연구(同, 1971, 1984, 1985)에는 이런 입장이 견지되고 있다.

150

층사회와 권력의 쌍무적 요구에 의해 변법이 실시되었고 그 결과 성립된 강력한 국가에 의해 계급지배 또는 제민지배가 실현될 수 있었다[258]는 것인데 그러나 여기서의 문제는 국가의 성립계기로서 사회적 모순의 해결이 박약한 근거에 비해 지나치게 강조되고 있고, 또한 상앙변법만이 주요 소재로 다루어졌을 뿐 여타 지역에 대한 해명은 추구되지 못했다는 점이다. 이에 따라 지역사연구의 필요성이 대두되어 최근 제국(諸國)의 비교연구가 시도되고 있기도 하다.[259] 그러나 이 경우 문헌사료의 한계 때문이지만 역시 사료적 근거가 결여된 이론만 무성할[260] 뿐이어서 오히려 사실을 왜곡할 위험성조차 있다. 따라서 지역연구는 고고학적 성과의 도움을 기대해야 할 것이다.[261]

셋째, 국가권력의 성격과 관련하여 제기될 수 있는 또 하나의 문제는 춘추말 전국초의 성격 해명이다. 국가의 성립이나 제민지배체제의 확립이라는 관점에서 변법의 획기성(劃期性)이 강조됨으로써 춘추말 전국초는 단순한 과도적 이행기로 간주되는 것이 최근 경향인데, 또 한편 본론에서 이미 언급한 바와 같이 춘추말 진(晉) 6경(六卿)의 수전제 도입이 어느 정도 확인되고 이 시기에 군현제적 지배가 관철되고 있음이 확인되고 있음에 비추어 볼 때, 과연 이 시기를 단순한 과도기로만 치부할 수 있는지도 의문이다. 이상으로 본론에서 정리된 기존연구 성과의 문제점을 몇 가지 제시해 보았는데, 결국 춘추전국시대의 사회변화와 국가구조는 여전히 그 실체의 해명을 위한 연구의 심화를 기다리고 있다고도 볼 수 있다.

참 고 문 헌

李成珪, 《中國古代帝國成立史硏究 —— 秦國齊民支配體制의 形成 ——》, 서울, 一潮閣, 1984.

傳築夫, 《中國封建社會經濟史》 第一卷, 北京, 1981.

258) 가령 豊島, 1975와 李成珪, 1984가 그 전형적인 例일 것이다.
259) 가령 齊와 秦의 국가權力의 성격을 대비적으로 고찰한 太田幸男의 일련의 연구성과 (同, 1969, 1975-1, 1975-2, 1980-1, 1980-2, 1985 참조)와 好並隆司의 연구(同, 1978)를 꼽을 수 있다.
260) 이에 대해서는 太田幸男, 1980-2 및 同, 1985 참조.
261) 文字가 기록된 出土資料에 의거하여 이같은 시도를 한 연구로는 江村治樹, 1985를 들 수 있다.

孫作雲, 《詩經與周代社會研究》, 北京, 1966.

楊　寬, 《商鞅變法》(新版), 上海, 1973.

───, 《戰國史》(2版), 上海, 1980.

───, 《中國古代冶鐵技術發展史》, 上海, 1982.

林甘泉・田人隆・李祖德, 《中國古代分期討論五十年(1929~1979)》, 上海, 1982.

林劍鳴, 《秦史稿》, 上海, 1981.

朱紹侯, 《軍功爵試探》, 上海, 1980.

中國社會科學院考古研究所 編, 《新中國的考古發現和研究》, 北京, 1984.

許倬雲, 《西周史》, 臺北, 1984.

黃俊傑, 《春秋戰國時代尚賢政治的理論與實際》, 臺北, 1977.

侯外廬, 《中國古代社會史論》(1955 初版), 香港, 1979.

古賀登, 《漢長安城と阡陌・縣鄕亭里制度》, 東京, 1980.

渡邊信一郎, 《中國古代社會論》, 東京, 1986.

木村正雄, 《中國古代帝國の形成》, 東京, 1965.

尾形勇, 《中國古代の'家'と國家》, 東京, 1979.

西嶋定生, 《中國古代帝國の形成と構造》, 東京, 1961.

───, 《中國古代の社會と經濟》, 東京, 1981.

守屋美都雄, 《中國古代の家族と國家》, 東京, 1968.

影山剛, 《中國古代の商工業と專賣制》, 東京, 1984.

伊藤道治, 《中國古代王朝の形成》, 東京, 1976.

好並隆司, 《秦漢帝國史研究》, 東京, 1978.

Creel, H. G., *Confucius, the Man and the Myth*, N.Y. 1949(李成珪 譯, 《孔子── 인간과 신화──》, 서울, 知識産業社, 1983).

───, *Shen Pu-hai*, The Univ. of Chicago Press. 1974.

Hsu, Cho-yun, *Ancient China in Transition: An Analysis of Social Mobility, 722~222 B.C.*, Stanford Univ. Press. 1965.

李成珪, 〈戰國時代統一論의 形成과 그 背景〉, 《東洋史學研究》8・9合輯, 1975. 11.

───, 〈戰國時代 私富抑制의 理念과 實際〉, 《震壇學報》 50, 1980.

───, 〈秦帝國의 舊六國統治와 그 限界〉, 《閔錫泓博士華甲紀念史學論叢》, 서울, 三英社, 1985.

───, 〈井田制研究의 諸問題〉, 《東洋史學研究》 21, 1985. 6.

───, 〈秦의 身分秩序構造〉, 《東洋史學研究》 23, 1986. 10.

───, 〈秦의 山林藪澤開發의 構造──縣廷嗇夫組織과 都官의 分析을 中心으로──〉, 《東洋史學研究》 29, 1989. 1.

顧頡剛, 〈春秋時代的縣〉, 《禹貢半月刊》 7-6・7 合, 1937.

152

郭沫若,〈奴隸制時代〉, 同著《奴隸制時代》, 北京, 1954.

裘錫圭,〈戰國時代社會性質試探〉, 社會科學戰線編輯部 編,《中國古史論集》, 吉林人民
　　出版, 1981.

雷從雲,〈戰國鐵農具的考古發現及其意義〉,《考古》, 1980-3 期.

杜正勝,〈周秦城市的發展與特質〉,《歷史語言研究所集刊》(以下《集刊》으로 略) 51-4,
　　1980. 12.

────,〈古代聚落的傳統與變遷〉,《第三屆中國社會經濟史研究討論文集》, 1983.

────,〈編戶齊民的出現及其歷史意義 ── 編戶齊民的研究之一〉,《集刊》54-3,
　　1983. 9.

────,〈周代封建解體後的軍政新秩序, ── 編戶齊民的研究之二 ──〉,《集刊》55-1,
　　1984. 3.

────,〈從封建到郡縣制的土地權屬問題〉,《食貨》14-9·10合刊, 1985.

────,〈關於周代國家形態的蠡測〉,《集刊》57-3, 1986.

楊　寬,〈試論西周春秋間的鄉遂制度和社會結構〉(原載,《學術月刊》, 1959-6), 同著,《古
　　史新探》, 北京, 1965.

────,〈春秋時代楚國縣制的性質問題〉,《中國史研究》, 1981-4.

俞偉超,〈中國古代都城規劃的發展階級性〉,《文物》, 1985-2.

李瑞蘭,〈戰國時代國家授田制的由來, 特徵及作用〉,《天津師大學報》, 1985-3.

許倬雲,〈戰國的統治機構與治術〉,《文史哲學報》14, 1965.

────,〈東周到秦漢：國家形態的發展〉(原載,《中國史研究》, 1986-4), 報刊資料選滙,
　　先秦秦漢史, K 21, 1987-2.

胡新生,〈西周春秋時期的國野制與部族國家形態〉,《文史哲》, 濟南, 1985-3.

黃展岳,〈關于中國開始冶鐵和使用鐵器的問題〉,《文物》, 1976-8.

岡崎文夫,〈參國伍鄙制について〉, 東洋史研究會 編,《羽田亨博士頌壽紀念東洋史論叢》,
　　東京, 1950.

岡田功,〈楚國と吳起變法 ── 楚國の國家構造把握のために ──〉,《歷史學研究》490,
　　1981. 3.

江村治樹,〈中國古代官僚制形成に關する一視角〉,《中國士大夫階級と地域社會との關係
　　についての總合的研究》, 1982.

────,〈戰國出土文字資料概述〉, 林巳奈夫 編,《戰國時代出土文物の研究》, 京都,
　　1985.

高木智見,〈春秋時代の結盟習俗について〉,《史林》68-6, 1985. 11.

────,〈春秋時代の軍禮〉,《名古屋大東洋史研究報告》11, 1986.

谷口滿,〈春秋時代の都市 ── 城·郭問題探討 ──〉,《東洋史研究》46-4, 1988. 3.

谷口義介,〈豳風七月の社會〉, 同著,《中國古代社會史研究》, 京都, 1988-1.

────,〈春秋時代の藉田儀禮と公田助法〉,《同上》, 1988-2.

堀敏一, 〈近年の時代區分論爭〉, 唐代史研究會報告Ⅳ集, 《中國歷史學界の新動向》, 東京, 1982.

宮崎市定, 〈古代中國賦稅制度〉(《史林》18-2·3·4, 1933. 4·7·8, 原載), 同著, 《アジア史研究》一, 京都, 1975.

―――, 〈中國における聚落形體の變遷について〉(《大谷史學》6, 1957.6 原載), 《宮崎市定アジア史論考》中, 東京, 1976.

―――, 〈戰國時代の都市〉(《東方學會創立十五周年紀念東方學論集》, 1962, 7 原載), 《同上》.

―――, 〈東洋的古代〉(《東洋學報》48-2·3, 1974.9.12 原載), 《同上》.

吉本道雄, 〈春秋載書考〉, 《東洋史研究》43-4, 1985.3.

―――, 〈春秋國人考〉, 《史林》69-5, 1986.9.

楠山修作, 〈阡陌の研究〉(《東方學》38, 1969.8 原載), 同著, 《中國古代史論集》, 東京, 1976.

―――, 〈商鞅の轅田について〉(《東方學》46, 1973.7 原載), 《同上》.

大島利一, 〈古代中國の手工業〉, 《古代史講座》9, 東京, 1963.

米田賢次郎, 〈二四〇步一畝制の成立について〉, 《東洋史研究》26-4, 1968.

杉本憲司, 〈中國城郭成立試論――最近の發掘例を中心に〉, 林巳奈夫 編, 《戰國時代出土文物の研究》, 京都, 1985.

松本光雄, 〈中國古代の邑と民・人の關係〉, 《山梨大學學藝部研究報告》3, 1952.

―――, 〈中國古代社會における分邑と宗と賦について〉, 同 4, 1953.

―――, 〈中國古代の族について〉, 《歷史學研究》260, 1961.12.

松丸道雄, 〈殷周國家の構造〉, 岩波講座 《世界歷史》4, 東京, 1970.

安倍道子, 〈春秋楚國の申縣・陳縣・蔡縣をめぐって〉, 《東海大學紀要》41, 1984.

五井直弘, 〈中國古代の灌漑〉, 《古代史講座》8, 東京, 1963.

―――, 〈春秋時代の縣についての覺書〉, 《東洋史研究》26-4, 1968.3.

―――, 〈春秋時代の晉の大夫祁氏・羊舌氏の邑について――中國古代集落史試論――〉, 《中國古代史研究》三, 1969.

―――, 〈後漢王朝と豪族〉, 岩波講座 《世界歷史》4, 東京, 1970.

―――, 〈中國古代史と共同體〉, 《歷史評論》255, 1971.10.

―――, 〈中國古代城郭史序說〉, 西嶋定生博士還曆紀念論叢編集委員會 編, 《東アジアにおける國家と農民》, 東京, 1984.

―――, 〈鐵器牛耕考〉, 《三上次男博士喜壽論文集》歷史編, 東京, 1985.

宇都木章, 〈宗法制と邑制〉, 《古代史講座》6, 東京, 1962.

―――, 〈輿人考〉, 《三上次男博士頌壽紀念東洋史・考古學論集》, 東京, 1979.

佐藤武敏, 〈春秋時代魯國の賦稅制度に關する一考察〉, 中國古代史研究會 編, 《中國古代の社會と文化》, 東京, 1957.

154

佐藤武敏, 〈春秋戰國時代の製鐵業〉, 《中國古代史研究》, 東京, 1960.

佐竹靖彦, 〈商鞅變法考證〉, 《史學雜誌》96-3, 1987.

重近啓樹, 〈中國古代の山林藪澤〉, 《駿台史學》28, 1976.7.

──, 〈秦漢の國家と農民〉, 歷史學研究別冊特集, 《世界史における地域と民衆, 1979年度歷史學研究會大會報告》, 1979.10.

增淵龍夫, 〈戰國官僚制の一性格〉; 同著, 《中國古代の社會と國家》, 東京, 1960-1.

──, 〈先秦時代の山林藪澤と秦の公田〉, 《同上》, 1960-2.

──, 〈先秦時代の封建と郡縣〉, 《同上》, 1960-3.

──, 〈左傳の世界〉, 筑摩書房, 《世界の歷史》3, 東京, 1960-4.

──, 〈漢代郡縣制の地域別的考察その一 ── 太原・上黨二郡を中心として ──〉, 《中國古代史研究》, 東京, 1960-5.

──, 〈中國古代國家の構造〉, 《古代史講座》4, 東京, 1962.

──, 〈春秋戰國時代の社會と國家〉, 岩波講座, 《世界歷史》4, 東京, 1970.

──, 〈春秋時代の貴族と農民 ── '初めて畝に稅す'の解釋をめぐって〉, 《一橋論叢》72-1, 1975.

池田雄一, 〈漢代における里と自然村について〉, 《東方學》38, 1969.8.

──, 〈商鞅の縣制 ── 商鞅の變法(一)〉, 《中央大文學部紀要》史學科 22, 1976.

──, 〈出土文物による最近の先秦史研究〉, 唐代史研究會報第Ⅳ集, 《中國歷史學界の新動向》, 東京, 1980.

──, 〈李悝의 法經について〉, 《紀要》(中央大學文學部史學科) 29, 1984.

太田幸男, 〈齊の田氏について ── 春秋末期における邑制國家の崩壞の一側面 ──〉, 《歷史學研究》350, 1969.7.

──, 〈田齊の崩壞〉, 《史海》21・22 合, 1975-1.

──, 〈商鞅變法の再檢討〉, 歷史學研究別冊特集, 《歷史における民族の形成 ── 1975年歷史學研究會大會報告》, 1975-2.

──, 〈田齊の成立 ── 齊の田氏について・その二 ──〉, 《中國古代史研究》四, 東京, 1976.

──, 〈轅田攷〉, 《三上次男博士頌壽紀念東洋史・考古學論集》, 東京, 1979.

──, 〈商鞅變法の再檢討・補正〉, 《歷史學研究》483, 1980-1.

──, 〈中國古代國家成立に關するノート〉, 《歷史評論》357, 1980-2.

──, 〈中國古代史研究の課題と方法に關する覺書〉, 《東京學藝大學紀要・社會科學》37, 1985.

貝塚茂樹, 〈中國古代都市における民會の制度〉(《東方學論集》第二冊, 1954 原載), 《貝塚茂樹著作集》2, 東京, 1976.

平勢隆郎, 〈楚王と縣君〉, 《史學雜誌》90-2, 1981.

──, 〈趙孟とその集團成員の室 ── 兼ねて侯馬盟書を檢討する〉, 《東洋文化研究所紀要》98, 1985.

豊島靜英, 〈古代中國におけるアジア的生產樣式〉, 《歷史評論》266, 1972.8.

────, 〈中國における階級支配の成立とその性格について〉, 《歷史學研究》 413, 1974.10.

────, 〈中國における古代國家の成立について ── 商鞅變法を素材として ──〉,《歷史學研究》420, 1975.5.

────, 〈河神の死〉,《歷史學研究》473, 1979.10.

────, 〈中國古代專制主義における階級と階級闘爭〉,《歷史學研究》489, 1981.2.

好並隆司, 〈戰國魏政權の派閥構造〉,《東洋學報》60-3·4 合, 1979.

────, 〈中國古代山澤論の再檢討〉, 中國水利史研究會 編,《佐藤博士還曆紀念中國水利史論集》, 東京, 1981-1.

────, 〈商鞅の'分異の法'と秦朝權力〉,《歷史學研究》494, 1981-2.

Creel, H. G., "The Beginnings of Bureaucracy: The Origins of the Hsien", 同著, *What Is Taoism*, The Univ. of Chicago Press, 1970.

諸子의 學과 思想의 理解

李　成　珪

머 리 말

　전환(轉換)의 시대는 인간에게 새로운 대응을 요구하기 마련이다. 따라서 중국역사상 대전환(大轉換)의 시대마다 새로운 사상운동이 전개되었지만, 이 점은 어느 의미에서 중국사상 가장 커다란 변혁의 시대라고도 할 수 있는 춘추전국(春秋·戰國)시대의 경우도 예외는 아니었다. 그러나 제자백가(諸子百家)로 알려진 일군의 학인(學人)들에 의해서 전개된 이 운동은 단순한 새로운 대응이 아니라 최초의 체계적인 지적(知的) 운동이었다는 점에서 특별한 의미가 있었다. 이것은 중국 최초로 본격적인 '학(學)'을 성립시켰고, 이후 중국사상의 기본적인 내용과 골격을 제시한 것이었다. 따라서 제자사상(諸子思想)은 비단 그 시대의 새로운 대응을 이해하는 문제뿐 아니라, 중국사상 전체의 기본적인 성격을 이해하는 데 불가결한 전제인 만큼, 많은 관심이 집중된 것은 당연하였다. 실로 한우충동(汗牛充棟)이란 말조차 부족할 정도로 이와 관련된 수많은 논저(論著)가 나왔고, 또 현재도 계속 줄을 잇고 있는 실정이다.

　제자사상의 이해는 선진(先秦) 제자서(諸子書)로 알려진 일련의 문헌을 통해서 접근할 수밖에 없다. 그러나 이 문헌의 저술자로 알려진 개인의 생졸연대는 물론 때로는 그 실존 여부조차 의심스러운 경우도 적지 않다. 때문에 연구의 출발은 자연히 그들의 생존연대 또는 상대적인 선후관계, 문헌의 진위(眞僞) 및 성립연대의 고증작업이 될 수밖에 없었다. 이 문제는 아직도 많은 경우 명쾌한 결론이 없다. 특히 노자(老子)의 실존여부와 노장사상(老莊思想)의 성립시기에 관해서는 논란이 계속되고 있지만, 대체로 양계초(梁啓超)·장심징(張心澂)·전목(錢穆) 등의 연구를 참고하는 것이 무난하며[1] 적어도 《노자(老子)》는 전국말(戰國末)의 작품으로 보는 것이 타당한 것 같다.[2]

한편 제자서는 전체내용은 물론 어떤 특정문제나 주제도 체계적으로 서술되어 있지 않고, 많은 경우 편장(篇章)의 구분도 그 의미가 극히 애매한 것이 보통이다. 때문에 모인(某人)의 모사상(某思想) 또는 모인의 사상을 우선 구조적으로 재구성하는 작업이 필요한 것도 사실이며, 실제 대부분의 연구는 이런 부류에 속한다. 그러나 이것은 너무 미시적인 한계도 있지만 제자서가 개인의 저작이라기보다는 한 학단(學團)의 문인(門人)들이 장기간에 걸쳐 편찬, 추가된 것이 대부분인 것을 감안할 때, 실제 모서(某書)로써 모인의 사상을 복원할 수 없는 경우가 많다.

이에 비해 유파별(流派別) 사상체계의 구성은 적어도 이런 문제점은 없으며, 보다 체계적이다. 다만 이 연구들이 한대(漢代) 이후 전통적인 제자(諸子)의 분류법, 즉 유(儒)·묵(墨)·법(法)·도(道)·명(名)·농(農)·병(兵)·종횡(從橫)·음양가(陰陽家)의 분류법을 그대로 답습하고 있는 것은 다소 문제가 있는 것 같다. 이것은 본래 한대 제실장서(帝室藏書)의 정리과정에서 편의상 나온 분류이며,[3] 명·농·병·종횡가는 주요 관심 분야에 따른 구분이 명백한 만큼, 현재 제자사상을 논할 때는 주로 유·묵·법·도가만을 분류하고 음양가 역시 독자적인 사상체계로는 인정하지 않는 것이 일반적이다. 그러나 이것 역시 분류의 개념이 애매한 것은 마찬가지이다. 예컨대 유가(儒家)의 경우를 보자. 우리는 흔히 공자(孔子)와 그 문인 및 그 계열에 속하는 사람을 ① 유가로 부르고 있으며, 그들의 중심사상 역시 ② 유가로 칭한다. ①은 학단·학맥(學脈)·전승계보(傳承係譜)의 개념, ②는 '유

1) 梁啓超, 1927 ; 錢穆, 1956 ; 張心澂, 1970.
2) H. G. Creel. 1970, pp. 2~6.
3) Michael Loewe. 1982, pp. 7~8.

가의 사상'의 약칭(略稱)인 만큼 사상범주의 개념이다. 따라서 이것을 엄격하게 구분해서 사용하면 별 문제는 없다. 그러나 이것이 등치되면 ①에 속하는 인물 또는 그들이 저작에는 일체의 비유가사상(非儒家思想)(②)이 있을수 없다는 논리가 성립된다. 예컨대 《논어(論語)》에 보이는 이런 요소들은 후세에 잘못 찬입(竄入)된 것에 불과하다거나,[4] 한편으로는 이른바 비유가계열의 사람 또는 문헌 중에 포함된 유가사상 역시 의문시하는 경향이 바로그것이다.[5] 이것은 어느 의미에서 개인이나 학파에게 논리적으로 일관된 순수한 이념체계를 지나치게 기대하는 습성 때문이기도 하다. 그러나 범주가다른 개념을 동일한 용어로 표현하면서 사상의 유파를 분류·답습한 결과라면, 이것을 극복할 수 있는 새로운 분류체계가 모색되어야 할 것이다.

한편, 특정한 주제나 분야별로 관계자료를 정리·분석한 연구들, 예컨대선진(先秦)시대의 인간관(人間觀)·성명관(性命觀)·자연관(自然觀)의 전개를 종합 서술한 것이나, 경제사상·정치사상·교육사상·논리학·음악 또는 미술사상(美術思想) 등을 분류사적(分類史的)으로 정리한 논저들은[6] 우선관계자료의 망라적인 정리란 점에서 좋은 참고가 되고, 또 개인이나 유파를초월한 종합적인 접근이라는 점에서 일단 긍정적인 평가를 받을 만하다. 그러나 이들 역시 실제로는 개인 또는 유파별 연구를 집성(集成)한 성격에 불과한 것이 대부분이며, 해당 분야나 주제의 논리적 체계를 구조적으로 분석, 재구성한 예는 거의 없는 것 같다.[7] 이 점은 가장 수준이 높은 철학사·사상사로 평가되는 논저들 역시 예외는 아니다.[8] 물론 이것은 개인과 학과의 실체를 중시하고 그 시대적인 선후관계를 고려하지 않을 수 없는 사적(史的) 접근방법상 어느 의미에서는 불가피한 점도 인정된다. 그러나 앞에서

---

4) H. G. Creel, 1949, Appendix, the Authenticity of the Analects 참조.
5) 이런 경향은 특히 《古史辨》에 실린 古書의 眞僞에 관한 글들에 현저히 보인다.
6) 이런 부류의 논저들도 일일이 소개할 수 없을 정도로 많지만 〈참고문헌〉에 수록된 것들이 비교적 참고할 만하다.
7) 이런 점에서 해당 주제의 핵심개념을 분석, 체계적인 논리구성을 시도한 쯔原仲二 1982가 비록 儒家·道家의 章을 설정하고는 있으나 역시 핵심개념을 중심으로 先秦時代의 人間觀을 분석·고찰한 Donald J. Munro, 1969, 專制君主制의 관행과 논리를 중심으로 先秦 정치사상을 분석한 劉澤華, 1987 등은 이러한 한계를 극복하려는 시도로 평가된다.
8) 예컨대 胡適, 1967; 郭沫若, 1946; 馮友蘭, 1962; 侯外廬 主編, 1957; Benjamin I. Schwartz, 1985를 보라.

지적한 바와 같이 개인이나 유파의 연구가 문제점이 많다면, 이런 식의 집성 역시 마찬가지 한계를 가질 수밖에 없을 것이다. 특히 많은 차이에도 불구하고 소위 유파간에 상호보완적인 점이나 공통점 역시 적지 않은 것을 고려할 때, 개인, 유파의 고립적 연구의 집성보다는 전체적인 시대정신이나 논리를 모색, 재구성하는 연구방법이 필요한 것 같다.

이런 관점에서 제자사상(諸子思想)을 지역 또는 문화배경이나 계급론으로 분류하는 것도 역시 동일한 한계가 있는 것 같다. 전자의 예로는 선진사상(先秦思想)을 도가(道家)로 대표하는 남파(南派)와 유(儒)·묵(墨)·법가(法家)가 속하는 북파(北派)로 대분하고, 다시 상·주문화(商·周文化)의 상이한 전통을 매개로 법가는 주문화(周文化), 유·묵은 상문화(商文化), 도가는 '화외(化外)' 즉 비중원(非中原)문화의 전통을 각각 계승 발전시킨 것으로 이해한 주장을 들 수 있다.[9] 이것은 대체로 각 유파의 대표적인 인물들의 출신지역과도 부합되고, 특히 사상의 특색을 지역문화의 전통 및 그 지리환경의 측면에서 설명한 점에서 일단 흥미를 끈다. 그러나 유(儒)·법(法)의 차이를 상(商)·주(周)문화의 상이한 전통으로 설명할 수 있을는지도 의문이려니와, 특히 도가를 비중원문화의 전통으로 이해한 것은 지나치게 그 성격의 일면(즉 文明批判的인)만 강조한 것이라 찬성하기 어렵다.

한편 후자는 마르크시스트 사가(Marxist 史家)의 당연한 방법론으로서, 선진시대의 계급구성을 여하히 설정하느냐에 따라 다양한 의견이 나올 수 있겠지만 대표적인 일례만 들어보자. 즉 유가는 노예주귀족에서 지주계급으로 전환한 계급의 사상, 법가는 신흥지주계급의, 도가는 몰락귀족의, 또 묵가는 평민(平民) 특히 하층 수공업계급의 사상이었다는 견해가 있다.[10] 이것은 춘추말(春秋末)을 분기로 중국사회가 노예제사회에서 봉건제사회로 전환하였다는 시대구분론에 기초한 것이지만, 어쨌든 일견 명쾌한 감을 주는 것은 사실이다. 그러나 이 시대구분론의 타당성은 차치하더라도 평등을 강조한 묵가의 논리가 결국 전제왕권(專制王權)의 확립을 위한 전제였음을[11] 고

---

9) 蕭公權, 1971, 제 1 編, pp. 17~32.
10) 馮友蘭, 1962; 侯外廬, 1957.
11) 郭沫若, 1944. 한편 《墨子》의 설화류를 분석한 淺野裕一, 1982 가 초기 묵가집단을 특수한 신분·직종과 무관함을 밝힘으로써, 墨家를 특수한 신분층과 연결시킨 종래의 견해를 반박한 것도 주목된다.

려할 때, 과연 이것을 평민 또는 피지배층의 사상무기로 이해하는 것이 타당한지도 의문이려니와, '인군(人君)의 남면지술(南面之術)' 즉 제왕(帝王)의 통치술로까지 인식된[12] 도가사상을 몰락귀족의 사상으로 분류하는 것도 납득하기 어렵다. 또 변법(變法)을 둘러싼 유(儒)·법(法)의 대립이 기득층과 신흥관료층의 갈등으로 보는 것은 다소 수긍할 수 있는 점도 있지만, 이 시대에 지주계급의 성장을 적극적으로 설정하기 어렵다면,[13] 신흥지주 운운하는 것도 무의미하다. 사상을 상이한 이해집단(利害集團) 또는 신분·계급의 관점에서 분석하는 것 자체는 필자도 찬성한다. 그러나 도식을 위한 도식을 성급하게 설정하고, 억지로 자료를 꿰어 맞추려는 것은 오히려 그 시도 자체의 의미마저 평가절하되기 마련인데, 현재까지 계급론에 입각한 제자사상의 이해는 바로 이 수준을 넘지 못한 것 같다. 이것은 일차적으로 그 시대의 사회경제사 연구가 불충분한 사정 때문이기도 하다. 그러나 역시 유파의 차이를 지나치게 의식한 나머지 그 시대의 공통과제를 간과한 결과이기도 한 것 같다.

이상으로 필자는 지금까지 제자사상에 관한 연구가 지닌 문제점과 한계를 조략하게 지적하였지만, 그 성과들을 과소평가하려는 것은 결코 아니다. 사실 이제는 제자서의 성립연대 및 그 세세한 내용은 물론 각 유파의 중심사상과 특징, 그들 상호간의 차이와 영향관계 등 더 이상 새로운 연구가 불가능할 정도로 거의 모든 것이 밝혀진 것 같기도 하다. 그러므로 본고 말미에 부록된 〈참고문헌〉에 수록된 논저 중 수준 높은 몇 권의 책을 골라 상호보완해서 읽으면, 제자사상의 전모는 어느 정도 이해할 수 있을 것이다. 때문에 필자는 그것을 요약 정리하여 소개할 필요를 느끼지 않는다. 다만 제자서(諸子書)를 직접 읽거나 그 관계의 논저를 참고할 때, 전체적으로 염두에 두어야할 몇 가지 측면(물론 이것도 다 알려진 것이긴 해도)만을 검토·소개하고자 하는데, 먼저 사학(私學)으로서의 제자학(諸子學)의 성립과 그 논증형식에 따른 문제를 검토해 보자.

---

12) 《漢書》卷 30, 藝文志.
13) 종래 商鞅變法 이후 土地私有의 공인→大土地所有制의 발달이란 주장이 정설처럼 인정되어 왔으나, 戰國時代의 토지제도는 기본적으로 國有·授田制度였고 土地의 私的 매매는 戰國極末에서나 겨우 확인될 뿐이다. 李成珪, 1984, 제 2 편 제 1 장 授田體制의 成立 참조.

I. 私學의 成立과 그 論證法

문명의 발전은 지식과 기능의 체계적인 집적과 전수에 기초한다. 따라서 상주(商·周)시대에도 이미 상당한 수준의 체계적인 지식과 그것이 전수되는 구조가 존재하였을 것이며, 제자학(諸子學)도 바로 그 성과 위에서 발전한 것은 의문의 여지가 없다. 그러나 제자학은 그 전단계의 지식과 근본적인 차이가 있었다. 우선 이것은 개인 및 그 학단(學團)을 중심으로 발전한 것이 가장 큰 특징이다. 이에 비해 그 전단계의 지식은 주로 씨족장로(氏族長老)에 의한 성원의 교육으로 전수되었던 만큼 폐쇄적이고 비전적(秘傳的)인 성격을 띨 수밖에 없었지만, 그 내용도 씨족 성원의 역할로 기대된 실제적인 기능에 국한되었을 것이다. 이른바 6예(藝)로 알려진 예(禮)·악(樂)·사(射)·어(御)·서(書)·수(數)는 이 단계의 지배씨족에게 요구된 전통적인 기능과 지식을 총괄한 것 같다. 이것은 결국 세계와 자아(自我)의 주체적인 인식의 지적 체계라기보다는 전통과 관행에 순응하는 행동양식과 기능의 전범(典範)에 불과하다. 전통적인 질서가 유지되는 한 이것도 의미는 있었을 것이다. 그러나 씨족질서의 전반적인 동요, 해체가 진행되면서 상황은 일변하였다.

이제는 개인의 사회적 위치와 역할은 전통에 의해서 부여·보장된 것이 아니라 개인 스스로 발견·획득하는 것이 되었고, 그것은 지식과 능력에 따라 결정될 수밖에 없었다. 그러나 종래의 씨족교육(氏族教育)은 그 자체가 이미 해체되었고, 그 내용 역시 새로운 시대에서 효용성을 갖기는 어려웠을 것이다. 때문에 지식의 획득 또는 그것을 통한 사회적 지위의 획득을 원하는 사람들은 스스로 지적 모색을 시도하거나 그것을 제공할 수 있는 선생을 찾을 수밖에 없었다. 여기서 개인의 학(學)과 그 전수(傳授)를 위한 학단이 형성되기 시작한 것이다. 이러한 사학이 종래의 지식에 접할 수 있는 기회는 비교적 많았지만, 변화하는 사회에서 그 정당한 지위와 역할이 거부되었다고 생각한 몰락귀족 또는 하급 사인층(士人層)에 의해서 선도된 것은 당연하였다. 그들의 학(學)이 전통적인 지식의 재정리나 새로운 해석이란 성격으로 시작된 것은 바로 이 때문이다. 공자와 그 학단은 이러한 초기 사학의

대표적인 학인(學人)이요 학단이었다. 송 대부(宋 大夫)의 말예(末裔)로 알려
진 그는 젊은 시절 하급관직을 역임하면서 전통적인 지식과 전범에 접할 수
있는 기회가 있었고,[14] 현실의 위기를 타개할 수 있는 원리를 그 안에서 찾
을 수 있다고 확신하였기 때문에, 고문헌의 수집과 정리, 고전례(古典禮)의
복원에 남다른 열의를 보였으며,[15] 서주(西周) 질서의 재현을 강력히 주장하
였다. 이런 점에서 그는 복고주의자 또는 전통주의자라는 평가를 받을 수
있다. 그러나 그는 전통의 형식보다는 그 안에 내재한 보편적인 가치를 강
조하였고, 그것을 기초로 새로운 도덕과 윤리의 체계를 정립하려고 노력하
였다. 이런 면에서 개량주의자 또는 개혁주의자의 성격도 뚜렷하다. 이 때
문에 종래 그에 대한 상반된 평가가 계속되었지만,[16] 그가 지적(知的) 도덕
적으로 완성된 인간 '군자(君子)'가 지배하는 사회를 이상으로 설정하고 신
분의 차별 없는 교육의 개방을 주장한 것은 명백하며,《논어》위령공편(衛靈
公篇)의 '유교무류(有敎無類 ; 가르침에는 신분의 차별이 없다)'라는 말처럼 실
제로 그 제자들의 사회적 신분이나 지위는 다양하였다.[17]

공자의 학은 그 문인 또는 손제자(孫弟子)들에 의해 계승되면서 더욱 내용
도 풍부해지고 체계화되었다. 그러나 그 학단 내부(學團內部)에서도 점차 분
파가 형성되었지만,[18] 그가 표방한 도덕적 이상주의 또는 그 전통주의적인
형식에 만족할 수 없었던 사람들이 시대의 변화에 따라 점증(漸增)한 것은
필연적이었다. 묵자(墨子)가 유가의 번문욕례(繁文縟禮)를 비판하고 묵학(墨

---

14) 孔子의 家系 및 傳記를 최초로 정리한 것은《史記》孔子世家이지만, 이것은 너무 설
   화적인 요소도 많고 선후관계도 애매하기 때문에, H. G. Creel, 1949, Chapter Ⅳ
   Biography 및 木村英一, 1971을 참고하는 것이 좋다.
15)《春秋》및 儒家經典은 전통적으로 孔子의 撰 또는 편찬으로 주장되어 왔지만, 실제
   그 근거는 모두 박약하다. 다만 이 주장이 공자가 古文獻을 수집·정리하여 제자들에
   게 講說한 사실을 반영한 것은 사실이다. 松本雅明, 1970 ; 渡邊卓, 1973-① 참조.
16)《哲學硏究》編輯部 編, 1962에 수록된 23편의 논문들이 공자의 계급적 성격과 관련,
   상이한 평가를 내리고 있는 것도 이 때문인데, 이 문제와 관련,《論語》의 '人'과 '民'
   의 계급적 성격을 구분, '人'을 奴隷主, '民'을 노예로 분석, 공자를 노예주계급을 대
   변한 보수주의자로 규정한 趙紀彬, 1958은 특히 흥미있는 論著이다.
17)《史記》, 仲尼弟子列傳, H. G. Creel, 1949, Chapter Ⅵ The Disciples ; 渡邊卓, 1973-②
   참조.
18)《韓非子》, 顯學篇, "儒之所至 孔丘也…… 自孔子之死也 有子張之儒 有子思之儒 有顔
   氏之儒 有孟氏之儒 有漆雕氏之儒 有仲良氏之儒 有孫氏之儒 有樂正氏之儒…… 儒分爲
   八 取舍相反不同……."

學)을 개창한 것은 주지의 사실이지만, 춘추말 전국시대에 걸쳐 화려하고 다양하게 출현한 제자학은 모두 기존의 학에 대한 비판에서 출판, 나름대로 독자적인 원리와 방법을 제시하였다. 그러나 이들은 선생을 중심으로 모여든 제자들로 구성된 사적인 학단을 형성하였고, 그 입문(入門)에 신분적 차별을 두지 않은 점에서는 (물론 일정한 禮物을 수업료로 바쳐야 했지만) 공자가 선도한 사학의 기본적인 특징을 공유하였으며, 이것은 제자학 전체의 성격에 일정한 방향을 규정한 것 같다.

《논어》에 보이는 공자와 제자의 관계를 보면, 공자의 학단은 단순한 교육기관이기보다는 교육을 매개로 형성된 생활집단이란 인상을 받지만, 실제 학단내의 생활·규칙을 상세히 언급하고 있는 《관자(管子)》 제자직편(弟子職篇)에 수업(受業)과정뿐 아니라 청소, 취침, 식사, 세면(洗面), 내방객(來訪客)의 접대 등 생활 전반에 걸친 규범이 포함된 것을[19] 상기할 때, 당시 학단을 대체로 생활집단으로 이해해도 대과는 없는 것 같다.[20] 이러한 학단의 성격은 물론 효과적인 교육을 위한 필요에서 비롯된 것이기도 하고, 실제 학단의 교육 자체가 단순한 기능적인 지식보다는 윤리적인 원리와 그 규범이 중심인 점, 그리고 제자들이 대부분 원지(遠地)에서 선생을 찾아왔다는 점 등을 감안하면 별로 특이한 일도 아닐지 모른다.

그러나 이것은 당시 지식의 전수형태와도 무관하지 않은 것 같다. 즉 독서보다는 개인적인 강설(講說)이 지식을 전수받는 주요 방법이었기 때문이기도 하다는 것이다. 당시 각 학단은 교육에 필요한 문헌을 수집·정리하였고, 제자들이 선생의 강설을 암송하거나 틈틈이 기록한 자료를 모아 선생의 사후에 편찬한 것은 사실이다. 당시 이런 문헌들이 어느 정도 유포된 것은 의문의 여지가 없으며, 일정한 수준의 문자해독 능력을 가진 사람이 독서를 통하여 스스로 지식을 획득할 수 있는 가능성이 높아진 것은 분명하다. 그러나 종이가 없는 당시 상황에서 극히 고가(高價)인 비단을 제외하면 문자매체는 결국 죽간(竹簡)·목독(木牘)뿐이라고 해도 과언이 아니다. 이런 상황에서 책을 편찬한다는 것 자체도 그렇게 용이한 일이 아니려니와,[21] 그것이

---

19) 宇都宮淸吉, 1977.
20) 渡邊卓, 1973-③.
21) 《韓非子》, 五蠹篇, "今境內之言治 藏商管之法者家有之……境內皆言兵 藏孫吳之書家

광범위하게 유포되기는 더욱 어려웠을 것이다. 또 비록 그 이전의 금문체
(金文體)에 비해 훨씬 평이한 문체가 개발되기는 하였지만, 문자매체의 성격
상 문자 절약의 필요성도 절실하였을 것이며,[22] 이것은 특히 한자(漢字) 자
체가 갖는 다의성(多義性)과 함께 개인 스스로 독서를 통한 지식의 획득을
더욱 어렵게 만들었을 것이다. 원방(遠方)에서 선생을 직접 찾아와 그 강설
(講說)을 듣지 않을 수 없었던 것은 바로 그 때문이라 하겠으며, 이들이 선
생과 항상적인 접촉을 위해서는 학단이 생활집단으로 조직될 필요가 있었을
것이다.

그러나 여기서 사제간(師弟間)의 관계가 보다 사적(私的)이고 정적(情的)
인 성격을 띠면서 교사의 절대적인 권위가 확립된 것은 문제였다. 형벌에
의한 강제를 수반한 학단의 법(法)과 거자(鉅子)의 절대적인 권위에 의해서
군대식으로 통제된 묵가학단(墨家學團)의 경우는 그것이 본래 수어집단(守禦
集團)의 성격에서 출발하였고, 또 묵가사상 중 철저한 상명하복(上命下服)을
합리화하는 상동론(尙同論)이 있기 때문이라고 치자.[23] 그러나 학단내의 질
서를 가족생활의 그것처럼 규정하고 있어 유가학단의 규약으로 추정되는
《관자(管子)》 제자직편(弟子職篇)도[24] 결국 제자의 공순(恭順)을 철저히 요구
한 점은 마찬가지였다. 물론 한편으로 교사의 자질과 수칙(守則)도 엄격히
요구된 것은 사실이다. 《여씨춘추(呂氏春秋)》 중 학(學)의 중요성과 사(師)에
대한 절대적인 신뢰와 존경을 강조한 존사편(尊師篇)과 함께 이상적인 교사
의 자질과 능력 및 교사로서 타기해야 할 태도를 열거하고 있는 무도편(誣徒
篇)이 설정된 것은 바로 이 때문이며, 묵가의 상동론 역시 상현론(尙賢論)과
표리를 이루며 상급자 또는 교사의 현능(賢能)을 강조한 것도 사실이다.

《여씨춘추》 무도편이 제시한 이상적인 교사상(教師像), 즉 지기(志氣)가
화(和)하고 항심(恒心)을 견지하여 언행에 일관성이 있고 자신의 과오를 반

有之"는 戰國末 서적의 광범위한 유포를 시사한다. 그러나 암송을 통해서 전수된 《公
羊傳》이 前漢 景帝時, 비로소 竹帛에 著錄된 사실은(日原利國, 1976, p. 27) 지식의
문자화가 크게 한정된 사정을 잘 말해준다.

22) H. G. Creel, 1974 는 申不害의 저작이 극히 함축적이고 난해한 부분적인 이유를 권력
자의 통치 秘術을 논한 때문으로 해석하고 있으나(pp. 34~36), 문자의 절약, 한자 자
체의 함축적이고 多義的인 성격도 아울러 고려해야 할 것이다.

23) 增淵龍夫, 1960.

24) 宇都宮淸吉, 1977.

성할 줄 알며, 권세 있고 부유한 제자에게 아첨하지도 않고 뛰어난 제자의 성취를 시기하지 않는 교사, 그리고 제자로 하여금 항상 편안하고〔安〕 즐거운 마음을〔樂〕 갖게 하며, 지나친 부담을 요구하지 않고 한가한 마음으로 학습토록 하면서도〔休·游〕 항상 엄숙한 태도〔嚴·肅〕를 잃지 않는 교사라면 제자의 존경과 공순(恭順)은 자연히 따를 것이며, 사·도(師·徒)가 동체(同體)가 되어 효과적인 교육뿐 아니라 학문도 더욱 발전할 수도 있을 것이다.

그러나 이것은 실제 기대하기 어려운 이상론이라면, 많은 경우 제자의 일방적인 공순이나 복종을 요구하는 것이 일반적이었을 것이며, 이러한 관계에서 선생의 강설에 이의(異意)나 반론(反論)을 제기할 수 있는 학생은 거의 없었을 것이다. 《논어》를 비롯한 제자서들이 많은 경우 문답식(問答式)으로 서술된 것은 사실이다. 그러나 이것은 진리에 도달하는 토론적인 대화는 결코 아니며, 오히려 문제에 대한 선생의 일방적인 어록(語錄)에 불과한 것을 주의하지 않으면 안된다. 문답체가 변증법적인 실천의 논리로써 효과를 발휘한 것도 인정할 수 있지만, 한편 형식논리의 분석을 배제함으로써 논리분석을 요하는 순수한 학문의 발전이 제약된 것도 분명하다.[25] 이것은 결국 문제의 해답과 판단이 개인의 자유롭고 주체적인 모색을 통하여 도달하기보다는 교사의 절대적인 권위에 의해서 재단(裁斷)될 수밖에 없는 한계의 소산이라 하겠다.

물론 당시 교사는 자신의 주장을 개인적인 권위만으로 정당화할 수는 없었고, 특히 타학파(他學派)와의 논쟁에서는 그 권위가 통할 리가 없었을 것이다. 때문에 그들은 자신의 입론(立論)을 보다 객관적이고 논리적인 형식으로 개진하는 방법을 모색하지 않을 수 없었지만, 특히 명가(名家) 또는 별묵(別墨)으로 알려진 일군의 학자들은 이 문제에 남다른 관심을 보였다.

현재 이들의 성과로 알려진 《묵자(墨子)》의 경(經)·경설(經說)·대취(大取)·소취(小取) 제편(諸篇)에는 언어의 정확한 개념규정, 사물의 이동(異同)을 판별하는 '류(類)'의 개념, 사물의 소이연(所以然)을 밝히는 '고(故)'의 개념을 비롯하여 유추법(類推法)·연역법(演繹法)·귀납법(歸納法)·가정법(假定法)에 상응하는 논증법 등 일응 논리학의 기본개념과 방법이 제시되어

---

25) 根本誠, 1971.

있다.26) 또 고대 희랍의 궤변철학(詭辯哲學)을 방불케 하는 혜시(惠施)의 '역물지의(歷物之意)', 공손룡(公孫龍)의 견백동이론(堅白同異論),27) 흔히 '소박변증법(素朴辨證法)'으로 평가되고 있는 《노자》의 모순·역설의 논리, '유(遊)', '망(忘)', '화(化)'의 개념을 기반으로 전개된 《장자(莊子)》 제물편(齊物篇) 등의 판단방기(判斷放棄), 역설(逆說)의 논리,28) 정명(正名)·명실론(名實論)과 함께 명사의 단순·복합·보편·특수의 분류, 류(類) 및 종(種)의 개념, 개념의 포섭(包攝)·종속관계 등을 논한 《순자(荀子)》 정명편(正名篇) 등은29) 모두 선진 제자(先秦 諸子)의 논리학적 관심과 그 수준을 잘 말해 주고 있다.

당시 제자(諸子)들이 이러한 논리법칙이나 개념을 부분적으로 채용, 그 입론(立論)을 보다 설득력 있게 전개한 것은 사실이다. 그러나 형식논리학의 발전이 결여된 변증법 논리란 많은 경우 언어의 유희에 불과하기 마련이지만, 실제 대부분의 제자들은 진리의 논리적 입증보다는 경험이나 선례(先例) 또는 공리성(功利性)을 입론의 준거로 삼은 것이 일반적이었다. 《묵자》가 ①고성왕지사(古聖王之事), ②백성이목지실(百姓耳目之實), ③국가백성인민지리(國家·百姓人民之利)를 시비 판단의 3가지 기준(3表)으로 제시한 것은30) 바로 그 대표적인 예라 하겠다. 이중에서 개인의 지각(知覺)과(②) 현실적인 공리적 효용성을(③) 강조한 점은 입장에 따라 반론도 있을 수 있겠지만, 일단 별 문제는 없다. 그러나 선왕(先王)의 선례를 강조한 ①은 결국 논리의 진실(眞實)보다는 전통의 권위에 가탁한 것으로서, 사실 모든 선진 제자들이 자설(自說)을 정당화하는 데 가장 즐겨 사용한 것은 바로 이 방법이라고 해도 과언은 아니다. '선왕(先王)'은 학파에 따라 물론 다르지만, 그들이 내세운 신농씨(神農氏)·황제(黃帝)·요(堯)·순(舜)·우(禹)·탕(湯)·문왕(文王)·무왕(武王) 등이 모두 과거에 이상적인 사회를 구현하였다는 고

---

26) 胡適, 1967, pp.54~82; 譚戒甫, 1964,1981. 또 《墨子》論理學 관계 諸篇의 文法 및 중요 용어의 개념을 세밀하게 분석, 別墨의 論理學體系뿐 아니라 經·經說篇에 담긴 윤리학·과학지식을 잘 정리한 A.C.Graham, 1978도 좋은 참고가 된다.
27) 胡適, 1967, pp.82~104; 汪奠基, 1979, pp.79~92; Chad Hansen, 1983, Chapter 5, Kung-sun Lung and the White-Horse Paradox 참조.
28) 大濱晧, 1959. 제1부 제1장, 道家の論理 참조.
29) 同上, 제2부, A 荀子(正名篇)の場合.
30) 《墨子》, 非命 上.

성왕(古聖王)인 점에서는 동일하며, 이것은 적어도 2가지 문제를 야기한 것 같다.

첫째, 자신의 입론이 곧 고(古) 성왕의 '교(敎)'나 '법(法)'이란 주장은 필연적으로 그 성왕의 시대를 완벽한 이상의 전형으로 미화하는 논리로 연결되었고, 적어도 형식상으로는 현실개혁이 그 이상적인 과거의 재현을 의미하게 된 것이다. 선진(先秦)사상이 상고(尙古) 또는 복고주의(復古主義)의 색채가 강하여 진보와 발전의 개념이 결여되었다는 평가를 흔히 받고 있는 것은 바로 이 때문이다. 물론 이 점을 지나치게 강조하는 것은 온당치 않다. 일견 자연과 역사의 단순한 반복을 주장한 것처럼 보이는 그들의 순환론도 실제 인과관계(因果關係)의 계기적(繼起的) 연속을 강조한 것이었다는 지적도 있지만,[31] 특히 시대의 변화에 따른 구체적인 대응을 강조한 《한비자(韓非子)》,[32] 유교의 '술이부작(述而不作)'을 반대하고 적극적인 창조 '작(作)'을 긍정한 《묵자》,[33] 3대(三代) '부동례(不同禮)'에 대한 일반적인 인식 등 복고주의와 상반된 예들도 많기 때문이다. 더욱이 그들의 상고는 시간적 후퇴의 개념보다는 전진(前進)을 위한 현실비판의 개념이고, '선왕의 법'도 보수온존(保守溫存)보다는 현실극복의 개념으로 보는 것이 타당하다.[34] 따라서 '고(古)' 자체도 시간의 개념보다는 오히려 '이상(理想)의 전범(典範)'으로 이해하는 것이 보다 적절할지도 모른다. 그러나 형식적이나마 이상의 전범을 '고'로 표현한 것은 역시 '옛 것', '오래된 것'을 숭상하는 인습을 타파하지 않고 오히려 그것을 이용한 것으로서,[35] 결국 논리보다는 권위를 보다 중시한 제자(諸子)의 사상적 한계라고 하지 않을 수 없다.

이 점은 순자가 '선왕(先王)' 대신 '후왕(後王)'을 전범(典範)으로 주장한 것도 마찬가지다. 물론 순자가 '선(先)', '고(古)'에 대한 '후(後)', '금(今)'의 진보나 발전보다는 단지 '고금일리(古今一理)'를 강조하기 위하여 '법후왕(法後王)'을 주장한 것은 사실이다.[36] 그러나 그가 굳이 '선' 대신

---

31) Joseph Needham, 1965, pp. 8~9.
32) 侯外廬, 1957, pp. 607~609.
33) 李成珪, 1984, pp. 250~251.
34) 根本誠, 1978, 제2장 제1절 中國思想と尙古主義.
35) 《淮南子》脩務訓, "世俗之人 多尊古而踐今 故爲道者必託之於神農黃帝 而後入說 亂世闇主 高遠其所從來 因而貴之."
36) 侯外廬, 1957, pp. 577~588.

'후'를 택한 이유는 전범으로서의 '고'가 시간적 개념으로 오해될 소지가
다분할 뿐 아니라 오히려 그 오해를 활용하고 있는 현실을 시정하기 위한 것
으로 해석할 수 있다면, '옛 것' 또는 '오래 된 것'의 인습적인 권위보다는
전범 자체의 가치를 더 중시한 것으로 일단 평가해도 좋을 것이다. 그러나
'후왕(後王)'을 강조한 것도 순자뿐이었지만, 이 '후왕' 역시 실제 주(周)의
문왕(文王)·무왕(武王)을 지칭한 것이고 보면, 사실상 '선왕'과 동일한 개
념이다.[37] 순자 역시 자신이 타파하려는 인습의 한계를 어느 정도 극복하였
는지는 의문이다. 그러므로 자설(自說)을 '선왕의 법(法)'으로 부회한 형식
을 일방적으로 강조하여 제자의 상고·복고주의를 지나치게 역설하는 것도
잘못이지만, 한편 '고'의 전범성만 강조하여 인습적 권위에 호소한 그 논증
법의 한계를 간과하는 것도 찬성할 수 없는 것 같다.

둘째, '선왕의 법'은 단순한 이상적 가치가 아니라 제왕(帝王)이 재정(裁
定)한 가치였다. 따라서 모든 가치의 궁극적인 재단자(裁斷者)가 곧 제왕이
란 논법이 자연스럽게 성립된 것이다. 물론 선왕은 천명(天命)의 수임자(受
任者), '천지(天志)'의 순응자, 자연과 만물의 근원인 동시에 그 이법(理法)
이라 할 수 있는 '도(道)'를 체현한 '진인(眞人)' 등으로 주장된 만큼, 논리
상의 하자는 없다. 또 이것은 어느 의미에서 현실의 군주 또는 미래의 제왕
에게 완벽한 덕(德)·현(賢)·능(能)을 요구하는 논리이며, 실제 군주의 도
덕성이나 현능(賢能)을 기대하지 않고 그 지위 자체에 절대적인 권위를 부여
하는 신도(愼到)의 '세(勢)'론,[38] 관료 조직에 의한 통어술(統御術)을 강조한
신불해(申不害)의 '술(術)'론,[39] 법에 대한 일체의 시비를 봉쇄하고 무조건
복종을 요구하는 상앙(商鞅)의 법치론(法治論) 등에[40] 비해 전제권력의 견제
또는 완화에 크게 기여한 것은 사실이다. 그러나 성인(聖人) 또는 철인 제왕
(哲人帝王)의 이상은 왕왕 권력의 도덕화보다는 현실적으로 절대권력의 합
리화에 기여하기 마련이지만, 이 점은 제자학(諸子學)의 경우도 예외는 아닌
것 같다. 즉 여기서도 정치와 도덕의 이상적인 합일론(合一論)이 결국 권력

37) 秬文甫, 1985. pp. 196~197.
38) 金谷治, 1962.
39) H. G. Creel, 1974 가 이 문제를 가장 포괄적이고 深度있게 다루고 있다.
40) 蕭公權, 1971, 제1編, pp. 225~234 는 勢·術·法 3이론이 韓非子에 의해 종합되어
　　절대君主論으로 발전한 것을 잘 지적하고 있다.

에 의한 도덕의 지배로 전개된 것이다. 절대군주론을 주장한 상앙·한비자 등의 사상이 '도(道)'의 개념을 채용, 천자를 '도'의 체현자로, 그 법령을 '도'에 근원한 것으로 각각 주장함으로써 힘의 논리에 기초한 적나라한 군주론을 철인제왕론으로 발전시킨 마왕퇴(馬王堆) 한묘(漢墓) 출토 고일서(古佚書)의 이론은[41] 그 대표적인 예라 하겠지만, 유가들이 특히 강조한 '소왕(素王)'론이야말로 권력에 대한 도덕과 학문의 종속을 전제로 하지 않는 한 나올 수 없는 논리라 하겠다.

한대 이후 유가가 공자를 '소왕(素王)' 즉 '왕자(王者)의 위(位)는 없으나 그 덕을 구비한 성인(聖人)'으로 존숭(尊崇)한 것은 주지의 사실이지만 실제 그 연원은 분명치 않다. 다만 이것이 공자의 《춘추》 제작설(制作説)과 결부되는 것이 일반적인 것을 보면, 공자 소왕설을 크게 선전한 것은 역시 공양학(公羊學) 같으며, 공자를 성왕의 계승자로 편입시키고 아울러 《춘추》의 저작을 '천자지사(天子之事)'로 규정한 맹자의 주장이[42] 그 이론적인 근거였던 것 같다. 그러나 《장자(莊子)》 천도편(天道篇) 및 《사기(史記)》에도 '소왕'이 언급된 것을 보면[43] 이 말 자체는 '성인지궁이재하자(聖人之窮 而在下者)'란 일반 명사로서 그 이전부터 존재하였고 공자만을 전칭한 것도 아니었다. [44] 위대한 성인을 무관(無冠)의 제왕으로 인정한 '소왕'이란 말 자체는 성인적 가치의 독자성, 즉 권력에 대한 도덕과 지혜의 비종속을 선언한 의미가 있으며, 특히 백이(伯夷)·유하혜(柳下惠)를 '백세지사(百世之師)'인 성인으로 극찬하고 군자(君子)의 3락(樂) 중 '왕천하(王天下)'는 포함되지 않는다고 단언한 《맹자》의 구절, [45] "진정한 군자는 천지(天地)와 동격이며, 대유(大儒)

---

41) 唐蘭, 1975; 裘錫圭, 1980; Jan Yün-hua. 1977; 金谷治, 1979; 內山俊彦, 1978; 淺野裕一, 1984; 齋木哲郎, 1985 등은 이 佚書의 내용을 잘 소개·분석하고 있다.

42) 《孟子》, 盡心下, "由堯舜至於湯五百餘歳…… 由湯至於文王 五百餘歳…… 由文王至於孔子五百餘歳…", 同, 離婁下 "世衰道微…… 孔子懼作春秋 春秋天子之事". 단 여기서 '春秋天子之事'는 '春秋는 天子의 事를 기록한 것'이라기보다는 '春秋를 講説한 것이 天子의 事'라고 해석하는 것이 타당하다. 渡邊卓, 1973-①, pp. 301~303 참조.

43) 《莊子》, 天道篇, "……以此處上 帝王天子之德也 以此處下 玄聖素王之道也", 《史記》卷 3, 殷本紀, "伊尹見湯 言素王及九主之事", 同, 卷 6 秦始皇本紀 "諸侯起於匹夫以利合 非有素王之業".

44) 趙翼, 《陔餘叢考》 卷 21, 素王. 金庠基, 1965.

45) 《孟子》, 盡心 上, "聖人百世之師也 伯夷柳下惠是也 故聞伯夷之風者 頑夫廉 懦夫有立志 聞柳下惠之風者 薄夫敦 鄙夫寬 奮乎百世之上 百世之下聞者 莫不興起也 非聖人而能若是乎 而況於親炙之者乎", "孟子曰 君子有三樂 而王天下 不與焉".

는 비록 극도의 곤궁한 처지에 있어도 왕공(王公)들이 감히 그와 명예를 다투지 못한다"는 《순자》 유효편(儒效篇)의 구절을 상기할 때, '소왕'론을 이런 관점에서 이해하는 것도 필요하다.

그러나 동시에 이것은 조사(祖師)를 성인으로 추숭(推崇)하지 않을 수 없는 제자들의 입장에서 고안된 논리였음을 간과해서는 안된다. 조사의 완벽성을 강조할수록 그 입론을 추숭하는 자신들의 존재의미가 더욱 부각되는 문도(門徒)들이 조사를 성인으로 추숭한 것은 당연하였겠지만, 동시에 성인인 조사가 제왕은커녕 평생 궁사(窮士)의 처지를 면치 못한 사실은 그들을 크게 당혹시켰을 것이다. 여기서 그들이 성인과 제왕의 세계를 철저히 분리시키고, 도덕과 학문의 독자성을 당당히 주장할 수 있었다면 소왕론은 물론 불필요하였을 것이다. 그러나 철인제왕론 자체가 최고의 성인이 궁사에 머문다는 것을 논리상 허용할 수도 없었겠지만, 조사가 성인인 소이(所以)는 바로 그 입론이 '선왕의 법'이요 그 강설이 '천자지사'였던 만큼, 그 분리는 처음부터 불가능하였던 것 같다. 때문에 적어도 단순한 교사가 아니라 왕법(王法)의 제정자로서 조사의 위치를 설정하지 않을 수 없었을 것이다. 요컨대 조사를 제왕으로 조작할 수는 없어도 그 역할을 사실상 수행하였다는 주장이 필요하였던 것이며, 소왕론은 바로 여기서 제기된 것 같다. 그러므로 이것은 권력으로부터 성인·교사의 독자성을 선언한 것 같지만, 실제왕권의 권위를 빌려 조사의 권위를 절대화한 의미가 더 강하며, 왕권이 조사·성인의 권위의 최종적인 근원인 이상 학문은 권력에 종속되고 제왕이 모든 가치의 최고 재정자가 된 것은[46] 당연하였다.

이것은 전제군주권의 확립과정이란 시대적 배경을 반영한 것이기도 하다. 그러나 논리적 진실보다는 교사의 권위가 중시되고 그 권위가 '고성왕(古聖王)'에 가탁(假託)된 권위주의적인 논증법 자체에 이미 권력에 의한 학문의 종속이 논리적으로 배태되고 있었기 때문이기도 하다. 교사와 그 저작(著作)의 권위, 이것은 어느 의미에서 학문의 발전에 불가결한 요건이기도 하며, 제자학이 고전학문으로 확립된 것도 사실 이 때문인지도 모른다. 그러나 논리적 진실이 아닌 선왕의 권위에 기초한 제자학은 그 자체의 고전성

---

46) 劉澤華, 1987, pp. 69~70.

을 확보하는 데 실패할 수밖에 없었다. 때문에 제왕의 권력에 봉사할 때만이 그 존재의미를 갖는 어용(御用)의 학(學)으로 전락할 소지가 다분하였다. 철저한 논리의 대결보다는 안이한 절충 끝에 대제국의 출현과 함께 다양한 제자학의 전통이 사라지고, 동시에 사학(私學)이 관학(官學)으로 통합 재편된 것은 바로 이 때문이라 하겠다.

Ⅱ. '人間의 發見'과 그 限界

인간중심주의 또는 합리주의가 제자사상의 커다란 특징이라는 것은 이미 상식에 속한다. 이와 관련, "공자는 괴(怪)·력(力)·난(亂)·신(神)을 말하지 않았다"는 유명한 《논어(論語)》 술이편(述而篇)의 구절이 흔히 지적되고 있지만, 사실 선진문헌(先秦文獻)에서 이것을 뒷받침할 수 있는 자료를 제시하는 것은 별로 어려운 일도 아니다. 상왕(商王)의 조선신(祖先神)과 결합된 지상신(至上神) 상제(上帝)가 자연 및 인사(人事)를 모두 지배한 것으로 신앙되었고, 상왕의 모든 정치적 행위가 상제의 재가를 얻는 형식으로 이루어진 상대(商代)나,[47] 비록 상제와 선왕이 분리되고 경천사상(敬天思想)과 천명사상(天命思想)의 전개로 '정치적 종교화'가 이루어졌으나[48] 본질적으로 천(天)이 지상신(至上神)의 성격을 유지한 서주(西周)의 상황을[49] 상기할 때, 실로 이것은 괄목할 만한 변화이다. 인간이 자신의 운명을 좌우하는 초월자의 존재를 부정한 점에서는 가히 '인간의 발견'이란 지적도[50] 결코 과장만은 아닌 것 같다. 물론 이 변화는 돌연히 출현한 것도 아니고 사회의 발전에 따른 인간의식의 성장 결과였던 만큼, 이 문제를 이해하려면 적어도 춘추전국시대에 진행된 여러 변화를 먼저 간략하게나마 지적할 필요가 있을 것이다.

전통적인 서주 질서의 동요는 먼저 왕권의 약화에서 시작되었지만, 이에 따른 여러 규범의 문란은 그 규범의 근원이자 보증자인 천(天)을 비롯한 제

---

47) 李成珪, 〈中國文明의 起源과 形成〉(本書 所收) 참조.
48) 侯外廬, 1957, p.72.
49) 馮友蘭·森下修一, 1966, p.75.
50) 同上, pp.89~110.

신(諸神)에 대한 회의를 불러일으켰을 것이다. 규범의 파괴를 재제(裁制)하지 못하는 주왕(周王)의 무력화는 곧 그 파괴를 응징하도록 되어 있는 천(天)과 귀신(鬼神)들의 권능은 물론 그 존재까지 의심하는 회의주의로 연결된 것이다.[51] 동시에 전통적인 정치질서는 물론 생산력의 발전에 따른 씨족질서가 해체됨에 따라 전통에 의해서 보장되었던 개인의 신분과 지위는 개인의 능동적인 노력 여하에 따라 획득되는 것으로 바뀌었다. 이에 따라 개인의 주체적인 노력이 강조된 것은 당연하였지만, 그 노력의 성공적인 결실을 위한 효과적인 방법이 모색되면서, 모든 사물에 내재한 원리가 보다 적극적으로 탐색되었을 것이다.

사물의 속성과 원리의 정확한 이해가 성공의 관건이란 인식은 계절의 변화, 토양과 작물(作物) 성질의 숙지(熟知)를 요구하는 농업생산의 오랜 경험에서도 얻을 수 없는 것은 아니다. 그러나 농업생산은 본질적으로 자연의 변화·생장과정에 순응 내지는 보완하는 성격을 크게 벗어나지 못하며, 생산물 자체도 자연 속에 존재한 것이지 인공물은 아니다. 이에 비해 수공업노동은 사회적 분업에 의해서 성립되었을 뿐 아니라 기술과 도구를 갖춘 장인(匠人)이 자연 속에 존재하는 질료(質料)를 변경하여 자연에 존재하지 않는 인공물을 창조하는 과정이다. 때문에 수공업노동은 노동대상의 성질, 특히 그 물리적 성질에 대한 객관적인 지식을 요구하는 것이 특징이다.[52] 그러므로 수공업의 발전이야말로 사물의 속성과 원리에 대한 인간의 주체적인 탐색의 결과이지만, 동시에 그 탐색을 더욱 확대 자극하는 계기인 것이다. 철기와 우경(牛耕)의 보급, 농법의 발달에 따른 농업생산의 제고를 배경으로 발전한 춘추·전국시대의 수공업이 적극적인 원리의 탐색정신을 광범위하게 자극한 것은 당연하였을 것이다. 인간의 본성, 자연의 법칙과 만물의 속성의 탐구, 이것을 기초로 정치·사회·윤리·경제의 여러 원리와 방법을 모색한 제자학이 이 시대에 출현·발전한 것은 결코 우연이 아니었으며, 여기서 인간과 '천' 또는 자연의 관계가 재정립된 것도 당연하였다. 제자(諸子) 문헌 중 인간에 의한 자연의 적극적인 이해와 정복을 가장 극명하게 주장한 것은 《순자》 천론편(天論篇)이었다.

---

51) H. G. Creel. 1949, pp. 16~17.
52) 石母田正, 1963, pp. 9~11.

여기서 순자는 '천'은 그 자체의 원리에 의해서 움직이는 자연현상에 불과하며, 따라서 '천'이 인간사에 개입할 여지가 없다는 것을 먼저 다음과 같이 밝히고 있다.

천(天)의 운행에는 상칙(常則)이 있으며 요(堯)를 위해서 천하(天下)를 보존시키는 것도 아니고 걸(桀) 때문에 (천하를) 망하게 하는 것도 아니다. 치(治)로써 천에 대응하면 길(吉)하고 난(亂)으로써 대응하면 흉(凶)할 뿐이다. 본(本)에 힘쓰고 절용하면 천(天)도 가난하게 할 수 없으며 (萬事에) 대비하고 시기에 맞게 움직이면 천도 병폐(病弊)를 줄 수 없다. 도(道)를 닦아 어긋나지 않으면 천은 (인간에게) 화를 내릴 수 없으며, 아무리 수한(水旱) (같은) 재해도 굶주림을 가져올 수 없고, 한서(寒暑)도 질병을 가져올 수 없다.

이어서 순자는 인간의 행동이 그릇되면 천의 재앙이 오기도 전에 이미 불행이 닥친다는 것을 논하면서, 길흉화복이 결코 천에 의한 것이 아님을 갈파하고, 치란(治亂)은 결코 '천(天)', '지(地)', '시(時)'와 같은 자연현상이 아니라 인간의 노력에 의해서 좌우된다는 것을 주장한 후, 다음과 같이 자연의 정복과 이용을 역설한다.

천(天)을 크게 생각하고 사모하는 것은 물(物)을 길러 그것을 제어(制御)하는 것과 어느 것이 나은가? 천을 좇아 칭송하는 것은 천명(天命)을 제어하고 그것을 이용하는 것과 어느 것이 나은가? 시(時)를 바라보고 기다리는 것은 시(時)에 응(應)해 그것을 이용하는 것과 어느 것이 나은가? 물(物)에 인해서 그것을 많게 하는 것은 능력을 발휘하여 적극적으로 다산(多産)케 하는 것과 어느 것이 나은가?……물(物)이 생성되는 (자연 상태에서) 그것을 원하는 것은 물이 생성되는 이치를 파악하여 얻으려는 것과 어느 것이 더 나은가? 그러므로 인간의 (노력을) 젖혀두고 천(天)에 의지한다면 만물의 정(情)을 잃을 것이다.

교육과 학습을 통한 인간의 개조와 환경의 극복을 역설한 《순자》 권학편(勸學篇)은 바로 이와 같은 천도(天道)와 인도(人道)의 엄분, 자연에 대한 객관적이고 주체적인 이해와 이용사상을 바탕으로 전개된 것이다. 그러나 이러한 투철한 인간중심주의와 과학정신을 견지하기에는 당시 과학지식은 너무나 많은 한계가 있었으며, 도저히 인간의 이지(理知)로는 설명할 수 없는 문제는 산적해 있었다. 이 때문에 신화적인 세계관과 주술은 의연히 성행될 수밖에 없었던 것이다. 《초사(楚辭)》나 《산해경(山海經)》에서도 우리는 이러한 관념의 성행을 충분히 지적할 수 있다.[53] 그러나 장사(長沙) 전국묘(戰國墓)에서 출토된 백화(帛畵)의 각 월(各 月)을 주재하는 신으로 추정되는 12신상(神像),[54] 전국묘에서 출토되는 각종 신화적인 동물의 형상, 한대(漢代)의 예이지만 동경(銅鏡)·화상석(畵像石), 관벽(棺壁)의 칠화(漆畵)·백화(帛畵) 등에 보이는 귀신과 신선의 세계[55] 그리고 주술적 요법(療法)이 의연히 높은 비중을 점하고 있는 의서(醫書),[56] 전국(戰國) 초묘(楚墓)에서 출토된 복서제도기록(卜筮祭禱記錄),[57] 진묘(秦墓)에서 출토된 일서(日書; 占卜書)[58] 등은 오히려 신화적 세계관과 무신신앙(巫神信仰)에 지배되는 의식이 보편적이었음을 잘 입증해 주는 것 같다[그림 참고]. 물론 이 문제에 대한 제자들의 태도는 대체로 회피적이거나 부정적이었고, 바로 이 점에서 그들의 사상적 선진성(先進性)이 평가될 수 있는 것은 사실이다. 그러나 이러한 일반적인 의식의 단계가 제자사상을 크게 제약한 것도 명백하다.

비명편(非命篇)에서 개인의 화복(禍福)은 물론 역사의 흥망 치란(治亂)까지도 전적으로 인간의 책임으로 강조하여 운명론을 신랄하게 공격한 묵자가 명귀편(明鬼篇)에서 귀신의 존재를 역설하고, 인간의 모든 행위에 상벌권을 행사하는 거의 인격적 지상신에 가까운 '천'의 개념을 주장한 것은[59] 그 대표적인 예라 하겠다. 물론 묵가사상의 전체 구조에서 천지론(天志論)은 묵가가 주장한 모든 원리의 구극적인 논리였고, 특히 천자의 무제약성을 보증하기 위해 설정된 것이므로[60] 과연 묵가가 인간을 감독하는 존재로서의 천을 진지하게 신봉하였는지는 의문이다. 더욱이 명귀편이 초감각적인 귀신의 존재를 감각적 경험으로 입증하려고 한 것이나, 특히 귀신에 대한 제사를 권하면서 "정말 귀신이 없더라도 제사는 종족(宗族)과 향리(鄕里)의 친목을 도모하는 데 유용하다"고 주장한 것을 보면 귀신의 존재도 크게 확신하지는 않은 것 같다. 그럼에도 불구하고 천지(天志)와 귀신을 자설(自說)의 구극논

53) Michael Loewe, 1982, pp. 48~50 ; 陳天俊, 1986.
54) 安志敏 등, 1963 ; 林巳奈夫, 1967 ; 饒宗頤 등, 1985 ; 李零, 1985.
55) 劉敦愿, 1978 ; 林巳奈夫, 1974 ; 曾布川寬, 1979.
56) 山田慶兒, 1985.
57) 包山墓地竹簡整理小組, 1988.
58) 饒宗頤 등, 1982.
59) 郭沫若, 1944, 1945.
60) 李成珪, 1984, pp. 263~264.

거(究極論據)로 삼은 것은 당시 일반인들의 의식의 근저에 깔려 있는 관념을 이용한 것이 분명하다. 물론 묵가의 '천'은 인간의 윤리적 행위에 대한 상벌만 행사할 뿐, 인간의 운명을 무매개적으로 지배하는 존재는 아니며, 묵가가 숙명론을 배격할 수 있었던 것은 바로 이 때문이다.[61] 그러나 묵가의 숙명론은 천도(天道)와 인도(人道)의 상관관계를 매개로 한 점에서 인간의 주체적인 윤리적 자각과 실천이 약화되고 공리적인 타율성이 강조된 논리라는 것은 부인하기 어렵다.

비슷한 한계가 인도와 천도에 엄분을 강조한 순자에게서도 확인되는 것은 무척 흥미있는 일이다. 즉 그에 의하면 기우제나 일·월식(日·月食)에 대한 불제(祓祭) 및 점복(占卜) 자체는 실제 아무 소용이 없지만, 백성들이 그것을 신사(神事)로 믿고 있는 실정이므로, 그것은 정사(政事)를 문식(文飾)하는 데는 필요하다는 것이다.[62] 여기서 필자는 "로마세계에서 성행된 각종 형식의 모든 제의(祭儀)를 백성들은 똑같은 진실로 믿었지만, 철학자들은 똑같은 허구로 생각하는 반면, 행정관들은 똑같이 유용하다고 여겼다"는 지적을[63] 상기하지 않을 수 없다. 순자가 백성들의 무신(巫神)신앙을 타파하는 데 관심이 없었고, 오히려 정치를 문식(文飾)하는 수단으로 활용하는 데 동의한 것은 의문의 여지가 없다. 이것은 곧 그의 자연으로서의 '천', 인간의 주체적 자각도 결국 '군자' 즉 지배층에 국한된 논리에 불과하였음을 시사하지만, 그의 강한 영향을 받은 것으로 알려진 한초의 유가들이 다시 천도와 인도를 결합, 더욱 정치한 '천인상관론(天人相關論)'을 전개한 것도 바로 순자 자신이 백성들의 천인상관(天人相關) 의식(意識)이나 관행을 용인한 때문이기도 하다.

이에 비해 우주와 만물의 근원을 '도(道)'로 인식하고, 음양 2기(氣) 또는 오행의 순환운동으로써 만물의 생성·변화를 설명하는 노(老)·장(莊) 계열의 자연철학은 나름대로 인간을 포함한 만물의 근본원리를 철학적으로 발견한 셈이며, 이 원리를 체득한 개인을 무한한 정신적인 자유를 향유할 수 있

---

61) 渡邊卓, 1973-③, p. 616.
62) 《荀子》, 天論篇, "雩而雨 何也 曰無何也 猶不雩而雨也 日月食而救之 天旱而雩 卜筮 然後決大事 非以爲得求也 以文之也 故君子以爲文 而百姓以爲神 以爲文則吉 以爲神則 凶也."
63) Edward Gibbon. 1946, vol. 1, p. 22.

는 만큼, 일견 신(神)은 물론 일체의 사회적 속박에서 해방된 개인의 자아
(自我)를 확립한 논리가 여기서 완성된 것처럼 보인다. 그러나 이들이 주장
한 자연의 원리와 법칙은 객관적인 경험이나 과학적 실험을 통하여 논증된
것은 결코 아니며, 단지 관념적인 직관 또는 신비주의적인 체험에 불과하였
다.[64] 때문에 비록 그 원리가 진리(眞理)일지라도 이것을 인식할 수 있는 사
람은 '천인(天人)', '지인(至人)', '신인(神人)'의 경지에 도달한 극소수에
국한될 수밖에 없을 것이다.[65] 더욱이 그것은 말로 표현될 수 있는 것도 아
닌 만큼,[66] 타인(他人)에게 전수할 수 있는 성질도 아니다.[67] 이것은 결국 최
고의 자아를 발견하였다는 성인이 자아를 상실한 다수를 지배하는 세계를
보증하는 논리였다.[68] 또 관념적인 '도'를 자연 자체와 등치시키면서, 인간
을 자연의 일부로 보았기 때문에 자연과의 조화·순응만 강조되었을 뿐, 인
간에 의한 자연의 정복이나 개조는 처음부터 배제될 수밖에 없겠지만,[69] 인
간과 만물의 차별을 부정하며 인간과 금수의 '동거동군(同居同群)'을 '지덕
지세(至德之世)'의 이상으로 주장한 것은[70] 인간과 동물의 분계(分界)가 없는
신화적 세계로[71]의 회귀(回歸)를 의미한다. 《장자》가 즐겨 사용한 우언(寓
言)의 많은 부분이 신화적 색채가 농후한 것도 이러한 관념과 결코 무관한
것은 아닐 것이다. 실제 노장사상의 중심 주제가 '혼돈(渾沌)' 즉 '카오스적
인 원초(原初)적 질서'로의 회귀라는 신화적 주제와 기본적으로 일치한다
면,[72] 이것은 오히려 당연한 귀결이라 하겠다. 요컨대 노·장계열의 자연철

---

64) 《老子》 47장, "不出戶 知天下 不闚牖 見天道……是以聖人不行而知 不見而名",《莊子》
　　知北游篇 "聖人者原天地之美 而達萬物之理 是故至人無爲 大聖不作 觀於天地之謂也".
65) 《莊子》天下篇, "古之所謂道術者 果惡乎在 曰無乎不在 曰神何由降 明何由出 聖有所
　　生 王有所成 皆原於一 不離於宗 謂之天人 不離於精 謂之神人 不離於眞 謂之至人".
66) 《老子》 1장, "道 可道 非常道 名 可名 非常名", 56장 "知者不言 言者不知".
67) 《老子》 48장, "爲學日道 爲道日損".
68) 《老子》 3장, "是以聖人之治 虛其心 實其腹 弱其志 强其骨 恒使民無知無欲 使夫知不
　　敢爲而已 則無不治矣".
69) 《莊子》, 應帝王篇, "汝游心于淡 合氣于漠 順物自然 而容無私焉", 同, 大宗師篇, "古
　　之眞人…… 不忘其所始 不求其所終……. 不以人助天 是之謂眞人", 同, 秋水篇, "何謂
　　天 何謂人 北海若曰 牛馬四足 是謂天 絡馬首 穿牛鼻 是謂人 故曰無以滅天 無以故滅
　　命".
70) 《莊子》, 馬蹄篇, "至德之世 與禽獸居 族與萬物幷 惡乎知君子小人哉".
71) Michael Loewe. 1978.
72) N. J. Giradot. 1983 은 이 문제를 전반적으로 다루고 있지만, 특히 《老子》,《莊子》를
　　분석한 Chapter 2, 3 을 참조하라.

178

학은 신화적인 세계에서 인간을 해방하기 위하여 자연의 법칙과 원리를 탐구한 것이 아니라, 신화적인 세계관의 철학화였다. 때문에 여기서 신과 자연에서 독립한 인간의 주체를 발견할 수 없는 것은 당연하다. 이것이 '도'를 체득한 '오직 한사람[唯余一人]'의[73] 전제지배의 논리적 기초가 된 것도 결코 우연이 아니다.

그러나 이와 같은 제자사상의 '인간발견(人間發見)'의 미숙은 단순히 과학지식의 한계나 신화적 세계관의 온존 때문만은 아니었고, 개인의 정치·사회적인 위상(位相)에 규정된 것이기도 하다. 씨족질서·읍공동체(邑共同體)의 해체는 소농경제(小農經濟)의 성립과 함께 집단의식을 크게 이완시켰고, 개인의 능동적인 활동의 폭을 넓혀 주었다. 여기서 '인간의 발견'이 시작된 것은 사실이다. 그러나 씨족질서와 읍공동체의 해체가 곧 독립된 개체로서의 개인을 석출(析出)시킨 것은 아니었다. 개인은 의연히 가족·향리의 일원이요, 군주의 지배대상이었던 것은 물론이지만, 특히 소농경제의 취약성은 그들의 한계를 규정한 결정적인 요인이었던 것 같다. 소농경제는 생산기술의 발전에 따라 일단 부부중심(夫婦中心)의 가족을 단위로 한 농업생산이 어느 정도 가능하였을 뿐 아니라, 집체노동(集體勞動)의 비효율성이 인식된[74] 결과 성립된 경영형태였다. 따라서 그 생산의 주체인 소농가정(小農家庭)의 경제력은 물론 전체적인 국부(國富) 역시 소농민의 근면과 절검(節儉)에 의해서 좌우될 수 있는 여지가 많아진 것도 사실이다. 묵가가 최대의 노동과 최소의 소비를 역설하고, 특히 숙명론을 배격하면서 인간의 주체적인 노력과 책임을 강조한 것은 바로 이러한 배경에서 해석된다.[75] 그러나 《한서(漢書)》 식화지(食貨志)에 묘사된 전국시대 위(魏)의 5구(口) 1호(戶)의 소농가정이 만성적인 적자를 적자를 면치 못한 것도[76] 소농경제의 취약성을

---

73) 馬王堆漢墓帛書整理小組, 1975, 《經法》 "道生法……〔故〕執道者 生法而弗敢犯也", "帝王者 執此道", 《十大經》, "吾受命于天 定位于地 成名于人 唯余一人□乃配天 乃立三公……".

74) 《呂氏春秋》, 審分覽 審分, "今以衆地者 公作則遲 有所匿其力也 分地則速 無所匿遲也"는 이러한 인식을 단적으로 지적한 예다.

75) 李成珪, 1984, pp. 255~259.

76) 《漢書》, 食貨志 중 李悝의 盡地力之教와 관련 언급된 小農家庭은 연평균 150石을 생산, 식량·의복비·租稅·共同祭儀에 따른 부담을 모두 지불하면 450錢(15石)의 적자가 나는 것으로 묘사되어 있다.

단적으로 시사하고 있지만, 소농 경영은 그 자체의 완결성이 결여되었기 때문에 그것을 보완할 수 있는 일정 규모의 집단으로 조직되지 않을 수 없었다. 전국시대의 수전제도(授田制度)와 향리조직(鄕里組織)은 바로 이러한 배경에서 성립된 것으로 해석된다. 어쨌든 소농민의 생산활동은 적어도 리(里) 단위의 협업에 의존하지 않을 수 없었고, 그 결과 생산노동의 전과정이 엄격하게 통제된 것은 명백하다.[77]

한편 수공업노동 역시 자율성이 크게 제약된 것은 마찬가지였다. 수공업노동은 농업노동에 비해 자립성이 강한 것은 사실이다. 그러나 대규모의 생산은 필연적으로 독립 장인(匠人)을 작방(作坊)의 일원으로 조직하는 방향으로 전개될 수밖에 없었지만, 특히 재정수입(財政收入)의 확충 겸 소농경제체제의 안정을 목표로 광범위하게 추진된 관영산업정책(官營産業政策)은 대부분의 장인을 관영작방의 노동자로 흡수하였고 더욱이 국가는 그 신분마저 편호제민(編戶齊民)의 하위로 편성, 장인의 노동력을 최대한 통제·장악하였다.[78] 그 결과 사적인 수공업의 발전도 크게 위축되었지만, 노동 주체로서의 장인 또는 자기 발전의 논리에 따라 성장하는 수공업의 성격이 크게 약화된 것은 부인할 수 없는 사실이다.

어느 의미에서 '인간의 발견'을 자극한 가장 중요한 요인이라고 할 수 있는 소농경제의 출현과 수공업의 발달이 이처럼 자립성 또는 자율성이 크게 제약되고, 소농민과 장인이 각기 일차적으로 속한 집단은 물론 국가의 강력한 통제하에 있었다면, 그 '인간의 발견'이 미숙한 단계에 머문 것은 오히려 당연한 것 같다. 그러므로 제자사상에 보이는 '인간의 발견'을 중시, 그 사상적 선진성을 강조하는 것도 중요하지만, 동시에 그 한계를 명확히 인식하는 것이야말로 고대사상의 인문주의적 성격을 올바르게 평가할 수 있을 뿐 아니라, 그것이 결국 전제권력의 이념적 기초가 된 이유를 이해할 수 있을 것이다.

---

77) 李成珪, 1984, pp. 112~120.
78) 李成珪, 1984, 제 2 편 2 장 官營産業의 발전; 李成珪, 1986, pp. 34~39.

Ⅲ. '士人[79]의 學'과 그 論理

제자학(諸子學)은 변화하는 시대에 새로운 원리를 모색한 사상운동의 산물이었다. 그러나 제자 및 그 문인들은 단순히 그 원리를 제시하는 데 만족하지 않고 직접 정치에 참여하여 그들이 발견하였다고 믿은 원리로써 현실의 위기를 타개하려고 했었다. 이런 점에서 제자학은 강렬한 정치운동의 무기였지만, 동시에 관료로 진출할 수 있는 가장 효과적인 수단이기도 하였다. 공자·맹자를 비롯한 당시 학인들이 이상을 구현할 수 있는 군주를 찾아 천하를 주유(周遊)하였다는 것도 일종의 구직 여행이었지만, 선생을 찾아 모여든 제자들의 목적도 대부분 관료가 되기 위한 자질을 배우고 또 선생을 통해 관직을 얻으려는 것이었다. 춘추말 조 양주(趙襄主)가 '기학심박(其學甚博)'하다는 양인(兩人)을 중대부(中大夫)로 발탁하자, 중모인(中牟人)의 반 이상이 농사를 버리고 학업을 위해 떠났다는 유명한 일화는[80] 물론 과장일 것이다. 그러나 공자가 많은 제자 중 진실로 호학지사(好學之士)는 안회(顏回)뿐이며 3년간 간록(干祿)을 염두에 두지 않고 학업에 전념하는 사람도 쉽지 않다고 한탄한 것이나,[81] 묵자가 유망한 청년을 탐내어 관직추천을 조건으로 입문을 권유하였다는 일화는(《墨子》 公孟篇) 당시 학단의 존재 의미가 과연 어디에 있었는가를 잘 시사하고 있다.

이처럼 사환(仕宦)을 희망하는 사람들을 대상으로 한 학(學)의 내용이 정치·윤리의 문제에 집중된 것은 당연하였다. 공자가 농사를 배우려는 제자의 요청을 거부한 반면,[82] 치국(治國)·사군(事君)의 원리와 방법에 대한 문답이 《논어》에 가득한 것도 이미 제자학의 방향을 시사하고 있지만, 제자학의 유파를 분류, 각 유파의 장단점을 논한 한초의 사마담(司馬談)이 "대저 음양·유·묵·명·법·도덕가는 (모두) 좋은 정치를 구현하려고 노력한 점

---

79) '士人'의 개념은 시대에 따라 상이하지만, 本稿는 지식을 배경으로 지배층의 일원으로 自任하며 정치에 참여하거나 참여를 욕구하는 사람, 즉 知識人 官僚 및 官僚預備群을 의미하는 것으로 사용한다.
80) 《韓非子》, 外儲說左上.
81) 《論語》, 雍也篇, 同, 泰伯篇 "子曰 三年學 不至於穀 不易得也".
82) 《論語》, 子路篇, "樊遲請學稼 子曰 吾不如老農 請學爲圃 曰吾不如老圃……".

에서는 같다. 다만 각기 다른 방법을 따르고 그 강조한 점이 서로 다를 뿐이다"라고[83] 지적한 것은 바로 정곡(正鵠)을 찌른 평가라 하겠다. 즉 제자학은 정치참여를 욕구하는 사인(士人)들이 자신의 자질을 배양하고 아울러 그들의 정치·사회적 역할을 정립하려는 '사인(士人)의 학(學)'으로 발전하였던 것이다. 때문에 정치·윤리학에 관심이 집중되었지만, 이것은 동시에 '치자(治者)의 학(學)'이 될 수밖에 없었던 것이다.

그러나 이 '치자의 학'은 사인의 속성상 이중성 또는 양면성을 띨 수밖에 없었다. 사인은 일반민에 대해서는 일단 치자(治者)의 입장이다. 때문에 그들은 우선 자신이 치자로서 참여하는 지배·피지배의 정치·사회적 구조의 정당성을 역설하지 않을 수 없고, 특히 그 구조의 상징인 군주의 존재의미를 강조하였다. 순자가 인간은 집단생활을 통해서만 자연을 정복할 수 있다는 전제하에 그 생활을 가능케 하는 군주의 역할을 강조한 것이나,[84] 만인이 서로 투쟁하는 금수와 같은 무질서를 극복하기 위하여 천자를 세웠다는 묵자의 주장,[85] 향속간(鄕俗間)의 갈등을 방지하기 위하여 법을 제정한 성왕(聖王)이 언급된 운몽진간(雲夢秦簡)의 〈어서(語書)〉 등도[86] 모두 그 예들이지만, 특히 《여씨춘추》 시군람(恃君覽) 시군(恃君)의 다음과 같은 구절은 이러한 논리들을 집대성한 것 같다.

인간이 자연상태〔人之性〕에서는 손·발톱이나 치아로 자위(自衛)할 수 없고 피부도 한서(寒暑)를 막을 수 없으며, 근골(筋骨)도 이(利)를 좇고 해를 피할 수 없다. (또 아무리) 용감하여도 사나운 짐승을 물리칠 수 없다. 그러나 만물을 다스리고 금수를 제압하며 사나운 벌레를 부리고, 한서·조습(燥濕)도 (인간을) 해치지 못하는 것은 비록 (그 수단을 본래) 갖추지는 못하였으나, (인간이) 군취(群聚)할 수 있었기 때문이 아닐까? (인간은) 군취함으로써 서로 이를 얻을 수 있고, 이는 군취에서 나오기 때문에 (그것을 유지하는) 군도(君道)가 성립된 것이다.……옛날 태고시 무군(無君)의 (상태에서는) 민(民)이 군생취처(群生聚處)하였으나 어미만 알고 아비는 몰랐으며 친척·형제·부부·남녀의 구별도 없었다.

---

83) 《史記》卷 120, 太史公自序, 六家要旨.
84) 《荀子》, 王制篇, "力不若牛 走不若馬 而牛馬爲用 何也 曰人能群 彼不能群也……君者善群也".
85) 《墨子》, 尙同 中, "古者民始生 未有刑政之時……天下大亂 若禽獸然 夫明乎天下之所以亂者 生於無正長 是故選天下之賢可者 立以爲天子".
86) 睡虎地秦墓竹簡整理小組, 1978, p.15.

상하·장유(長幼)의 질서도 없었으며, 진퇴(進退)·읍양(揖讓)의 예도 없었다. 의복(衣服)·이대(履帶)·궁실(宮室)·축적(畜積)의 편리함도 없었고, 기기(器機)·주차(舟車)·성곽(城郭)·험조(險阻)의 방비도 없었다. 이것은 바로 군(君)이 없는 데서 (비롯된) 폐단이었다. 그러므로 군신의 의(義)는 확립하지 않을 수 없는 것이다. 상세(上世) 이래 망국(亡國)은 많았으나 군도(君道)가 불폐(不廢)한 것은 (그것이) 천하에 이롭기 때문이다.

요컨대 군주가 없으면 인간은 동물과 구분된 문명생활의 영위는 물론 동물과의 생존경쟁에서도 패배할 수밖에 없다는 것이다. 그러나 군주는 모든 질서의 근원이지만, 통치영역의 확대, 행정사무의 복잡화에 따라 보다 심각하게 노정된 군주 개인의 관계는 보다 많은 전문관료를 요구하게 된 것은 물론이다.[87]

춘추시대까지 천자나 제후의 통치를 분장(分掌)한 것은 대체로 세습적인 봉건귀족과 그 일족이었다. 그러나 이제 그 역할을 자임(自任)하고 나선 것은 사인층(士人層)이었다. 때문에 그들은 우선 일체의 관직세습이나 군주의 일족이나 총신이란 이유로 임관되는 것을 반대하였고, 정치를 담당할 수 있는 현능(賢能)만이 임관(任官)의 유일한 조건이 될 수 있다는 것을 강조할 필요가 있었던 것이다.[88] 그리하여 그들은 정치나 행정 역시 그 자체의 고유 기능이 필요하다는 것을 역설하였는데,[89] 이것이 사회적 분업의 일환으로 강조된 것은 흥미있는 사실이다.

《논어》태백편(泰伯篇)의 "백공(百工)은 사(肆;作坊)에서 (생산하는 것이) 그 본업을 이루는 것이나, 군자(君子)는 도(道)를 배움으로써 (천하에) 도를 구현한다"는 구절도 이미 직접 생산에 종사하지 않는 군자 즉 사인의 분업적 공능(功能)을 당당히 주장한 것이다. 그러나 보다 이 점을 강조한 것은 역시 맹자였다. 즉 그에 의하면, 수공업·농업간의, 또 수공내의 분업도 불가피하지만, 사회 전체의 직분(職分)은 '대인지사(大人之事)'와 '소인지사

---

87) 李成九, 1987, pp. 6~11.
88) 《墨子》, 尙賢 上, "列德而尙賢 雖在農與工肆之人 有能則擧之……以勞殿最 量功而分祿 故官無常貴 而民無終賤", "雖有骨肉之親 無故富貴面目美好者 實知其不能也 不使之也", 《荀子》, 王制篇, "雖王公士大夫之子孫也 不能屬于禮義 則歸之庶人 雖庶人之子孫 積文學 正身行 能屬于禮義 則歸之卿相士大夫".
89) 《墨子》, 尙賢 下, "今王公大人 有一牛羊之財 不能殺 必索良宰 有一衣裳之財 不能制 必索良工"을 지적하며 賢能者의 임관을 주장한 것은 바로 그 단적인 例라 하겠다.

(小人之事)'로 구분되는데, 전자는 생산자의 부양을 받는 '식어인자(食於人者)', '치인(治人)' 즉 '노심자(勞心者)'가, 후자는 남에게 다스림을 받는 '치어인자(治於人者)', '노력자(勞力者；직접생산자)'가 담당할 수밖에 없다는 것이다.[90] 물론 그는 지배층인 군자(君子)·대인(大人)·사인(士人)은 관리로서는 국가의 안정과 부강, 군주의 존영(尊榮)을 가져오고, 사적으로는 자제의 효제(孝悌)·충신(忠信)을 교화하는 구체적인 정치·사회적인 공능이 있기 때문에 생산에 종사하지 않고도 먹을 자격이 있다는 것을 강조하는 것을 잊지 않았다.[91] 어쨌든 이것은 결국 사회적 분업론을 계급론과 결합시킴과 동시에 정신노동의 개념을 설정하여 지배층의 생산이탈을 당당히 주장한 가장 대표적인 예였다.

이와 같이 사인은 단순한 유한(游閑)계급이 아니고 국정(國政)의 전문가 또는 사회의 지도자로서 불가결한 존재일 뿐 아니라 정치의 성패를 좌우하는 가장 중요한 역할을 담당하고 있다는 인식은 "나라에 현량지사(賢良之士)가 많으면 정치가 잘되고, 나라가 현량지사가 적으면 정치가 잘 못된다"는[92] 주장으로 연결되었다. 선진(先秦) 문헌 중 현능자(賢能者)의 유무가 정치의 성패를 좌우하고 현자(賢者)가 있는 나라는 적국(敵國)도 감히 넘보지 못한다는 식의 수많은 일화는 바로 이 점을 강조하기 위한 사인의 자기 주장이라고 해도 과언은 아니다. 그러므로 사인층이 특권과 부귀를 요구한 것은 당연하였다.

많은 경우 이것은 국가에 대한 공로와 기여에 대한 대가로 요구된 것은 사실이다. 그러나 '노심자(勞心者)'의 직분이 '노력자'의 그것과 단순한 분업관계(分業關係)라면 '노심자'의 보수가 반드시 많아야 될 이유가 없지 않은가? 때문에 '노심자'의 역할이 갖는 특수성을 우선 강조할 필요가 있었을 것이다. 묵자가 사인(士人)의 우대를 주장하며 "작위(爵位)가 높지 않으면 민(民)이 존경하지 않고, 축록(蓄祿)이 많지 않으면 민이 신뢰하지 않으며, (관리의) 전단권(專斷權)이 없으면 민이 두려워하지 않는다"고 변명한 것은

---

90)《孟子》, 藤文公 上.
91)《孟子》, 盡心 下, "公孫丑曰 詩曰不素餐兮君子之不耕而食 何也 孟子曰 君子居國也 其君用之 則安富尊榮 其子弟從之則孝悌忠信 不素餐兮 孰大於是".
92)《墨子》, 尙賢 上.

바로 이 때문이다. 즉 묵자에 의하면 사인에 대한 특권과 부귀의 보장은 그 개인이 명예나 부귀를 위한 것이 아니고, 그들이 직분을 효과적으로 수행시 키기 위한 불가피한 수단이라는 것이다.[93]

이것은 결국 정치란 특권층을 매개로 성립할 수밖에 없다는 주장인데, 이 점을 더욱 분명히 지적한 것은 순자였다. 즉 그에 의하면 모든 사람의 권리 나 지위가 동일하면 지배 자체가 성립되지 않으며, 상하·존비·귀천의 등 급이 있어야만 정령(政令)이 시행될 수 있다는 것이다.[94] 순자의 주장은 물 론 귀천 상호간의 지배·피지배 관계가 현실적으로 군주의 지배를 보족(補 足)할 수 있는 효과를 인식한 논리이기도 하다. 그러나 이것이 신분 또는 계 급 엄분(嚴分)의 불가피성을 강조함으로써, 사인의 특권적 지위를 요구한 논리였던 것 또한 명백하다.

치자(治者)의 일원으로 자임한 사인층이 군주 자체의 불가결성과 함께 군 주의 정치에 참여하는 자신의 특권적인 지위를 계급지배의 정당성으로 합리 화한 것은 어느 의미에서 당연하였다. 그러나 그들의 특권은 결국 군주권에 서 연유한 것인 만큼, 그것은 군주권의 강도(强度)에 비례하여 규정될 수밖 에 없는 성질이었다. 선진(先秦) 제자(諸子)들이 다소 차이는 있으나 군주의 절대적인 권위와 지위를 인정한 점에서는 거의 예외가 없었던 것은 바로 이 때문이다. 그러나 사인층은 민에 대해서는 치자였지만, 한편 군주에 대해서 는 피치자의 입장이었다. 따라서 자신의 특권을 강화하기 위해서건, 군주를 설득하지 않을 수 없는 현실적인 이유에서건 군주의 절대권력을 일방적으로 용인할 경우, 그토록 자부하였던 사인층의 치자 입장은 오히려 크게 위협받 을 우려가 다분하다. 관료를 절대군주의 충실한 도구로 격하시킨 상앙(商 鞅)이나 한비자(韓非子)의 군주론은 사인의 피치자적 입장을 극단적으로 강 조한 이론이었지만, 맹자가 '민적(民賊)'으로 규탄한 관료, 즉 "군주를 위하 여 토지를 넓히고 재물을 (거두어) 창고를 채우는 데 급급한" 관료가 '양신 (良臣)'으로 환영받는 현실에서,[95] 대부분의 사인들이 치자의 책임의식이나

---

93) 同上, 尙賢 中.
94)《荀子》, 王制篇, "分均則不偏 勢齊則不壹 衆齊則不使 有天有地 而上下有差 明王始立 而處國有制 夫兩貴之不能相事 兩賤之不能相使", 天論篇 "有齊而無畸 則政令不施".
95)《孟子》, 告子 下.

이상을 방기한 채, 군주의 자의적인 전제지배에 기생하여 권세와 이록(利祿)만 탐하는데 만족한 것도 사실이다.[96]

그러나 많은 사인들은 이에 저항하였다. 비록 군권(君權)의 절대성 자체는 부정할 수 없었지만, 그것을 제약할 수 있는 논리를 모색한 것이다. 그 결과 그들이 발견한 가장 중요한 논리는 역시 '천하위공(天下爲公)'의 논리였다. 즉 천하는 한 사람의 소유물이 아니고 만인의 천하이며, 군주의 권력은 그 개인을 위해서 부여된 것이 아니라 천하의 공의(公義)를 실현하고 만인에게 이(利)를 보장하기 위해 부여된 만큼, 군주는 그 권력을 이 공공목표에 부합되는 범위내에서만 행사해야 한다는 것이다.[97]

따라서 군주에게는 그것을 수행할 수 있는 능력과 자질이 요구되었다. 상현(尙賢)을 강조한 묵자가 이것을 천자에게도 적용, 선양론(禪讓論)을 주장한 것이나,[98] 인정(仁政)을 내용으로 하는 왕도정치(王道政治)의 이상을 주장한 맹자가 천명을 상실한 무덕(無德)한 군주의 방벌(放伐)을 용인한 것은[99] 바로 이 요구의 극치였다. 또 상현의 원칙에 입각한 관료임용을 주장한 것도 군주의 자의적인 지배를 제약한 논리였지만, 특히 현자에 대한 예우(禮遇) 또는 왕조의 안정에 유리하다는 명분으로 주장된 봉건론,[100] 군주의 독단을 반대한 여론(輿論)의 존중 강조,[101] 삼공(三公) 또는 상(相)에게 모든 행정의 총책임을 위임하고 천자는 단지 그 인선권(人選權)만을 장악한다는 재상(宰相) 중심의 정치론,[102] 비록 법의 제정자는 군주이지만 군신·상하·귀

---

96) 《荀子》, 非十二子篇이 당시 관리들을 '汚漫者', '賊亂者', '恣睢者', '貪利者', '觸抵者', '禮義를 모르고 권세만 밝히는 자'로 매도한 것도 이해할 수 있는 것 같다.
97) 《呂氏春秋》, 孟春紀, 貴公, "昔先聖王之治天下也 必先公 公則天下平矣 平得於公……凡主之立也 生於公…… 天下非一人之天下也 天下之天下也", 同, 恃君覽 恃君 "置君非以阿君也 置天子非以阿天子 置官長非以阿官長也…… 天子利天下 國君利國 官長利官", 《墨子》, 兼愛 中 "仁人之所以爲事者也 必興天下之利 除去天下之害 以此爲事者也".
98) 顧頡剛, 1936.
99) 《孟子》, 梁惠王 下, "齊宣王問曰 湯放桀 武王伐紂 有諸 孟子對曰 於傳有之 曰臣弒其君 可乎 曰賊仁者 謂之賊 賊義者 謂之殘 殘賊之人 謂之一夫 聞誅一夫紂矣 未聞弒君".
100) 閔斗基, 1973, pp.173~175.
101) 《孟子》 梁惠王 下, "左右皆曰賢 未可也 諸大夫皆曰賢 未可也 國人皆曰賢 然後察之 見賢焉 然後用之…… 國人皆曰可殺 然後察之 見可殺焉 然後殺之".
102) 《荀子》 王霸篇, "人主者 以官人爲能者也 士大夫分職而聽 建國諸侯之君分土而守 三公總方而議 則天子共已而止矣……君者論一相……相者論列百官之長 要百事之聽…… 故君人勞于索之 而休于使之".

천이 모두 법에 따라야 한다는 《관자》의 군주수법론(君主守法論)[103] 등도 모두 군주의 권력독점과 자의적인 권력행사, 즉 군주에 의한 '사천하(私天下)'를 반대하고 '공천하(公天下)'를 요구한 중요한 논리였다.

이상의 주장은 모두 군권(君權)에 대한 신권(臣權) 내지는 사인층의 권익을 확보하려는 논리의 일환이었다는 것을 쉽게 알 수 있을 것이다. 그러나 여기서 '민(民)'에 대한 군주의 책임과 의무가 동시에 강조됨으로서 문제는 다소 복잡해진 것도 사실이다. 즉 거의 모든 제자(諸子)들은 민생의 안정과 보호를 정치의 궁극적인 목표로 설정하였고, 이것을 군주의 의무로 강조한 것이다. 때문에 그들은 거의 이구동성으로 과도한 조세징수와 요역징발을 반대하고 '민'의 부담으로 유지될 수밖에 없는 군주 사생활의 절검(節儉)을 요구하였으며 "민이 (가장) 귀하고, 사직(社稷)이 그 다음, 군주는 가볍다"(《孟子》, 盡心 下)는 맹자의 주장까지는 찬성하지 않았지만, 대체로 '위민(爲民)', '애민(愛民)', '민본(民本)', '귀민(貴民)'의 구호에 동조하는 데는 별 이의가 없었던 것 같다.

혹자는 이것을 민주주의 사상의 초보적인 형태 또는 적어도 '인민을 위한, 인민의 정치'를 주장한 것으로 해석하기도 한다. 물론 이것이 안정된 지배란 결국 피지배층의 건재를 전제로 유지된다는 인식을 반영한 것은 명백하며, 특히 이것이 군주뿐 아니라 지배층 전체의 책임의식과 자기절제의 논리로 확대되었다는 점에서는 중요한 의미가 있었다. 그러나 이것은 광의의 '민'에 속한 사인층이 자신의 권익을 '민'의 권익이란 형식으로 주장한 결과에 불과한 것이지, 결코 전체 인민의 권익과는 무관하다. 즉 사인층은 자신의 권익을 확보하기 위하여 군주권을 제약할 필요가 있었지만, 그것을 보다 설득력 있게 주장하는 방편으로 '민'에 대한 군주의 책임과 의무의 논리를 이용한 것이 곧 '애민', '위민', '민본'론의 본질이었다는 것이다.

이것은 결국 사인층이 군주에 대한 피치자의 입장을 일단 인정하면서도 동시에 그것을 자신의 권익을 확보하는 논리로 역이용한 것을 시사하는데, 한편 그들은 군주에 대해서도 피치자의 입장을 거부하는 논리로 전개하였다. 물론 군주가 지배하는 정치의 세계 자체를 부정하거나 그것에의 참여를

---

103) 蕭公權, 1971, 제 2 編, pp. 198~204.

거부한 은일(隱逸)의 세계에 만족하면, 치자도 피치자도 아닌 입장이 될 수 있으며, 선진시대에도 이미 이 은자(隱者)의 세계는 존중되었다.[104] 그러나 사인은 관료를 지향하는 것이 그 본질적인 속성인 만큼 이 문제는 일단 제외하는 것이 타당하다. 따라서 군주의 정치에 참여하면서, 피치자의 입장을 극복할 수 있는 논리는 결국 군신관계를 이념적으로 재정립하는 방향에서 모색되었는데, 대체로 3가지 방향에서 이루어진 것 같다.

첫째, 사인 자신이 출사를 주체적으로 선택한다는 것이다. 즉 군주의 강요에 의해서도 사인의 세속적인 명리(名利)에 의해서도 아닌, 오직 이상을 구현할 수 있는 조건의 유무에 따라 사인이 주체적으로 결정해야 한다는 것이다. 이것은 곧 사인의 인격적 주체를 전제로 한 군신관계의 '의합(義合)'을 주장한 것이었다. 이것이 확립되면 신(臣)은 '의(義)'를 매개로 천하(天下) 공의(公義)를 실현하는 군주의 협력자세로서 정치에 참여한다는 자부심을 가질 수 있는 것도 사실이다. 선진 문헌 특히《논어》,《맹자》,《순자》중 '의(義)' 또는 '도(道)'의 유무가 사인의 진퇴를 좌우하는 절대적인 조건임을 역설한 수많은 구절은 바로 군주와의 공치자(共治者)란 입장을 확보하기 위한 사인 자신의 정치적 행동규범을 정립하려는 노력으로 해석된다.

둘째, 군주는 사인의 협력을 획득하기 위하여 사인을 각별히 예우해야 한다는 것이다. 군주의 예우 정도에 따라 신의 충성도 그 강도가 다를 수밖에 없다는 주장도[105] 군주에게는 일종의 협박 같은 느낌을 줄 수 있는 대단히 강한 논리였을 것이다. 그러나 사인에게 '불신지신(不臣之臣)' 즉 '신(臣)은 신(臣)이나 신(臣)이 아닌 지위'를 요구한 것은 역시 이 논리의 극치라 하겠다. 사인은 군주의 명령에 일방적으로 복종하는 신이 아니라 대등한 입장에서 자문(諮問)하고 보좌하는 사우(師友) 또는 빈객(賓客)으로 예우되어야 한다는 것이다. 왕도(王道)의 강설자(講說者)로 자부한 맹자가 각국의 군주에게 요구한 것도 바로 사우의 대접이었지만,[106] '제자(帝者)는 사(師)와 처

---

104) 富士正晴, 1973, pp. 3~49 참조.
105) 春秋末 豫讓이 자신을 '衆人'으로 대접한 范·中行氏에게는 '衆人'으로서 보답하였지만, 자신을 '國士'로 예우한 智伯氏에게는 '國士'로서 보답한다는 유명한 일화(《史記》卷 86 刺客列傳).《孟子》離婁 下, "君이 臣을 手足처럼 보면, 臣은 君을 腹心처럼 생각하고, 君이 臣을 犬馬처럼 여기면, 臣은 君을 國人처럼 여기고, 君이 臣을 土芥처럼 여기면 臣은 君을 寇讐처럼 생각한다"는 주장은 모두 이 논리가 반영된 예들이다.
106) 渡邊卓, 1973-①, p. 355.

(處)하고 왕자(王者)는 우(友)와 처하며, 패자(覇者)는 신(臣)과 처하며, 망국자(亡國者)는 역자(役者)와 처한다'는 주장은[107] 이 요구를 가장 극명하게 요약한 것 같다. 그러나 이것은 단순한 사인의 희망적인 자존으로 끝난 것은 아니었다. 열국(列國)의 각축(角逐) 상황에서 유능한 인재를 경쟁적으로 유치하지 않을 수 없었던 각국의 군주들은 실제 이것을 용인하기도 하였다. 연(燕) 소왕(昭王)이 추자(鄒子)에게 제자의 예를 갖추었다는 것도 그 예이지만,[108] 특히 제(齊) 선왕(宣王)의 예우를 받은 수십 명의 직하선생(稷下先生)들이 정치의 실무에는 종사하지 않고 국정을 논하였다는 것은 자신을 일반 신료(臣僚)가 아닌 빈객 또는 사우로 예우하라는 사인층의 요구가 구체적으로 실현된 대표적인 예라 하겠다.[109]

셋째, 관료의 성격을 일반 백리(百吏 ; 하급 胥吏)와 사대부〔官長〕로 구분, 후자만 사인의 세계로 설정하였다. 사우(師友)로 예우받는 것이 사인이 최고 이상이었고, 또 그것이 부분적으로 실현되었다고는 하나, 실제 군주의 사우가 된 것은 극소수에 불과하고, 대부분의 사인은 일정한 직분을 수행하는 관료가 되었을 것이다. 이런 상황에서 관료 전체를 군주의 사우와는 달리, 군주의 명령에 일방적으로 복종하는 존재로 규정한다면, 사인은 결국 관료가 되면서 피치자의 입장을 감수하지 않을 수 없을 것이다. 위(魏) 문후〔文侯〕가 출사를 거부한 단간목(段干木)에게는 예를 다했으나 상(相)인 적황(翟璜)에게는 조금도 예를 갖추지 않고 오히려 그것을 불평한 적황에게 군주의 관(官)·록(祿)를 받은 신하가 예까지 요구하는 것은 부당하다고 반박한 것은[110] 불신(不臣)인 사우와 신(臣)인 관료의 이분법을 따르면 당연한 논리였다. 사인의 자존심은 바로 이것을 허락할 수 없었던 것이다. 그래서 그들은 군주가 적어도 예적인 관계를 인정할 수 있는 관료론을 제시할 필요가 있었다. 사대부 관료상은 바로 이러한 배경에서 정립된 것이다. 즉 단순 반복적인 사무를 담당하는 백리(百吏)는 그 업무의 성격상 제도의 본질도 이해할 필요가 없고 단지 법문(法文)만 묵수하면 그만이므로 구태여 자율성을 부여

---

107)《戰國策》, 燕策, 燕昭王에 대한 郭隗의 주장.
108)《史記》卷 74, 孟子荀卿列傳.
109) 余英時, 1980, pp. 57~65.
110)《呂氏春秋》, 愼大覽 下賢.

하는 것도 무의미하기 때문에 법으로 규제하는 것이 타당하다는 것이다. 그
러나 관료 중에는 포괄적으로 업무를 재단하는 존재가 반드시 필요한데, 이
들은 그 직분상 상황에 따라 적절히 대응할 수 있는 능력이 요구되므로, 법
의 본의(本義)나 사물의 원리를 체득한 사대부를 그 자리에 기용하는 것이
마땅하며, 이 사대부 관료는 예로 규제하는 것이 당연하다는 것이다.[111] 이
처럼 예적 질서에 포함된 사대부 관료의 설정이 결국 자신의 지위를 군주와
의 공치자(共治者)로 격상시키려는 사인층의 논리라는 것은 더 이상 설명할
필요가 없을 것이다.

  이상으로 필자는 민(民)에 대한 치자(治者)의 입장과 군주에 피치자란 양
면성을 가진 사인층이 자신의 특권적인 지위를 확보하기 위하여 군주를 정
점으로 한 계급지배의 정당성과 함께 군주의 절대권력을 인정하는 한편, 군
주의 권력독점과 '사천하(私天下)'를 견제하기 위하여 '위민(爲民)', '민본
(民本)'의 논리까지 동원하여 '공천하(公天下)의 이상을 주장하면서도 또 군
주에 대한 피치자의 입장마저 거부하는 군신론·관료론을 전개한 것을 고찰
하였지만, 제자의 정치이상은 군주체제내에서 특권적인 사인 관료가 주체
적인 역할을 담당하며 지배의 대상인 민의 생활을 최소한 보장한다는 논리
로 요약될 수 있는 것 같다. 이 점은 제자들이 그토록 강조한 '천하위공(天
下爲公)'의 이상이 종합적으로 표현된 《예기(禮記)》, 예운편(禮運篇)의 다음
과 같은 구절을 보면 더욱 분명해 질 것이다.

  대도(大道)가 행해지면 천하에 공의(公義)가 구현될 것이다. 현자(賢者)를 뽑
  아 (위정자로 삼고) 능력 있는 자에게 (관직을) 부여하며, (서로) 믿는 것을 가르
  치고 화목한 (사회를) 구현한다. 그러므로 사람들은 자신의 어버이만 어버이로 알
  지 않고 자신의 자식만 자식으로 알지 않게 된다. 노인(老人)으로 하여금 (편안
  한) 여생을 보내게 한다. 장자(壯者)는 일할 조건이 보장되고 어린 자는 길러주는
  사람이 있으며 (의지할 곳이 없는) 과부나 홀아비를 돌보며, 폐질자(廢疾者)도 모
  두 부양받게 된다. 남자는 (적령이 되면) 결혼할 상대가 주어지고, 여자도 시집갈
  곳이 있다. 재화(財貨)가 땅에 버려지는 것을 싫어하지만 반드시 자기가 (사적으
  로) 저장할 필요가 없다. 스스로 노동하는 것을 싫어하지 않지만, 반드시 자기만
  을 위해서 일하지도 않는다. 그러므로 (남을 해치려는) 음모가 생기지도 않고 도

111) 李成九, 1987, pp. 48~59 참조.

적이나 난적(亂賊)도 발생하지 않는다. 그러므로 (집집마다) 외호(外戶)를 닫을
필요가 없다. 이런 (상태를) 대동(大同)이라고 한다.

해석 여하에 따라서는 가족과 사유재산의 철폐까지 주장한 일종의 공상적
공산주의의 이상으로도 이해할 수 있어 이것을 사상의 공통적인 이상으로
보기에는 문제가 많은 것도 사실이다. 그러나 선진(先秦)시대의 재부분배론
(財富分配論)이 결국 군권의 강화와 안정을 위하여 또는 부귀층(富貴層)의
자기 보호의식에서 자각된 절제를 배경으로 최소한 피지배층의 생활을 보장
하는 것을 내용으로 하는 균분(均分)론으로 귀결된 것을 보면, [112] 여기에 묘
사된 평화롭고 안정된 생활은 오히려 '천하위공(天下爲公)'을 구현하는 주
체, 즉 군주와 사인층의 관념적인 도덕적 책임에 불과한 것으로 보는 것이
타당하다. 다시 말해 이 대동세계(大同世界)는 결코 무계급(無階級)사회가 아
니며, 현능자(賢能者)로 자임한 군주와 사인층의 계급적 지배, 그러나 온정
적(溫情的) 지배를 정당화한 관념의 세계란 점에서 '사인(士人)의 학'인 제
자학의 논리적 이상이라 하겠다.

Ⅳ. 統一과 戰爭의 論理

정치사상이나 이론은 그것이 궁극적으로 추구하는 이상사회의 성격에 따
라 구체적인 내용이 다를 수밖에 없지만, 동시에 그것이 상정(想定)한 국가
의 규모에 의해서 크게 규정되기 마련이다. 고대 그리스의 철학자들이 상정
한 이상국가는 소규모의 도시국가였다. 이에 비해 선진(先秦) 제자(諸子)들
의 이상국가는 당시 '천하(天下)', '중국(中國)', '구주(九州)'로 표현된 전
중국의 통합왕조(統合王朝)였다. 혹자는 《노자》의 '소국과민(小國寡民)'의
이상은 예외였다고 주장할지도 모른다. 그러나 《노자》에도 '대국(大國 ; 60
장, 61장)'은 물론 정치적 통합체로 해석되는 '천하(天下 ; 29장, 66장)'란 용어
도 보이지만, 실제 《노자》에 묘사된 '규모도 작고 인구도 적은 나라' 즉 일
체의 이기(利器)와 문자도 사용하지 않고, 개·닭의 울음소리도 들릴 정도
의 서로 보이는 거리에 인접하고 있으나, 그 민(民)은 일생 서로 왕래도 하

---

112) 李成珪, 1984, pp. 51~67.

지 않는,[113] 극히 폐쇄적이고 원시적인 생활에 자족하는 '국(國)'은 국가라
기보다는 오히려 전제군주가 고립·분산적으로 지배하는 향촌(鄕村)으로 이
해하는 것이 타당하다. 더욱이 《노자》의 '후왕(侯王)', '성인(聖人)'을 이처
럼 소집단의 지배자로 이해하는 것도 사실 불가능하다. 따라서 모든 제자
(諸子)가 통합왕조를 정론(政論)의 전제로 삼은 것은 이론(異論)의 여지가 없
지만, 당시 이것은 주어진 조건이 아닌 추구할 목표였다는 점에서 특히 제
자사상을 이해하는 데서 간과할 수 없는 또 하나의 중요한 관건이라 하
겠다.

필자는 일찍이 전국시대에 형성된 통일왕조(統一王朝)의 이상이 전쟁 종
식의 염원, 경제질서의 통합요구, 중국적 세계의 통합요구란 3가지 배경에
서 제기된 것을 지적한 바 있지만,[114] 상·주시대에 이미 거대한 정치적 통
합에 성공, 왕조체제를 장기간 유지한[115] 역사적인 경험 역시 통일왕조의 이
상을 당연한 전제로 인식하게 된 중요한 요인이었던 것 같다. 즉 당시 통일
왕조의 이상은 새로운 모색이 아니라 오히려 전통의 회복운동이란 표현이
오히려 적절한 것 같다. 이것을 여하히 재현할 수 있고, 또 어떤 형태와 방
법으로 유지하느냐는 것은 제자들에게 주어진 과제였다.

당시 왕도론자(王道論者)들은 인정(仁政)이 통합을 구현할 수 있는 유일한
길이라고 믿었다. 즉 인정은 민심을 귀의시킬 수 있고, 따라서 민중의 귀의
가 극한에 달할 때, 천하는 자연히 인정을 실천하는 군주를 중심으로 통일
될 수 있다는 것이다.[116] 이것은 일견 도덕지상주의자들의 환상에 불과한 것
처럼 보이는 것도 사실이다. 그러나 계속되는 전쟁에도 불구하고 대세는 판
가름나지 않는 상황에서 많은 사람들은 무력에 의한 통일에 회의를 느꼈을
것이다. 더욱이 대규모의 장기전(長期戰)이 계속됨에 따라 대두된 묵가의 비
공론(非攻論)을 비롯한 각종 반전론(反戰論)의[117] 확산은 무력사용(武力使用)
을 적극적으로 옹호할 수 없는 분위기를 조성하였다. 그래서 당시 군주들은

---

113) 《老子》80 장, "小國寡民 使有什伯之器不用 使民重死而不遠徙 雖有舟輿 無所乘之 雖
有甲兵 無所陳之 使人復結繩而用之 甘其食 美其服 安其居 樂其俗 隣國相望 鷄犬之聲
相聞 民至老死 不相往來".
114) 李成珪, 1975.
115) 李成珪, 本書 所收.
116) 渡邊卓, 1973-①, pp. 349~352.
117) 李成珪, 1975, pp. 31~42.

적어도 표면상으로나마 병사(兵事)를 논하는 것을 꺼리는 듯한 태도를 취하였다.[118] 또 맹자가 극형에 처할 것을 주장한 '선전자(善戰者)'[119] 즉 군사전문가들조차 전쟁의 불가피성은 인정하였지만 최소의 전쟁을 강조하였으며,[120] '병자(兵者)'는 '천하의 흉기(天下之凶器)' 또는 '불상지기(不祥之器)'란 것은 일반적인 인식이었던 것 같다. 이런 상황을 감안한다면, 인정(仁政)에 의한 통일론도 한갓 공상만은 아니고 나름대로 현실을 고려한 것이기도 하다.

그러나 이것은 통일론이었지만 통일을 보증할 수 없는 모순을 내포한 주장이었다. 물론 폭군의 학정을 이탈한 천하 인민이 한 사람의 인군(仁君)에게 귀의하면 천하통일이 달성된다는 것 자체는 논리상 하자가 없을지 모른다. 그러나 과연 당시 인민이 학정을 이탈, 타국의 군주에게 귀의하는 것이 현실적으로 가능하였는지도 의문이려니와, 인정을 실천하는 군주는 오직 1인이고 여타(餘他) 군주는 모두 폭군이란 조건을 당연한 전제로 설정하고 있는 점은 실로 맹점이 아닐 수 없다. 만약 인정을 실천하는 군주가 복수라면 천하통일은 불가능하며, 잘 해야 인정이 구현된 복수국가(復數國家)의 병존이 가능할 뿐이기 때문이다. 인정에 의한 통일론이 통일론이 될 수 없는 이유는 바로 여기에 있다.

인정의 실천만으로는 전쟁의 근본 요인인 각국의 병존 상태가 적극적으로 극복될 수 없다면, 과연 그 방법은 무언가? 여기서 과연 통일된 천하를 지배한 제왕이 본래 어떻게 출현하였는가를 다시 생각하게 된 것 같다. 물론 천명사상(天命思想)에 의하면 천하를 지배할 수 있는 최고의 유덕자(有德者)에게 천(天)이 지상의 통치를 위임함으로써 제왕이 출현한 것이므로, 천자의 가장 중요한 요건은 덕이며, 사실 인정에 의한 통일을 주장한 논리적 근거도 바로 이 점에 있었다. 그러나 여기서도 천명의 수임자(受任者)가 자동적으로 천자가 되는 것은 결코 아니며, 적어도 폭군을 무력으로 제거하는

---

118) 魏文侯가 吳起에게 "寡人은 軍旅之事를 (論하는 것을) 좋아하지 않는다"(《吳子》 卷上 圖國篇)고 한 것이나 趙 惠文王이 鄭同에게 "寡人不好兵"이라고 하였다는 예를 보라.
119) 《孟子》, 離婁上.
120) 《吳子》 卷上 圖國篇, "天下戰國 五勝者禍 四勝者弊 三勝者覇 二勝者王 一勝者帝".

과정이 인정된 것을 간과해서는 안된다. 즉 천명을 받은 탕(湯)과 무왕(武王)은 걸(桀)과 주(紂)를 각각 무력으로 제거한 후 비로소 천자가 되었기 때문이다. 그러나 이것은 통일왕조의 교체를 설명하는 혁명론이며, 정치적 분열상황을 극복하는 통일론은 아니었다. 그러므로 통일왕조가 성립되기 이전의 상황에서 천자가 출현하는 과정을 처음부터 다시 생각하게 되었을 것이다. 이 문제와 관련 《여씨춘추》 맹추기(孟秋紀) 탕병편(蕩兵篇)의 다음과 같은 구절은 무척 시사적이다. 즉

　　치우(蚩尤) 이전의 시대에는 민(民)은 임목(林木)을 다듬은 것으로 싸웠고, 이긴 자가 장(長)이 되었다. (그러나) 장(長)의 (병립만으로는) 천하(天下)에 질서가 확립되지 못하였기 때문에 군(君)을 세웠다. 그러나 군의 (병립만으로도) 또 천하에 질서가 잡히지 못하였기 때문에 (다시) 천자를 세운 것이다. (그러므로) 천자는 군에서 나왔고, 군은 장에서 나왔지만 장은 전쟁에서 (승리한) 사람이 된 것이다.

천자의 출현, 즉 천하통일만이 궁극적으로 전란(戰亂)을 종식시킬 수 있다는 것을 강조한 점에서 주목되지만, 선진(先秦) 문헌 중 이처럼 천자를 무력투쟁의 최후 승리자로 적나라하게 해석한 예도 없는 것 같다.

어쨌든 천자란 본래 무력투쟁의 최종단계에서 출현한 것이라면, 분열된 상황에서 다시 천자가 될 수 있는 길도 결국 전쟁뿐일 것이다. 더욱이 한 개인의 지배욕구를 충족시키기 위한 정복전쟁이 아니고 전쟁을 종식시키기 위한 통일의 과정이라면, 전쟁 자체는 흉사(凶事)이지만 부득이 용인될 수밖에 없다는 결론은 자연스럽게 도출될 수 있을 것이다. 본래 갑골문(甲骨文)이나 금문(金文)에서는 '과(戈)를 들고 나아가는' 형상의 '무(武)'자가[121] '지과(止戈)' 즉 '전쟁의 종식수단'으로 해석된 것이나,[122] 《상군서(商君書)》 획책편(劃策篇)이 "전쟁으로 전쟁을 제거할 수 있다면 비록 전쟁을 해도 무방하다(以戰去戰 雖戰可也)"는 주장은 바로 이러한 관념을 단적으로 반영한 것이었다.

그러나 단순히 무력의 최강자를 통일의 주체로 인정한다면 강자의 일방적

---

121) 白川靜, 1970, p. 126.
122) 이 해석은 《左傳》, 宣公 12年條에 처음으로 나오는 것 같다.

인 침략을 사실상 용인할 우려도 있으려니와, 설사 이러한 무력(武力)의 통일이 일단 분열에 따른 전쟁을 종식시킬 수는 있을지라도 천하를 통일한 강자의 지배가 항구적인 평화를 구현하는 선정(善政)이 되리라는 보장도 없지 않은가?

때문에 보다 엄격한 통일의 주체와 통일전쟁의 개념을 정립할 필요가 있었을 것이다. 여기서 다시 인정과 천명사상이 등장한 것은 어느 의미에서 당연한 것 같다. 즉 통일의 주체는 무력뿐 아니라 인정을 구현할 수 있는 문덕(文德)을 겸비한 인자(仁者)·의자(義者)야 하며, 통일전쟁은 침탈전쟁이 아닌 만큼 약탈과 파괴를 수반해서는 안된다는 것이다. 부연하면 통일전쟁은 타국(他國)의 재난이나 폭란(暴亂)을 좌시할 수 없는 인자·의자의 도덕적 책임의 발로로 수행되어야 하며,[123] 스스로 망국의 길을 걷고 있어 이미 천(天)이 망국시키려는 폭군의 나라를 천을 대신하여 공벌(攻伐)하는 것이므로[124] 무력행사는 그 백성을 대상으로 하는 것이 아니라 '민(民)의 원수', '군주의 자격이 없는' 폭군과 그 지지세력을 제거하는 데 국한되어야 한다.[125] 따라서 정복과정에서도 이 점을 명백히 선언하고 가급적 파괴와 약탈을 피해야 하지만, 전쟁이 일단 끝나면 일체의 약탈이나 정복지 주민의 노예화를 금하고 민심을 수습하는 데 최선을 다해야 한다는 것이다.[126]

요컨대 통일전쟁은 인군(仁君)에 의한 해방전쟁이어야 한다는 것이다. 물론 일국(一國)을 제외한 모든 나라가 폭정(暴政)으로 망국을 자초하고 있는 상황이 아니면 이러한 해방전쟁의 논리는 무의미하며, 따라서 천하통일도 불가능한 것도 사실이다. 그러나 "지금은 심히 혼란한 세상, 백성들의 고통이 이보다 더 할 수 없는"[127] 상황이라면, "의병(義兵)이 이르면 인국(隣國)의 백성들이 마치 물흐르듯이 귀복(歸服)하고 피정복국의 백성들이 (정복국

123)《荀子》, 議兵篇, "彼仁者 愛人 愛人故惡人之害也 義者循禮 循禮故惡人之亂也 彼兵者 所以禁暴除害也".
124) 馬王堆漢墓帛書整理小組, 1975,《經法》, "因天之生也以養生 謂之文 因天之役也以伐 死 謂之武〔文〕武并行 則天下從矣""因天時 伐天毁 謂之武 武刃而以文隨其後 則有成 功矣 用二文一武者王",《十大經》, "夫作爭者凶 不爭〔者〕亦無成功."
125)《荀子》, 議兵篇, "凡誅非誅 其百姓也 誅其亂百姓者也 百姓有扞其賊 則是亦賊也", 《呂氏春秋》, 孟秋紀, 懷寵, "今兵之來也 將以誅不當爲君者也 以除民之讐而順天之道", "故克其國 不及其民 獨誅所誅而已矣 民有逆天之道 衛人之讐者 身死家戮 不赦."
126) 李成珪, 1985, pp. 778~780.
127)《呂氏春秋》, 孟秋紀 振亂.

의 군주를) 마치 부모처럼 받드는"[128] 것까지는 기대할 수 없었겠지만, 적어
도 그들의 생명과 재산을 보장하는 정복자의 지배를 적극적으로 거부할 이
유는 없을지 모른다. 따라서 해방전쟁의 논리는 그 주체의 도덕성을 강조함
으로써 통일론으로서의 논리적 모순을 노정할 수밖에 없었지만, 이 논리적
모순을 불사하고 무력행사의 요건과 전후처리의 방법을 규정한 점에서 오히
려 현실적인 제안이라 하겠다.

　이것은 결국 힘의 논리와 도덕주의의 타협이었고, 현실적으로 강자의 무
력적 성공을 사후 합리화하는 역할에 그칠 우려가 없는 것도 아니다. 그러
나 이 타협은 단순한 인정(仁政)이나 물리적인 힘, 어느 하나만으로도 실제
통일은 불가능하다는 인식에도 불구하고, 통일을 당위로 요구하지 않을 수
없는 제자(諸子)들이 발견한 가장 합리적인 결론이었던 것 같다. 적어도 적
나라한 힘의 논리를 도덕적 책임의식으로 견제한 점에서 적극적인 평가를
받을 만하다.

　그러나 문덕(文德)의 강조에도 불구하고 무력이 통일을 위한 불가결한 수
단인 이상, 통일의 주체로 자임하는 '인군(仁君)'은 물론 최소한 자존이나마
도모하려는 '폭군'도 군사력의 강화에 최대의 관심을 갖지 않을 수 없을 것
이다. 여기서 모든 정치의 과제가 이 목표에 일단 집중되는 것을 용인하게
된다. 그렇다면 제자들은 이 문제에 어떻게 대응하였는가? 군사력의 강화
는 단순한 양병(養兵)이 아니며, 정치·사회·경제의 전반적인 문제와 직결
된 만큼, 그들은 이에 대한 각종 구체적인 정책과 그 이론적 근거를 제시하
였다. 물론 여기서 그것을 일일이 소개할 필요는 없다. 다만 그것은 결국 치
국(治國)의 기본적인 문제와 관련된 것이므로 선진사상의 양대 치술(治術),
즉 법치와 덕치(德治)를 중심으로 이것을 간단히 검토해 보자.

　상앙이나 한비자 등이 국가권력의 강화와 절대군권의 확립을 위하여 법에
의한 획일적인 지배를 특히 강조한 것은 주지의 사실이다. 이들의 법치론은
인간의 도덕적 능력을 불신하는 입장, 즉 인성을 기본적으로 악(惡)하고 이
(利)를 탐하는 것으로 인식하는 인성론의 당연한 귀결이었고, 동시에 춘추

---

128) 同上, 懷寵. 한편 《孟子》梁惠王下 "湯一征自葛始 天下信之 東面而征 西夷怨 南面而
　　征 北狄怨 曰爲後我民 望之若大旱之望雲霓"도 기본적으로 이와 동일한 발상이고 보면
　　孟子 역시 仁政에 의한 統一論을 결국 포기한 것 같다.

시대 이후 공동체의 해체 및 각국이 겸병전쟁(兼併戰爭)으로 광대한 영역이 통합된 결과, 상이한 지방의 전통과 관습을 초월한 보편적인 규범과 질서원리가 요구된 역사적인 상황의 산물이기도 하다. 그러나 법치론은 단순한 법에 의한 획일적인 통제 자체보다는 법의 강제력을 이용하여 군권을 정점으로 한 항상적인 전시체제를 확립함으로써 부국강병(富國强兵)을 도모한 점에 더 큰 의미가 있었다:

법치론자들이 전 주민을 생산과 전투의 요원으로 조직하는 농전체제(農戰體制)를 강력히 주장한 것도 이미 상식에 속하지만, 법령(法令)의 '속'화('俗'化), 즉 법령으로 모든 관습을 대체, 마치 관습에 따르듯이 자발적으로 법령에 복종하는 획일적인 지배를 주장한 《경법(經法)》이 그 목적을 국가의 명령에 절대 복종하며 일사불란하게 전쟁에 종사할 수 있는 백성의 창출로 설정한 것은[129] 법치의 목표가 무엇인가를 단적으로 시사한다. 또 상앙이 국가에 대한 공로를 기준으로 신분질서를 재편성하면서 군공(軍功)을 가장 중시하였고, 심지어는 관직(官職)도 군공에 따라 부여함으로써 모든 사회적 가치 중 군공을 우선시킨 것도[130] 법치론과 전시체제의 불가분성을 잘 말해준다. 더욱이 그가 치민(治民)을 승적(勝敵)을 위한 전제로 설정하였을 뿐 아니라 민(民)과 국가(國家)의 관계도 적대관계로 설정, '제민(制民)', '승민(勝民)'을 강조한 것을 보면[131] 정치 자체마저 전쟁의 일부로 주장한 인상을 주고 있다.

이에 비해 덕치와 예치(禮治) 또는 교화(敎化)를 통한 지배는 그 용어 자체가 법치와 대립된 개념인 만큼 일견 획일적인 지배나 전시체제의 확립과는 무관한 인상을 주기도 한다. 그러나 덕치, 예치가 법치를 배제한 개념도 아니고 단지 법조문(法條文)에 우선하는 가치를 인정하는 정도에 불과하지만, 덕(德)·예(禮)도 다양한 기준과 행동규범을 허용한 개념은 아니었고, 선왕

---

129) 馬王堆漢墓帛書整理小組, 1975, 《經法》, "若號令發 必究而上九 壹道同心〔上〕下不赶 民無宅〔志〕 然後可以守戰矣 號令發必行 俗也…… 號令成俗而刑罰不犯 則守固戰勝之道也."

130) 李成珪, 1986, pp.5~6 및 《商君書》, 賞刑篇, "所謂壹賞者 利祿官爵搏出于兵……而 富貴之門必出于兵 是故民聞戰而相賀也", 同, 劃策篇, "凡戰者民之所惡也 能使民樂戰 者王 强國之民 父遺其子 兄遺其弟 婦遺其夫 皆曰 不得 無返."

131) 《商君書》, 劃策篇, "能勝强敵者 必先勝其民", "能制天下者 必先制其民", "故勝民之本制民."

또는 고성왕이 제정하였다는 일정한 형식과 내용을 갖는 원리요 규범이었다. 물론 덕・예 자체는 형벌을 수반하지 않은 점에서 일단 법에 비해 강제력이 약한 것은 사실이다. 그러나 그것은 고성왕이 제정한 형식과 내용인만큼 오히려 그 준행은 철저하게 요구되었고, 이에 반하는 일체의 언행은 사설(邪說)・음행(淫行)으로 배격되지 않을 수 없었다.

더욱이 군주가 예치・덕치를 자임할 경우 그것은 국가권력・군권의 권위로 사실상 강제되었고, 왕왕 법치보다 오히려 군주의 무제약성(無制約性)을 제고하는 구실을 할 수 있다는 점을 주의하지 않으면 안된다. 따라서 덕치・예치는 법치에 비해 보다 포괄적인 획일적 통제를 요구할 수 있으며, 실제 경우에 따라서는 이것이 가능하였다. 이런 점에서 특히 예치를 강조한 순자(荀子)가 "둘이 되면 의혹(疑惑)하기(마련이다.) 천하에는 2가지 도(道)가 없고 성인에게도 양심(兩心)이 없다"는[132] 전제하에 "제후의 이정(異政)과 백가(百家)의 이설(異說)"을 극력 반대한 것이나,[133] 악(樂)을 중요한 교화의 수단으로 생각한 사람들이 악을 이용한 '이풍역속(移風易俗)' 즉 선왕의 규범으로 모든 풍속의 통일을 주장한 것은[134] 극히 당연한 귀결이라 하겠다.

즉 그들은 자신들이 주장하는 예・덕이 유일한 최고의 선이므로, 이것으로 모든 사상과 풍속이 획일적으로 통일돼야 마땅하다는 것이다. 물론 이것은 도덕적 이상주의자들의 독선적인 자기 주장이나 일체의 이설(異說)을 이단시하는 사상적 편협성일 수도 있다. 그러나 순자(荀子)가 "용병(用兵)과 공전(攻戰)의 근본은 일민(壹民)에 있으며", "민이 제일(齊一)하면 강국이 되고 민이 제일하지 않으면 약국(弱國)이 된다"고[135] 한 것이나, 악을 '심일이정화자(審一以定和者)'요 '천하를 대제(大齊)시키는 수단'으로 정의하고 "악이 중평(中平)하면 민이 화이불류(和而不流)하고 악이 숙장(肅壯)하면 민이 제이불란(齊以不亂)한다. 민이 화(和)・제(齊)하면 병(兵)이 강해지고 성(城)이 견고하여 적국(敵國)이 감히 침범하지 못한다"[136]라고 주장한 것을 보면

---

132) 《荀子》, 解蔽篇.
133) 同上, 議兵篇.
134) 《禮記》, 樂記篇, "故禮以道其志 樂以和其聲 政以一其行 刑以防其姦 禮樂刑政其極一
　　也 所以同民心而出治道也."
135) 《荀子》, 議兵篇.
136) 同上, 樂論篇.

예·악에 의한 사상과 풍속의 통일이 과연 무엇을 위한 것인가를 쉽게 알 수 있을 것이다. 즉 그것은 국가가 요구하는 의무, 특히 군사의무를 일사불란하게 수행할 수 있는 민의 조직과 획일적인 통제, 다시 말해 민을 전시체제로 조직 지배하기 위한 것이 명백하다.

이렇게 보면 법치와 예치·덕치는 모두 항상적인 전시체제의 확립을 위한 사상과 풍속 및 규범의 획일화의 수단이었다는 점에서 본질적인 차이는 없는 것 같다. 다만 전자가 형벌의 체계에 의한 강제란 성격이 강한 반면, 후자는 도덕적 당위로서 요구된, 보다 포괄적일 수 있다는 것이 차이라면 차이라 하겠다. 부단한 전쟁의 위협 속에서 자존을 도모하지 않을 수 없는 군주들이 전시체제의 확립을 원한 것은 당연하였겠지만, 이 체제가 필연적으로 군권의 강화를 보장할 수 있었던 만큼, 그것을 더욱 절실히 요구하였을 것이다. 법치나 예치·덕치는 모두 이 요구에 부응한 방법과 이론인 것은 사실이다.

그러나 이것은 단순히 군주의 요구에 의한 것이라기보다는, 통일의 당위성을 전제로 한 제자들이 무력에 의한 해방전쟁의 논리를 용인하지 않을 수 없었던 논리적 귀결이었다. 이 때문에 그들은 여기서 다시 군권의 강화와 절대성을 용인하지 않을 수 없었던 것이다. 전장(前章)에서 필자는 사인층이 치자(治者)의 입장에서 군권의 절대성을 강조하는 한편, 피치자의 입장에서 그 견제를 위한 다양한 이론도 제시하였음을 지적했지만, 통일해방전쟁의 논리는 결국 군권의 절대성을 다시 한번 보장하는 역할을 한 것이다. 제자사상이 군권의 견제이론을 다양하게 제시하였음에도 불구하고 전체적으로 전제군주권의 용인으로 귀결된 것은 바로 이 때문이기도 한 것 같다.

맺음말

선진(先秦) 제자(諸子)의 학(學)과 사상은 춘추말 이후 변화하는 시대의 새로운 원리를 모색한 하급 사인층의 지적 운동으로 시작되었으며, 이후 중국의 학문과 사상의 기본 골격이 거의 제시되었을 정도로 그 내용도 다채로웠고 그 수준도 매우 높았던 것은 사실이다. 이것은 최초로 공개적이고 체계적인 지식의 전수와 사물에 내재한 기본 속성과 원리를 탐구하는 정신을 확

립하였으며, 자연법칙에 접근, 인간을 신(神)과 주술(呪術)의 세계로부터 어
느 정도 해방시킨 것도 사실이다. 또 나름대로 평화와 정의가 구현된 이상
사회를 설정, 그것에 도달하는 구체적인 방법도 제시하였으며, 정치적 분열
에 따른 혼란과 전쟁을 종식시키기 위한 통일의 이론적 기초와 방법도 제시
하였다.

그러나 당시 과학지식의 한계, 자체 완결성이 결여된 소농경제의 취약성,
자율성을 확보하지 못한 수공업과 상업의 존재형태 등은 제자사상의 한계를
크게 규정하였다. 그 결과 '인간의 발견'도 불철저하였다. 그러나 무엇보다
도 제자학(諸子學)의 근본적인 한계는 그것이 '사인(士人)의 학'이란 성격
자체에서 비롯된 것 같다. 제자학은 관료로 진출, 지배층에 참여하려는 사
인에 의해서 주도된 만큼, 그 관심이 사인의 자질과 존재의미, 역할을 확립
하는 문제에 집중된 것은 당연하였지만, 바로 이 때문에 많은 문제가 발생
한 것 같다.

첫째 '학문을 위한 학문'이 아니라 지배층이 되기 위한 자질의 함양이 목
적이었던 만큼, 그 자격 요건을 충족시키는 것 이상으로 학문이 발전할 수
없었던 것 같다. 제자학이 일찍부터 그 발전의 한계를 노정한 것은 바로 이
때문으로 해석된다.

둘째, 지배층을 위한 정치·윤리학에 그 관심이 집중된 결과, 자연과학에
대한 지적 엘리트의 무관심을 초래하였고, 부분적으로 보인 자연철학에 대
한 관심도 객관적인 자연법칙에 기초하였다기보다는 정치·윤리학의 관념
적인 논리를 제공하는 형이상학의 범주를 벗어나지 못하였다. 이것은 다시
정치학·윤리학 자체도 보다 체계적이고 논리적인 형식으로 발전하지 못한
요인이 된 것 같다.

셋째, 사인층의 2중적 성격 때문에 군주에 대한 피치자의 입장에서 군권
(君權)을 제약하기 위한 위민(爲民)·민본(民本)의 논리도 강조하고 '공천하
(公天下)'의 이상도 추구하였지만, 이것도 사인층의 이익을 확보하기 위한
형식에 불과하였다. 한편 치자의 입장에서 그들의 특권의 근원인 군주권의
절대화를 포함한 계급지배의 정당성을 강조한 나머지 권위주의적인 지배 이
상의 원리를 발견하지 못한 것 같다.

넷째, 이 때문에 '논리적 진실'보다는 전통과 선왕(先王)의 권위에 의해서

보증되었다는 '윤리적 당위'를 일방적으로 요구하였고, 자신의 주장을 설득하거나 통치에 유효한 수단이라고 판단하면, 자신도 반대한 비합리적이고 주술적인 의식체계를 오히려 이용하는데 서슴지 않았다. 합리주의 정신의 미숙은 바로 여기서 비롯된 것이기도 하다.

다섯째, 이 점은 다시 지배층의 학(學)이란 극히 실천적인 성격과 결합하여 더욱 논리적 일관성의 결여와 불철저로 연결되었다. 즉 논리적으로 전혀 상반된 주의 주장이 안이하게 절충 종합된 것이다. 전국말의 제자(諸子)들, 특히 한비자나 순자의 경우, 논리적인 모순의 극복이 방기된 채 여러 사상이 종합되고 있는 것은 바로 이 때문이다. 그러나 여기서 모순된 논리가 동일한 대상에 적용되지 않고 지위와 신분에 따라 각기 적용되는 경우가 많다는 점을 주의하지 않으면 안된다. 예컨대 군신관계를 예적인 관계와 법적인 관계로 각각 설정한 두 상반된 주장이 전자는 사대부 고관에, 후자는 하급이원(吏員)에 각각 분리 적용되고, 교육을 강조하는 주장과 우민정책론(愚民政策論)이 절충되어 전자는 지배층에, 후자는 피지배층에 적용됨으로써 양자를 모두 수용한 것 등은 그 대표적인 예들이다. 따라서 이러한 절충이 반드시 현실적으로 무의미하다거나 비합리적인 것만도 아닐지 모른다. 그러나 이것은 결국 계급과 신분에 따라 상이한 규범과 원리의 적용을 당연시하는 지배층의 논리였고, 인간과 사회의 보편적 원리를 확립하지 못한 것은 재론(再論)의 여지가 없다.

여섯째, 제자학(諸子學)의 공간적 대상은 통합된 천하였고, 이 때문에 결국 무력에 의한 정치적 통일의 불가피성과 그 논리적 귀결인 항상적인 전시체제를 용인한 결과, 획일성을 강조한 정치·사회의 통제원리를 지지할 수밖에 없었기 때문에 절대 군권의 확립에 기여하는 역할을 면할 수 없었다.

그러나 이러한 문제점은 모두 당시 역사적 조건에서 기인된 것이었다. 당시 학문과 교육을 담당할 수 있는 사람들은 실제 사인층뿐이었고, 사실 제자의 학(學)과 사상은 당시 사인들에게 기대할 수 있는 최고의 수준과 최대의 폭이라고 해도 과언은 아닐 것이다. 그들은 새로운 시대의 지배층이 되기를 원했고, 바로 이 세속적인 이유에서 진리를 계속 철저하게 추구하는 '학문을 위한 학문'은 발전시키지 못하였지만, 새로운 시대가 요구하는 원리와 방법을 나름대로 체득하였기 때문에 군주의 환영과 우대를 받으며 새

로운 국가와 사회를 확립하는 주역이 될 수 있었다. 필자는 묵가의 사상과
정론 및 논리학이 진국 제민지배체제(秦國齊民支配體制)의 형성 발전에 크게
기여한 것을 시론적으로 지적한 바 있지만,[137] 많은 제자들의 정론과 의견이
그대로 법령과 제도로 구체화된 것 같다.[138] 실제 전국시대의 현(縣)·향
(鄕)·리(里)제도(制度), 관료제도, 토지정책을 비롯한 각종 경제정책 등은
물론 공공연하게 지지된 도덕과 윤리, 어느 하나도 제자서에서 그 이론적
기초나 구체적인 내용을 찾을 수 없는 것은 없는 것 같다. 이런 의미에서 제
자의 학과 사상은 시대의 요청에 부응한 것이었고, 또 시대적 조건에 의해
서 제약되기도 하였지만 시대를 만들어나간 역할을 하였으며, 사인층이 중
국사회의 지배층으로 건재하는 한 그 지배원리와 방법은 계속 유효하였다.
제자학이 역대 고전적 가치를 상실하지 않은 것은 바로 이 때문이었지만,
지식인·테크노크라트가 주도하는 오늘날의 사회에서도 그 부분적인 가치
가 인정되고 있는 것은 사인층이 기본적으로 현능자(賢能者), 즉 지적 엘리
트로 자임하면서 논리를 전개한 때문이 아닐까?

참고문헌

李成珪, 《中國古代帝國成立史硏究》, 一潮閣, 1984.

郭沫若, 《十批判書》, 上海, 1946.

譚戒甫, 《墨辯發微》, 北京, 1964.

───, 《墨經分類譯注》, 北京, 1981.

毛禮銳·瞿菊農·邵鶴亭 篇, 《中國古代敎育史》, 北京, 1979.

蕭公權, 《中國政治思想史》, 北京, 1949 初版·1971 再版.

睡虎地秦墓竹簡整理小組, 《睡虎地秦墓竹簡》, 北京, 1978.

梁啓超, 《古書眞僞及其年代》, 1927.

汪奠基, 《中國邏輯思想史》, 上海, 1979.

饒宗頤·曾憲通, 《雲夢秦簡日書硏究》, 香港, 1982.

───, 《楚帛書》, 香港, 1985.

劉澤華, 《中國傳統政治思想反思》, 北京, 1987.

李 零, 《長沙子彈庫戰國楚帛書硏究》, 北京, 1985.

---

137) 李成珪, 1984, 제 3 편, 齊民支配體制形成의 担當集團.
138) 李學勤, 1981 ; 劉海年, 1987 ; 吳九龍, 1984.

李澤厚・劉綱紀 主編,《中國美學史》第1卷, 北京, 1984.

蔣孔陽,《先秦音樂美學思想論稿》, 北京, 1986.

張心澂,《偽書通考》上・下册, 1939 初版・1970 臺 一版.

錢 穆,《先秦諸子繫年》上・下册, 香港, 1935 初版・1956 增訂版.

趙紀彬,《論語新探》, 北京, 1958 初版.

朱伯崑,《先秦倫理學概論》, 北京, 1982.

《哲學研究》編輯部 編,《孔子哲學討論集》, 北京, 1962.

馮友蘭,《新編中國哲學史》第1卷, 北京, 1962 初版, 森下修一 譯(1966, 東京).

嵇文甫,《嵇文甫文集》(上), 河南人民出版社, 1985.

胡寄窗,《中國經濟思想史》, 上海, 1962.

胡 適,《中國古代哲學史》, 1919 初版・1967 台 3版,

侯外廬 主編,《中國思想通史》第1卷, 北京, 1957.

根本誠,《中國傳統社會とその法思想》, 東京, 1978.

內山俊彥,《中國古代思想史における自然認識》, 東京, 1987.

大濱皓,《中國古代の論理》, 東京, 1959.

白川靜,《漢子》, 岩波新書, 1970.

────,《甲骨文の世界》, 東京, 1972.

富士正晴,《中國の隱者── 亂世と知識人》, 岩波新書, 1973.

森三樹三郎,《上古より漢代に至る性命觀の展開── 人生論と運命觀の歷史》, 東京, 1971.

日原利國,《春秋公羊傳の研究》, 東京, 1976.

入江啓四郎,《中國古典と國際法》, 東京, 1966.

竺原仲二,《中國人の自然觀》, 東京, 1982.

板野長八,《中國古代における人間觀の展開》, 東京, 1972.

Creel, H. G., *Confucius: The Man and The Myth*, 1949, New York.

────, *Shen Pu-hai: A Chinese Political Philosopher of Fourth Century B.C.*, 1974, University of Chicago Press.

Gibbon, Edward, *The History of the Decline and Fall of the Roman Empire*, edited by J. B. Bary, 1946, New York, Vol. I.

Giradot, N.J., *Myth and Meaning in Early Taoism*, 1983, University of California Press.

Graham, A.C., *Later Mohist Logic: Ethics and Science*, 1978, The Chinese University Press, Hong Kong.

Hansen, Chad, *Language and Logic in Ancient China*, 1983, University of Michigan Press.

Loewe, Michael, *Chinese Ideas of Life and Death: Faith, Myth and Reason in the Han Period*(B.C. 202~A.D. 220), 1982, London.

Munro, Donald J., *The Concept of Man in Early China*, 1969, Stanford University Press.

Needham, Joseph, *Time and Eastern Man:The Henry Myers Lecture 1964*, 1965, London.

Schwartz, Benjamin I., *The World of Thought in Ancient China*, 1985, Harvard University Press.

金庠基,〈'五百年王者興'說에 대하여〉,《東亞論叢》第 3 輯, 1965;《東方史論叢》, 서울 大出版部, 1974.

閔斗基,〈中國의 傳統的 政治像〉,《中國近代史研究》, 一潮閣, 1973.

李成九,〈戰國時代 官僚論의 展開〉,《東洋史學研究》25, 1987.

李成珪,〈戰國時代 統一論의 形成과 그 背景〉,《東洋史學研究》8. 9 合輯, 1975.

────,〈秦帝國의 舊六國統治와 그 限界〉,《閔錫泓博士華甲紀念 史學論叢》, 1985.

────,〈秦의 身分秩序 構造〉,《東洋史學研究》23, 1986.

────,〈中國文明의 起源과 形成〉, 本書 所收.

顧頡剛,〈禪讓傳說起於墨家考〉, 國立北平研究院,《史學集刊》1 期, 1936;《古史辨》第 7 冊 下篇.

郭沫若,〈墨子的思想〉,《先秦學說述林》, 重慶, 1944.

────,〈先秦天道觀之進展〉,《靑銅時代》, 重慶, 1945.

裘錫圭,〈馬王堆《老子》甲乙本卷前後佚書與"道法家"── 兼論《心術上》《白心》爲愼 到田駢學派作品〉,《中國哲學》第 2 輯, 1980.

唐 蘭,〈馬王堆出土《老子》乙本卷前古佚書的研究── 兼論其與漢初儒法鬪爭的關 係〉,《考古學報》, 1975-1.

馬王堆漢墓帛書整理小組,〈《老子》乙本卷前古佚書釋文〉,《考古學報》, 1975-1.

安志敏・陳公柔,〈長沙戰國繒書及其有關問題〉,《文物》, 1963-9.

余英時,〈古代知識階層的興起與發展〉,《中國知識階層史論・古代篇》, 臺北, 1980.

吳九龍,〈銀雀山漢簡齊國法律考析〉,《史學集刊》, 1984-4.

劉敦愿,〈馬王堆西漢帛畫中的若干神話問題〉,《文史哲》, 1978-4.

劉海年,〈戰國齊國法律史料的重要發見〉,《法學研究》, 1987-2.

李學勤,〈秦簡與'墨子'城守各篇〉, 中華書局編輯部 編,《雲夢秦簡研究》, 1981.

陳天俊,〈從《山海經》看古代民族的崇拜信仰及其遺俗〉, 中國《山海經》學術討論會編輯, 《山海經新探》, 成都, 1986.

包山墓地竹簡整理小組,〈包山2號墓竹簡槪述〉,《文物》, 1988-5.

根本誠,〈論語の問答法について〉,《中國古典思想の研究》, 東京, 1971.

金谷治,〈愼到の思想について〉,《集刊東洋學》7, 1962.

────,〈古佚書'經法'等四篇について〉,《加賀博士退官紀念中國文史哲學論集》, 東京,

1979.

內山俊彦,〈馬王堆帛書'經法','十大經','稱','道原'小考〉,《東方學》56, 1978.

渡邊卓①,〈著作の說話〉,《古代中國思想の研究》, 東京, 1973.

──②,〈弟子の說話〉, 上同.

──③,〈墨家の集團とその思想〉, 上同.

──④,〈戰國儒家の遍歷生活〉, 上同.

木村英一,〈孔子の傳記について〉, 木村英一 著,《孔子と論語》, 東京, 1971.

山田慶兒,〈馬王堆漢墓出土醫書三則〉, 山田慶兒 編,《新發現中國科學史資料の研究》,
京都, 1985.

石母田正,〈古代社會と手工業の成立──とくに觀念形態との關連について〉,《古代史
講座》9, 東京, 學生社, 1963.

小島祐馬,〈中國における刑罰の起源について〉,《東方學報(東京)》12, 1941.

松本雅明,〈古典の形成〉,《岩波講座 世界歷史》4, 東京, 1970.

宇都宮淸吉,〈管子弟子職篇によせて〉,《中國古代中世史研究》, 東京, 1977.

林巳奈夫,〈中國古代の神巫〉,《東方學報(京都)》38, 1967.

──,〈漢代の鬼神の世界〉,《東方學報(京都)》46, 1974.

齊木哲郎,〈馬王堆帛書より見た道家思想の一則面──《經法》等四篇の古佚書を中心と
して〉,《東方學》69, 1985.

增淵龍夫,〈墨俠〉,《中國古代の社會と國家》, 東京, 1960.

曾布川寬,〈崑崙山と昇仙圖〉,《東方學報(京都)》51, 1979.

淺野裕一,〈墨家集團の質的變化〉,《日本中國學報》34, 1982.

──,〈黃老道の政治思想──法術思想との對比〉,《日本中國學報》36, 1984.

Creel, H. G., "What is Taoism?", *What is Taoism? And Other Studies in Chinese
Cultural History*, 1970, University of Chicago Press.

Jan Yün-hua, "The Silk Manuscripts on Taoism", *Toung Pao*, Vol. LXIII, 1977.

Loewe, Michael, "Man and Beast: The Hybrid in Early Chinese Art and Literature",
Numen, Vol. XXV, Fasc. 2, 1978.

皇帝支配體制의 成立과 展開

鄭　夏　賢

머 리 말

　1974년과 1976년에 걸쳐 섬서성(陝西省) 임동현(臨潼縣)의 여산릉(驪山陵)
유지에서 발견된 진시황(秦始皇) 부속릉에서는 계속된 탐사의 결과, 실물 크
기의 정교한 병사(兵士)·병마용(兵馬俑)이 무려 6천 구(具) 이상 출토되어[1]
진시황 지배의 막강함에 놀라게 하였다. 이러한 위력을 갖춘 황제지배의 출
현은 중국 고대는 물론 동아시아 역사에도 획기적인 사건이었다. 황제는 이
후 전(前)근대 중국사의 전시기에 걸쳐 통치제도의 핵이 되었을 뿐만 아니
라, 때때로 주변 민족들에게까지 국제적 질서의 구심점으로 역할함으로써
동아시아의 역사 전개에 중대한 영향력을 미치게 되었던 것이다.
　그러면 이러한 황제지배(皇帝支配)는 어떻게 성립되었으며 어떠한 과정을
밟아 정착되어 갔는가. 그리고 당시의 역사에서 차지하는 의미는 무엇인가.

---

1) 始皇陵秦俑坑考古發掘隊, 1975; 同, 1978.

여기에서 황제통치가 개인의 역할로서가 아니라 그를 정점으로 한 지배체제로서 성립되었음을 상기해야만 하고 따라서 황제지배체제에 대한 정확한 이해가 필요하게 된다. 그리고 한편으로 황제지배는 전제군주권(專制君主權)으로부터 발전한 것이면서도 이전의 전제군주를 넘어서는 차이점을 지니고 있을 터이므로, 이러한 의미에서 본고에서는 우선 당대인(當代人)들에게 황제지배가 어떻게 받아들여졌는가 하는 점부터 살펴보기로 한다. 이는 동시에 황제가 자신의 통치에 정당성을 획득하는 과정이기도 한 바, 구체적으로는 먼저 황제지배와 신비주의적 사유(思惟) 및 제의(祭儀)와의 관련 문제를 검토하고, 다음으로는 사회적 관계 속에서 황제지배가 어떻게 이해되었는가에 대해서도 살펴볼 예정이다. 이 문제에 대해서는 특히 가족제도와의 관련성 위에서 접근해 나가게 될 것이다.

한편 우리들은 황제지배체제를 언급할 때 통일제국(統一帝國)과 중앙집권화된 국가권력을 그 특징적인 현상으로서 지적하지 않을 수 없다. 이에 따라 관심도 자연히 황제에게 통치권이 집중된 통일제국이 출현하는 과정으로 향하게 된다. 이 점에서 우선 전국(戰國)말 군주권이 강화·정착되어 가는 상황에 대한 검토가 요구되는 것이다. 그리하여 전국(戰國)시기로부터 군주권 강화의 여러 가지 기반에 대하여 검토함으로써 진한(秦漢)제국의 황제지배가 어떠한 토대 위에 서 있는가 살펴볼 필요가 있다. 이러한 측면에서는 이미 상당한 연구 성과가 축적되어 있거니와, 이 문제를 주로 서로 밀접하게 관련되어 있는 토지제도와 부세(賦稅)제도, 그리고 화폐의 유통 등 경제적인 면에 초점을 맞추어 정리하고자 한다.

외관상으로는 일단 진(秦)제국의 성립과 함께 시작된 황제지배체제이지만 현실에서 이 체제가 정착되려면 적어도 전한(前漢) 중엽까지는 기다려야 한다. 이러한 의미에서 볼 때 황제지배체제는 진한시대에서도 시기에 따라 양상을 달리하면서 전개되었다는 것을 알 수 있는바, 예컨대 진제국기를 비롯하여 전한(前漢) 초기, 무제(武帝)시기, 무제 이후에도 왕망(王莽)정권을 거쳐 후한(後漢)에 이르기까지의 과정 및 후한 등에 걸쳐 시기별 접근이 이루어져야 할 것이다. 그리하여 각 시기의 구체적인 실상들을 통해 고대 황제지배체제에 대한 종합적인 이해가 가능해질 때 중국사에서 다른 시기의 황제들과 비교하여 어떠한 특수성을 지니는지도 밝혀지리라 생각된다.

I. 皇帝 稱號의 이해와 神秘主義的 皇帝觀의 전개

1. 秦帝國시기의 皇帝觀念

당대인들이 황제지배를 어떻게 이해했고 이에 어떻게 순응해 갔는가 살펴보기 위해서는 먼저 황제라는 용어의 생성 과정과 그것이 내포하고 있는 의미에 대해서 파악해 보아야 한다. 진시황에 의해 황제라는 말이 처음 사용되었다는 것은 주지의 사실이지만, 그러면서도 한편으로 황제관념의 연원은 이미 오래 전까지 거슬러 올라간다는 것이 지적되고 있다.[2] 이러한 지적들에 의하면 제(帝)라는 문자는 갑골문(甲骨文)이나 금문(金文)에서부터 신격(神格)을 지칭하는 문자로 사용되었다고 한다.[3] 그것도 초기에는 인간의 의지를 초월한 절대적 신(神)을 의미하였으나 서주(西周)에 들어가 인격신(人格神)으로 변화하게 되며 이어서 제자백가(諸子百家)의 손을 거치면서 성인(聖人) 군주(君主)로 탈바꿈하기까지에 이르는 것이다.[4] 여기에서 문제는 진시황이 황제의 용어를 채택할 때 어떠한 의미로 받아들였는가 하는 것인데, 이는 아마 각각 천(天)과 지(地)를 주재하는 천황(天皇)·지황(地皇)보다도 존귀한 존재라 하여 신하들이 건의한 태황(泰皇)이라는 용어를 그가 거부하면서 이 가운데 황(皇)이라는 문자만을 살리고 동시에 상고(上古)시기의 제(帝)라는 호칭을 취하여 황제의 용어가 채택되었다는 기록[5]을 통해 어느정도는 확인할 수 있으리라 생각된다. 앞뒤 문맥으로 보아 태황은 천과 지를 포괄하는 우주질서의 주재자인 것 같다.[6] 그렇다면 진시황은 우주의 주재자에 비견되는 신비한 존재로의 격상에 일단 부정하는 자세를 보인 것이 된다. 이 점에서 그가 굳이 원하였던 제 칭호가 이미 전국 후반 진(秦)과 제(齊)나라에서 일시 사용된 적이 있었다는 사실[7]은 주목해 둘 만하다. 즉 그

---

2) 대표적인 것은, 西嶋定生, 1972.
3) 池田末利, 1981(1) ; 同, 1981(2).
4) 예컨대 《說苑》 君道篇에 君主를 帝王·王者·覇者·危國의 君主 네 등급으로 나눈 郭隗 先生의 발언에 나타나는 帝王 참조. 《戰國策》 燕策一에도 동일한 내용이 보인다.
5) 《史記》 秦始皇本記 26年條.
6) 泰皇은 후에 나타나는 太一과 연원을 같이 하는 듯하다. 西嶋定生, 1970, p. 221.

의미가 아무리 신성성(神聖性)을 지닌 것이라 해도 현실로서 출현한 바 있는 인간적 존재라는 요인이 통일 직후의 제라는 호칭에는 내포되어 있었던 것이다. 이렇게 볼 때 진시황이 사용한 제 호칭은 특히 고진(故秦) 즉 관중(關中) 일대에 널리 퍼져 있었고[8] 전한(前漢)초까지도 민간에 적지 않은 영향을 미치고 있던 제 신앙[9]과 밀접한 관련이 있음에도 불구, 상당히 현실적인 의미를 내포하였던 것이라 추측 가능하다.

그러면 이와 같은 추측은 진시황의 황제지배를 이해하는 데 어떠한 도움을 주는 것일까. 종래 그의 통치방식에는 특히 통치의 정당성을 얻기 위한 측면에 신비주의적 색채가 두드러지게 나타남이 자주 확인되어 왔다. 이러한 이해는 물론 정확한 것이다. 황제의 호칭도 어디까지나 신비적 존재인 황(皇)과 역시 신성을 보유하여 숭배의 대상이었던 제(帝)를 결합시켜 만들어낸 것인 만큼 인민들에는 거의 신성시되어 경외(敬畏)의 대상으로 받아들여졌을 것임이 틀림없다. 그리하여 이러한 효과를 극대화하고자, 이를테면 극묘(極廟)를 건설하고[10] 아방궁(阿房宮)의 구조를 내밀(內密)하게 조성하였으며, 개인적으로도 선인(仙人)을 찾거나 불사약(不死藥)을 구하는 행동을 보이기도[11] 하였다.

문제는 이러한 과정들에는 거의 진시황의 개인적 의지가 주로 작용하였다고 보고, 그리하여 그가 주체적으로 신비주의적 분식(扮飾)을 추구한 것이라 이해하는 점에 있다. 그러나 실제 그의 행적 가운데에는 오히려 독신적(瀆神的)이라고 보아야 할 것들이 종종 눈에 뜨인다. 제2차 순행(巡行)에서 상산(湘山)의 신인 상군(湘君)에 제례(祭禮)를 올리고자 장강(長江)을 지나던 중, 돌풍을 만나 곤욕을 치르자 그 보복으로 상산의 나무를 전부 베어 발가숭이로 만들었다는 사실이라든가,[12] 제5차 순행에서 도중에 해신(海神)과 싸우는 꿈을 꾼 뒤 사람을 시켜 대어(大魚)를 잡게 하였다는 것은 대표적인

---

7) 《史記》 秦本紀 昭襄王 19年條.
8) 《史記》 封禪書, 先秦시기 진의 諸畤에서 행해진 諸帝 祭祀의 기록 참조.
9) 《史記》 高祖本紀. 劉邦이 初起時 흰 뱀을 벤 뒤 자신은 赤帝의 子로서 白帝의 子를 무찌른 것이라 추종자들에 자칭한 것은 이러한 신앙이 민간에 널리 퍼져 있었음을 알려준다.
10) 極廟는 天極의 형상을 본땄다고 한다. 《史記》 秦始皇本紀 27年條.
11) 《史記》 秦始皇本紀 32年條 및 35年條.
12) 《史記》 秦始皇本紀 28年條와 37年條.

예이지만, 이 경우는 그가 잡신들보다 존귀한 존재로서 자인(自認)하고 취한 행동으로 보이는 면도 있다. 그렇다 해도 제 2 차 순행시 낭야대(琅邪臺)에 새긴 각석문(刻石文) 중에

　　古之五帝三王, 知教不同, 法度不明, 假威鬼神, 以欺遠方, 實不稱名, 故不久長

이라 한 내용[13]을 보면 과거 오제(五帝)들이 귀신의 위세를 빌어 통치하였음을 비난하고 있는 것이다. 뿐만 아니라 이 기록에서는 제를 무엇보다 현세적(現世的) 통치자로 이해하고 있다. 이렇게 진시황은 절대 권력의 소유자로서 황제관념을 성립시키려 했다고 해도 무조건적으로 신비주의에 기운 것이 아니라 일면 인간중심적 입장에 서서 절대적 존재로서의 황제에 정당성을 부여하려 하였다고 보여진다. 그가 말년에 방사(方士)들의 방술(方術)에 심취하였다가 별 효과를 거두지 못하고, 오히려 몇몇 방사들이 그를 비방하자 이에 노하여 방사를 포함하여 제생(諸生) 다수를 갱살(坑殺)한 사건[14]도 이러한 성향 위에서 나타날 수 있었다 여겨진다.

　이와 같은 입장을 진시황이 취한 이유는 어디에 있을까. 그는 무엇보다도 통일제국의 건설이라는 위대한 업적을 이룩한 자신의 행위에 무한한 자신감을 가졌던 듯하다. 그의 자신감은 몇 차례의 순행에서 새겨 놓은 각석문의 거의 모든 내용 가운데 역력히 드러나는 바 이는 구태여 인용할 필요까지도 없는 주지의 사실이다. 그가 감행한 태산봉선(封禪)의 제례도 그 자신의 업적을 과시하려는 강렬한 욕구에서 비롯된 것이다. 황제 칭호의 제정 과정에서 보였던 것처럼 오히려 당시에는 신하들 사이에 신비주의를 지향하는 분위기가 널리 퍼져 있었다. 조고(趙高)가 이세황제(二世皇帝)에게 황제는 자신의 행적을 타인들에 드러내 보이지 않는다 하여 결국 비밀정치를 행하게 한 것[15]도 이러한 맥락에서 이해 가능하다. 이렇게 당시 진의 정계에는 신비주의적 방식으로 황제지배를 분식하려는 경향이 주류를 차지하였는데, 이는 후술하듯이 민간에 보편화되어 있던 주술(呪術)의 신봉 및 토속신앙과 밀접하게 관련되어 있다.[16] 진시황은 이러한 경향을 한편으로 수용하면서도

---

13) 《史記》秦始皇本紀 28年條.
14) 《史記》秦始皇本紀 35年條.
15) 《史記》秦始皇本紀 二世 2年條.
16) 何雙全, 1989, pp. 23~28. 최근 甘肅省 天水市에서 발견된 竹簡은 秦始皇 初年의 것

다른 한편으로는 자신의 행위에 대한 강한 자신감이 작용하여 신비주의적 요인과 현세적 성인(聖人) 군주관이 결합된 황제라는 호칭을 채택하기에 이르렀던 것이다.

이상에서 진 통일 직후 채택된 황제 칭호에는 진시황의 현실적 군주관이 작용하고 있음을 살펴보았다. 그리하여 여러 각석문은 그의 공적에 대한 찬양 위주로 작성되어 있고, 여러 가지 질서의 주재자로 서술된 부분에서도 예컨대 "皇帝作始, 端平法度・萬物之紀, 以明人事, 合同父子……", 혹은 "皇帝明德, 經理宇內, 視聽不怠. 作立大義, 昭設備器, 咸有章旗"라든가, "皇帝幷宇, 兼聽萬事, 遠近畢淸. 運理群物, 考驗事實, 各載其名. 貴賤竝通, 善否陳前, 靡有隱情" 등으로 인간 중심적인 입장에서의 절대자로 묘사되고 있다.[17] 이렇게 볼 때 적어도 황제 용어만으로 그대로 신격화의 대상이었다고 파악할 수는 없을 것이다. 그러나 한편으로 사회 전반에서는 황제를 신성한 존재로 이해하려는 경향이 강하였던 것 같고, 실제 진시황이 지배를 이념적으로 뒷받침하기 위해 취했던 조치들도 상당수 이를 토대로 진행되었다. 이들 가운데 중요한 것이 봉선(封禪)의례를 비롯하여 몇 차례의 순행에서 행해진 대대적인 산천(山川)제례이다.

원래 관중(關中) 일대의 고진(故秦)지역에는 춘추(春秋)시기부터 이미 다수의 제례가 존재하고 있었는바, 일(日)・월(月) 및 성진(星辰) 등에 대한 제사를 비롯하여 도(都)였던 옹(雍) 주변 사치(四畤)에서의 상제(上帝)제사 그리고 진보(陳寶)의 제사 등이 진제국에까지 전해 내려왔고 진시황도 이들 제례를 중시하였던 것으로 보인다. 나아가 그는 제 2 차부터 제 5 차의 순행에서 각지의 제례 거행에 주력하고 있는데 이중에는 팔주팔신(八主八神)을 비롯한 제(齊)지방의 여러 신앙과 명산대천(名山大川)에의 제사가 중요한 비중을 차지하고 있다. 특히 명산대천에 대해서는 통일 이전까지만 해도 혹은 제후들에 의해, 혹은 주(周)의 천자(天子)에 의해 체계 없이 제례가 행해져 왔으나 진 통일 이후 비로소 사관(祠官)들에 의해 상시 봉양되는 체계적인 형태를 갖추기에 이르렀다고 기록은 전한다.[18] 아마도 순행은 이들 제례가

으로 추정되는데, 그중 《日書》 두 종류의 내용은 당시인들의 일상 생활이 얼마나 占術 등 呪術과 관련되어 있었는지 잘 알게 해준다.
17) 《史記》 秦始皇本紀 28年, 29年, 37年條.
18) 《史記》 封禪書 秦始皇 부분.

진제국의 제례 체계 가운데 정리되는 계기를 마련한 것 같고, 무엇보다 황제가 제례의 주관자임을 밝히는 데 크게 작용한 듯하다.[19] 황제가 주체가 된다는 사실은 사관에 의해 상봉(常奉)되지 않는 중요성이 덜한 명산대천이나 제귀(諸鬼)의 경우 황제가 소재지를 통과할 때에만 제사 지내고 평시에는 그만둔다고 한 기록에도 잘 나타나고 있다.[20]

문제는 이러한 대대적인 제례의 추진에도 불구하고, 수차 나타났던 진시황의 독신적 행위이다. 여기에서 얻어지는 결론은 앞에서 지적한 대로 그는 자신의 행위에 절대적인 자부심을 갖고 있었다는 것이고, 그에 따라 그는 세계를 자신의 인위적 질서 아래 움직이는 것으로 파악하였던 것이다. 이렇게 한편으로는 신비주의적 수단을 취하면서도 이면으로는 인위(人爲)를 신봉하였기 때문에 기묘하게도 진시황의 절대군주정(政)은 로마의 제정(帝政)에서 지역에 따라 간혹 나타났던 황제숭배[21]로까지 발전하지 않았던 것이 아닐까 생각된다. 한편 이세황제의 경우는 전혀 상황이 다르다. 선제(先帝)와 같은 업적이 전혀 없는 이세는 어쩔 수 없이 진시황 말기부터 차차 노골화해 갔던 비밀정치라는 신비주의의 틀 속에 숨어버리지 않을 수 없었다. 진시황에서는 자신의 공적에 대한 강한 자신감을 기반으로 나타났던 황제 호칭이 이후의 계승자들에서 자신감을 상실하게 되면 인위적 요인은 빠져버리고 신비주의로 몰입해 버리는 결과를 낳게 되는 것이다.

2. 前漢시기의 神秘主義的 皇帝觀

전한(前漢)으로 들어가도 상황은 크게 변하지 않는다고 보아야 한다. 유방(劉邦)은 평민에서 출발하여 황제의 지위까지 올랐으나, 그의 통치는 봉건제를 절충하여 시황제의 그것에 비교되기 어려울 정도로 위축된 것이었고, 게다가 그는 자부심을 갖고 추진되었던 진의 정치가 무너지는 장면을 목격하였던 것이다. 그리하여 이세황제와 같이 노골적인 신비주의로의 경사(傾斜) 경향을 나타내지는 않았지만, 유방을 비롯한 전한 초기의 황제들은 초기의 상황으로 인하여 제한된 규모로나마[22] 주술과 전통적인 제의에

---

19) 정하현, 1985, pp. 1130~1136.
20) 주 18)과 같음.
21) 弓削達, 1987. 帝政下의 그리스에서 황제숭배가 나타났다고 한다.
22) 《史記》 封禪書, "孝文帝即位……始名山大川在諸侯, 諸侯祝各自奉祠, 天子官不

의지하면서 자신들의 통치가 인민들에 수용될 수 있는 길을 모색하였다.

유방은 반란 초기부터 이미 제(帝) 숭배의 신앙을 이용하여 자신의 행위에 정당성을 부여하려 하였고,[23] 특히 한왕(漢王)이 되어 항우(項羽)와 대립하는 과정에서는 종래 고진(故秦)지역에서 행해지던 사치(四畤)에서의 사제(四帝)제사 이외에 자신을 위한 상제(上帝)제사로서 북치(北畤)라는 이름으로 흑제사(黑帝祠)를 추가하여 오제(五帝)제사로 확대하는 동시에 일시 중단된 상태에 있던 명산대천에의 제례들을 예전대로 부활시켰던 것이다.[24] 아직 황제에 오르기는 전이지만 그는 이러한 행위를 통하여 자신이 황제로서 적임자임을 과시하려 한 듯하다. 항우를 격파하고 곧이어 황제로 즉위한 뒤에도 양무(梁巫)·진무(晉巫)·진무(秦巫)·형무(荊巫) 등 구(舊) 전국시기 각지의 무축들과 구천무(九天巫)·하무(河巫)·남산무(南山巫) 등 무축(巫祝)들을 장안(長安)에 모으는 등[25] 주술로의 경도(傾倒) 현상을 보인다.

이후 문제(文帝)는 자신의 통치가 안정 상태에 들어간 뒤 오치(五畤)에서 행해져 온 상제제사의 규모를 확대하면서 아울러 오제묘(五帝廟)와 오제단(壇)을 설치하였다.[26] 또한 문제(文帝)는 상고(上古)의 천자(天子)들이 상제제사에 친림(親臨)하였다는 신하들의 건의에 따라 이들 교제(郊祭)에 직접 참가하고 있는데[27] 이 사실은 황제관의 문제와 관련지어 주목해 둘 필요가 있다.

한대(漢代)에는 황제 이외에도 또 다른 호칭으로서 천자(天子)가 함께 사용되었다. 천자의 용어가 은(殷)·주(周) 혁명을 정당화하려는 주에 의해 조성된 천명사상(天命思想)에서 유래한다는 것은 이미 주지의 사실이지만[28] 이 점에서 황제와는 그 용어에 내포된 사상적 기반을 달리한다. 즉 황제가 세계질서의 주재자이고 그 지위의 근거를 인위에 대한 무한한 자신감에서 찾았다면, 천자 역시 세계질서의 주재자이나 그 근거를 천명(天命)의 수용(受

領……"이라 한 내용을 보면 前漢初 祭儀의 상당 부분은 諸侯들에 분산되어 있었다고 보인다.

23) 주 19)와 같음.
24) 《史記》 封禪書 高祖 부분.
25) 위와 같음.
26) 《史記》 封禪書 文帝 부분.
27) 위와 같음.
28) 郭沫若, 1946, pp. 18~29.

容)에서 찾았다. 이러한 차이를 감안한다면 천자로서의 위치가 강조될 때 신비주의적 제의가 중시되리라는 것은 쉽게 예측할 수 있는 일이다. 그러나 황제관념 역시 현실로서 구체화될 때는 당시의 신비주의적 경향에 영향받아 주술이나 제의와 결합하지 않을 수 없었으니, 양자 사이의 실제적인 차이는 오히려 제의에 임하는 위상(位相)의 차이로 나타나는 것 같다. 이렇게 황제에도 한편으로 신비주의의 요소가 내포되어 있을 뿐만 아니라, 진시황 이후에는 이러한 측면에서의 이해로 기울어, 결국 한초(漢初) 천자 관념의 본격적인 부흥을 가능하게 하였다고 보고 싶다. 그러면서도 양자에 내포된 사상적 기반 사이의 괴리는 완전히 해소되지 않은 채로 남아 이 양자를 어떻게 조화시킬 것인가가 전한(前漢) 사상가들의 중요한 과제 중의 하나였다.

　이 과제가 본격적으로 대두하였던 것은 무제(武帝) 때의 일이지만 무제기는 특히 주술과 제의가 유행하였던 시기였다. 무제는 문제(文帝) 말년 다시 중단되었던 교제(郊祭)에의 친행(親行)을 회복, 정력적으로 실행하였고 한(漢)초 이래 지방의 제후왕(諸侯王)들에 분산 봉행되어 왔던 명산대천 제례 가운데 주요한 것을 황제에 다시 귀속시켰으며 많은 방사(方士)를 우대하면서 그들의 비의(秘儀)를 채택하곤 하였다. 29) 이 가운데 주목할 만한 것은 상제의 대우격(對偶格)인 후토(后土)제사와 이들의 상위 신격에 비정되었던 태일(太一)제사가 채택되었다는 점이다. 30) 아울러 무제는 진시황 이래의 황제들에게 숙원으로 남아 있던 수명(受命)의례로서 태산(泰山)봉선을 감행하였던 것이다. 태산봉선에서는 봉선의식과 함께 명당(明堂)을 건설하여 이곳에 태일·오제·후토 및 고황제(高皇帝)의 사우(祠宇)를 함께 두었는데, 31) 이들로써 한(漢) 왕조의 주요 제례의 조형(祖型)은 갖추어진 셈이 되었다. 그런데 이와 같은 대대적인 제의의 추진은 진시황의 경우를 연상시키는 바이 점에서 관심을 끄는 것이 태일제사이다. 당시의 천문관(天文觀)에 의하면 천(天)은 다섯의 궁(宮)으로 나뉘는데 그중 중심에 해당하는 중궁(中宮)에 대해서는 다음과 같이 이해하고 있다.

　　中宮天極星, 其一明者, 太一常居也; 旁三星三公, 或曰子屬. 後句四星, 末大星

---

29)《史記》封禪書 武帝 부분.
30) 위와 같음.
31) 위와 같음.

214

正妃餘三星後宮之屬也. 環之匡衡十二星, 藩臣. 皆曰紫宮.(《史記》,〈天官書〉)

늦어도 아마 무제(武帝)시기까지는 천(天)을 별자리에 따라 구획하여 지상
의 주역(州域) 구분에 대비시키고 개개의 별들을 관직에 대비시키는 천문관
(天文觀)이 완성된 듯하다.[32] 이 관점에 의하면 천극성(天極星) 즉 북극성(北
極星)은 태일의 정(精)으로서 주위에 삼공(三公)·정비(正妃)·후궁(後宮)·
번신(藩臣)에 해당하는 별들을 거느리고 있는바, 과연 태일은 현세로는 무
엇에 해당할까. 이에 대해 당시의 위서(緯書) 중 하나였던 《문요구(文耀鉤)》
는 "中宮大帝, 其精北極星"이라 하였고,[33] 후대(後代)의 해석이기는 하지만
《사기정의(史記正義)》는 "泰一, 天帝之別名也"라 해석하고 있는 것이다. 한
편 무제기의 정치에 현실적으로 적지 않은 영향력을 행사했다고 보여지는
《회남자(淮南子)》에서도 "帝者體太一者, ……太一者牢籠天地, 彈壓山川, 含
吐陰陽, 中曳四時, 紀綱八極, 經緯六合, ……而無私"라 하고 있다.[34] 이들
을 통해 현세의 제(帝)→천상(天上)의 제(帝)→태일(泰一=太一)로 제 관념이
확대되어 갔음을 확인할 수 있고 여기에서 또 다시 황제 관념의 절대화가 시
도되고 있음을 알게 된다. 또한 이러한 점에 무제시기 황제지배의 특징이
나타나고 있는 것이다.

그리하여 동중서(董仲舒)같이 한(漢) 왕조통치에 정당성을 부여하고자 노
력한 인물에게는 황제관념과 천자관념 사이의 괴리를 어떻게 해결할 것인가
하는 문제가 부각되기에 이른다. 유가(儒家)사상가였던 그는 황제란 어디까
지나 도덕성에서 지고의 존재이며 이러한 절대성을 천(天)으로부터 부여받
아 질서의 주재자로서의 위치에 정당성을 얻게 된다고 보았다.[35] 그러나 문
제는 현실에서의 황제가 이 이상에 합치되는 것은 아니라는 데 있다. 이에
따라 오히려 이 이상은 군주권의 전횡을 제약하는 기능으로서 작용하게 되
고, 한편으로 개인으로서의 황제가 아니라 제도로서의 황제에 정당성을 부
여하겠다는 의도에서 유씨(劉氏)의 한(漢) 왕조 수명론(受命論)을 더욱 강조

32) 《史記》의 저작이 늦어도 武帝末 이전에 이루어진 점을 상기하면 天官書의 내용도 武
　　帝期까지의 天文觀을 반영한다 볼 수 있다.
33) 《史記》 天官書의 〈索隱〉 주.
34) 《淮南子》 卷8 本經訓.
35) 西嶋定生, 1970, pp. 236~237.

하였던 것[36]은 아닐까. 무제가 태산봉선에서 태일・오제에 고황제(高皇帝) 제사를 배사(配祀)한 것도 아마 이러한 사상 경향과 관계 있는 듯하다.

그러나 무제는 태일신앙을 황제관념과 직결시켰으며 자신의 위치를 부각시키기 위해 봉선의례를 감행한 사실 등에 나타나듯 상기 왕조수명론에 의지하는 데 머무르지 않고 절대적 존재로서의 황제를 추구하였던 것이다. 사실 수명론도 한 왕조를 통해서 황제지배를 정당화하겠다기보다는 수명개제(受命改制)의 주체로서 자신을 과시하려는 의도가 강하였고[37] 이 점 무제 이후의 수명론이 왕조에 의미를 부여하였던 것과는 다르다. 이러한 특징들이 진시황의 경우와 유사하나 진시황은 인위를 보다 확신하였는 데 비해서 무제는 주술과 비의에 몰두하였다는 데 차이가 있다. 즉 황제관념의 절대화라는 방향에서는 동일하지만 황제에 신비주의적 요인과 현세주의적 요인이 혼재되어 있었다는 점에서 양자 사이에 이러한 차이가 나타났던 것이 아닌가 한다. 그러면서 무제는 내심 천자로서의 위치에도 만족하지 않았던 것이라 추측케 하는 것이다.

3. 王朝受命論과 天子的 皇帝觀

무제 이후부터는 제의에 관하여 새로운 경향이 나타나게 되는데, 이 경향은 특히 유가적 소양을 갖춘 관료들에 의해 주도된다. 즉 우선 각지에 걸쳐 분산되어 정례(定例)를 갖추지 못한 제의들을 정리, 상제 및 후토 등 주요 제사는 황제의 거소(居所) 즉 장안 주변의 교지(郊地)로 모으고, 주술적 요인이 짙은 각지의 여러 가지 제사들을 폐지하려는 움직임이 그것이다. 이러한 움직임은 선제(宣帝) 직후인 원제(元帝) 때부터 본격화되어, 전한말까지는 지지론자와 반대론자의 갈등 속에 실시와 철회가 반복되다가 왕망정권에서의 본격적인 추진을 거치면서, 결국 후한초에 이르면 낙양(洛陽) 주위의 남북교(南北郊)에 천지(天地), 즉 상제・후토 제사를 모으는 형태로 정착을 보기에 이른다.[38] 다만 이 과정에서 관심을 끄는 것은 태일제사의 폐지 문

---

36) 重澤俊郎, 1943, pp. 174~180. 董仲舒는 《春秋》에는 孔子의 革命사상이 담겨 있는 바 이 혁명을 실현한 것이 漢 왕조라고 보았다는 것이다.

37) 武帝의 受命改制 추진에 대해서는, 顧頡剛, 1936, pp. 18~21.

38) 西嶋定生, 1974, 제 6 장 《儒敎官僚の進出と禮制改革》 및 《儒家思想と讖緯說》 이하

제이다. 그 근거가 유가(儒家) 경전에 보이지 않기 때문이기도 하겠지만, 오
제에 의해 보좌되는 절대적 존재로서 태일39)의 설정은 오제 즉 상제(上帝)로
상징되는 천으로부터 수명받아 통치의 정당성을 갖게 된다는 유가적 천자관
념과는 조화를 이룰 수 없다는 것이 주요한 이유가 아니었을까. 그러나 일
부 유가 관료의 주장에도 불구하고 결국은 북교(北郊) 제의의 일부로서 자리
잡게 되는데 오제와의 관계가 어떻게 귀결되었는지 확인할 수는 없으나, 애
초 무제에 의해 의도되었던 황제의 절대화와는 관계없이 천신의 일종으로서
제례의 대상이 되었던 것일 듯하다.

이 문제들과 관련하여 왕망(王莽)과 광무제(光武帝)의 즉위 조서(詔書)의
내용을 살펴보자.

王　莽：皇天上帝隆顯大佑, 成命統序, 符契圖文, 金匱策書, 神明詔告, 屬予以
天下兆民……以承皇天上帝威命也.(《漢書》,〈王莽傳〉上)
光武帝：皇天上帝, 后土神祇, 眷顧降命, 屬秀黎元, 爲人父母, 秀不敢當.……咸
曰："……上當天地之心, 下爲元元所歸"……僉曰："皇天大命, 不可稽留"(《後漢
書》,〈光武帝記〉上)

이들에서는 명백하게 천명에 의해 황제의 지위에 오름이 밝혀지고 있는
바, 전한초에 대해서는 사례가 전하지 않으므로 확인되지 않으나 진시황의
경우 통일 직후 황제 칭호와 제도를 제정하는 조서에는 이러한 표현은 나타
나지 않는 것이다.40) 이렇게 왕망과 광무제 단계에 이르면 상제와 후토에의
신앙이 황제지배의 정당성을 마련하는 데 핵심적인 역할을 하게 되는 것을
확인할 수 있다.

이와 같이 후한초에 이르게 되면 황제관념과 천자관념 사이의 괴리는 수
명 천자로서의 황제상(皇帝像)이 뿌리를 내리면서 해결되기에 이르는데, 이
과정에서 함께 주목해두어야 할 현상이 수명론의 본격적인 대두와 참위(讖
緯)사상의 유행이다. 이들 현상은 전한말에 처음 나타나는 것이 아니고 이

관련된 서술은 모두 이를 참조.
39)《史記》封禪書 武帝 때 기록 중 "或曰, 五帝, 太一之佐也……"라 한 내용.
40)《史記》秦始皇本紀 26年條, 각국의 징벌이 정당함을 밝힌 뒤 "寡人以眇眇之身, 興兵
誅暴亂, 賴宗廟之靈, 六王咸伏其辜, 天下大定. 今名號不定, 無以稱成功, 傳後世"라
하고 있을 뿐이다.

미 진대부터 존재하였지만[41] 특히 무제 이후에 두드러져서 당시의 황제관에 적지 않은 영향을 미쳤다.

수명론(受命論)은 한초(漢初) 이래 한(漢)＝수덕설(水德說), 또는 한＝토덕설(土德說) 등으로 논란이 거듭되고, 정론(定論)이 없다가 무제 때 토덕설로 일시 확정된다. 그러던 것이 무제 이후 한(漢) 왕조를 요(堯)의 후예로 보는 화덕설(火德說)의 형태로 재수명(再受命)이론이 제기되면서 논쟁은 새로운 국면을 맞이하게 된다. 이에는 아마 수명론과 밀접한 관련이 있는 상제에의 제례가 확정되지 않은 상태에 있었던 점도 주요한 이유로 들 수 있을 것이다. 그러면서도 무제의 경우 무제 자신이 수명개제(受命改制)의 주체로서 자임하여 토덕설(土德說)을 취하였던 것과는 달리 이 시기의 논쟁은 왕조수명론의 형태로 나타났는바, 전술한 바와 같이 왕조수명론은 황제를 개인으로서가 아니라 제도로서 수용한다는 의도가 이면에 깔려 있는 것이다. 즉 황제지배의 정당성을 혈통으로부터 끌어와 설명하는 이른바 혈통주의(血統主義)가 여기에서 확립되는 것이니, 비록 곧 유가관료들에 의해 폐지가 주장되기는 하나 전한초 이래 군국(郡國)들에 설치되어 왔던 고조(高祖) 등 선제(先帝)의 묘(廟)가 이 시기에 이르러 상당한 규모에 달하게 되었다는 사실도 이러한 경향과 관련 있다고 보아야 한다. 혈통주의에 근거를 둔 수명론은 이후 전한말 왕망의 찬탈에 이용되고 곧 이어 유수(劉秀)의 한왕조 재건에도 이용되어[42] 천자적 황제관의 정착을 보기에 이르는 것이다.

한편 참위사상의 경우는 주지하듯 도참(圖讖)과 위서(緯書)의 형태로 전개되는 것이지만, 도참은 진시황시기에도 이미 출현하고 있었던 것인데 이 시기에 특히 수명론과 결합되어 유행함으로써 정치이론으로서의 의미를 갖기에 이르렀던 것이고 위서는 유가사상 내부에 경전화의 경향 이면에서 도참 및 주술 등을 수용하면서 나타난 신비주의적 동향의 표현이다.[43] 이들이 황제지배의 이해에 중요한 의미를 지니는 것은 다음과 같은 이유에서라고 추측된다. 도참은 당시 사회 저변의 인민들이 일상으로 처해 있던 주술적 분위기를 반영하는 것으로서 당시 유가사상의 일파가 이 조류를 참위사상으로

41) 顧頡剛, 1936, pp.2~7 및 pp.160~162.
42) 顧頡剛, 1936, pp.108~127.
43) 安居香山, 1979, pp.331~336.

수용함으로써 황제지배와 저변의 인민 사이를 연결하는 역할을 발휘했다는 점이다. 종래 이 역할은 방치되어 있었거나 혹은 주술과 비의(秘儀)만을 추구하는 방사(方士)・무축(巫祝)들에 부분적으로 맡겨져 있었다고 생각되는 것이다. 44)

위서에는 그것이 근거로 하고 있는 신비주의적 경향의 성격상 다음과 같이 황제를 신비적 존재로 묘사하는 내용들이 눈에 뜨인다. 45)

帝라는 것은 天의 號이며……皇이라는 것은 煌煌이다(《尙書緯》).
帝라는 것은 天의 號이다. 德은 天地에 配하고 公位를 私로 하지 않는다. 이를 칭하여 帝라고 한다(《易緯》).

이들 내용에는 방사・무축들이 본 신비주의적 황제관이 작용하고 있는 것이 확실하다. 그러나 한편으로는 다음의 내용이 주목되는데

위에 접해서는 天子라 칭하며 爵으로써 天을 섬기고, 아래에 접해서는 帝王이라 칭하며 이로써 臣下를 號令한다(《孝經緯》).

여기에는 천(天)으로부터 수명된 존재로서 황제가 묘사되어 있는 것이다. 아마도 참위에는 천자적 황제관으로 변화해 가는 경향이 주류였으리라 짐작되지만 이 점에서 전한 후반 이래 성행한 참위에서는 어떠한 내용이 중요한 비중을 차지하는가 관심을 끌게 된다. 현재 남아 있는 위서의 일문(佚文) 가운데에는 수명(受命)의 내용이 적지 않게 포함되어 있고 수명을 의미하는 도참도 적지 않게 확인되는 바, 왕망의 찬탈에 결정적 근거로 이용된 〈천제행새금궤도(天帝行璽金匱圖)〉와 〈적제행새모전여황제금책서(赤帝行璽某傳予黃帝金策書)〉 그리고 역시 무제의 즉위에 결정적으로 이용된 〈적복부(赤伏符)〉 등은 그 대표적인 예46)이다. 이렇게 참위는 유가사상과 결합하면서 특히 수명론의 형태로 이용되었다. 그리하여 이제 황제라는 존재는 제신(諸神)에 비견되는 질서의 주재자가 아니라 앞에서 인용한 광무제의 즉위조서에 보이듯이 천명의 수탁자로서 현실세계를 이끌어가는 가부장적 군주가 된 것이다.

---

44) 板野長八, 1970, p. 361 에서는 儒家的 개혁론자들이 方士의 呪術을 배척하면서도 이러한 요인 때문에 方士類의 신앙과 사상적인 대립 현상을 보이지는 않았다고 한다.
45) 인용문은 모두 《太平御覽》 76 皇王部 1 敍皇王(上).
46) 주 42)와 같음.

이상에서 살펴본 바와 같이 전한말 후한초에 이르면 황제관념상에는 몇 가지 두드러진 변화가 나타난다. 혈통중심주의의 유한(劉漢) 왕조수명설, 이와 표리 관계에 있는 천자적 황제관, 그리고 가부장적 황제관이 그것이다. 이들 세 가지 특징은 참위의 유행 및 이의 이면에서 작용한 유가사상을 매개로 하여 서로 연결된다고 생각하지만, 도대체 이렇게 최초의 그것으로부터 이러한 황제관으로 전개하도록 만들었던 현실상의 배경은 무엇일까. 이 점에 대해 필자는 지배구조에서 해답을 찾고자 하는 바, 곧 진제국으로부터 전한초에 이르는 동안 존속하였던 제민(齊民)지배체제의 변질에 그 원인이 있다고 생각한다. 즉 그것이 인간주의적이든 신비주의적이든 세계질서의 주재자로서 절대시된 황제관념은 제민지배 위에 존속 가능한 것이었다. 그러나 전한 중엽을 전후하여 향촌(鄕村)사회에는 경제 발전을 배경으로 새로운 유력층으로서 호족(豪族)들이 출현, 후한(後漢)에 이르기까지 점점 영향력을 확대해 간다. 특히 선거제도(選擧制度)를 통한 관료로의 진출[47]은 황제권력과의 관계에서 새로운 긴장을 만들어냈음이 틀림없다. 이러한 가운데 황제에는 그의 존재가 정당화될 수 있는 새로운 관념체계가 필요했던 것이고 그것이 유가적 군주관의 형태로 나타났다. 그러면서도 한편으로는 시대적 상황이 신비주의와의 결합을 어쩔 수 없이 요구하여 결국 참위가 이용되었던 것이다.

II. 皇帝權力─民間秩序의 전개와 家父長的 皇帝觀

1. 秦의 皇帝權力 ─ 民間秩序

앞에서 인용한 대로 광무제의 즉위조서 가운데에는 자신을 가부장적(家父長的) 군주로 표현한 내용이 포함되어 있다. 이러한 황제관은 가족주의적 국가관과 표리 관계를 이루는 것으로서, 이후 전근대의 거의 전시기에 걸쳐 지속하면서 황제지배를 관념적으로 뒷받침하는 데 중요하게 작용하였던 것이다. 이를테면 '화가위국(化家爲國)'과 같이 국가를 가족의 연장선상에서

---

47) 五井直弘, 1961, pp. 84~90; 江幡眞一郎, 1952; 永田英正, 1970. 다만 永田은 孝廉 과목의 비중이 커진 後漢에 들어가 豪族의 官界 진출이 본격화된다고 한다.

이해하는 관념들은 이미 제국의 성립 이전부터 형성되고 있었지만,[48] 과연 진한제국에서는 어떠한 과정을 거쳐 가부장적 황제관이 자리잡았으며 또한 다른 시기의 그것과는 다른 이 시기의 특징은 무엇인가. 이 문제의 이해에는 관념적인 측면에서의 접근만이 아니라 현실적인 지배구조에 대한 검토도 필요한데, 이러한 점에서 진한제국의 지배구조를 분석한 연구들에 대해서도 주목하지 않을 수 없는 것이다. 황제권력의 실체는 무엇인가. 그리고 특히 황제권력의 성립을 가능하게 한 사회적 기반은 무엇인가. 이를 올바르게 이해함으로써 가부장적 황제관이 존재할 수 있었던 배경 및 그 관념의 실제적 기능에 대해서도 정확한 파악이 가능해지리라 판단된다.

물론 그것이 그대로 황제권력으로 발전하는 것은 아니지만 진한제국의 황제권을 이해하기 위하여 그 원류로서 전국(戰國)시기 전제군주권의 전개에 대하여 주목, 각 국가의 군주와 그를 둘러싼 사종자(私從者)들 사이의 주객(主客)관계에서 전제군주권의 실체를 찾은 연구[49]는 현재에는 고전적인 것으로 되어 있다. 그러나 이후의 연구들은 이러한 시각에 영향을 받으면서도 가족관계를 그대로 국가구조에 연결시켜 이해하지는 않는 방향으로 전개되었는데, 그들 가운데 전국(戰國) 각 국가 사이의 차이에 대해서도 검토하여 특히 제(齊)의 경우를 가부장적 지배구조로 파악, 이러한 가부장적 체제는 결국 전제군주권의 완성 즉 황제권력으로 발전할 수 없었다고 한 견해[50]는 주목할 만하다. 이 견해에는 결과론적 관점이 작용하고 있다는 인상이 강하게 들지만 그러면서도 군주를 둘러싼 가부장적 주객관계가 무조건 국가구조로 연결되지는 않는다는 점을 지적한 것은 중요하다. 한편 이 논리에 따르면 전국에서도 진(秦)은 전제군주권의 완성에 이를 수 있었던 것인데, 그 사회적 조건으로서 가부장적 대가족제의 해체를 들고 해체가 본격화된 계기를 상앙변법(商鞅變法)에서 찾는 연구[51]도 있다. 또한 가부장적 사회관계는 국가권력으로 발전할 수 없다고 보고 국가권력으로 연결되는 것으로서 수령제(首領制)라는 개념을 설정해야 한다고 주장하기도 한다.[52]

48) 예컨대 《孟子》離婁上篇, "孟子曰, 人有恒言, 皆曰天下國家, 天下之本在國, 國之本在家……"
49) 增淵龍夫, 1960(1).
50) 太田幸男, 1969; 同, 1975.
51) 好並隆司, 1978(1), pp.105~112; 同, 1981.

어쨌든 이상의 견해들은 전국시기에 형성되어 후일 제국의 황제지배로까지 발전한 전제군주권이 당시의 가족제도와 어느 정도의 갈등관계에 있었다고 보거나 아니면 적어도 가족제도의 연장으로서 전제국가를 이해해서는 곤란하다는 점에 대해서 일치를 보고 있다. 그리하여 가부장적 황제권에 대해서 분석, 한제국의 경우 관념으로서 존재하였던 가족국가관은 기실 개개의 가족과 동일한 차원에서의 표현이 아니라 이를 초월한 공적(公的) 조직에 대한 표현으로 파악해야 된다는 견해[53]까지 제시되고 있는 것이다. 필자도 이러한 관점들을 정면으로 부정하지는 않지만, 단지 그것이 관념의 형태로라도 존재하였다면 그 존재의 이유가 있었으리라 생각하는 바 우선 이는 역시 황제지배를 정당화하는 기능으로서였다고 본다. 아울러 이러한 관념은 그 나름대로 황제지배체제의 시기적 특징을 드러내고 있다고 여겨지는 것이다. 따라서 표현되는 형태도 시기에 따라 차이를 나타내리라 생각되는데, 이 문제들을 진(秦)제국의 형성 과정으로부터 구체적으로 검토해 보자.

춘추(春秋)시기까지 진이 주변 지역으로서 중원(中原) 제후들에 의해 이적시(夷狄視)되었다는 것은 주지의 사실이지만, 사회제도의 측면에서도 종법제(宗法制)의 시행 정도가 훨씬 뒤떨어졌을 것이라고 추정하고 이러한 특성이 결국 다른 제후국들보다 전제군주권의 완성에 유리하게 작용했다고 이해한다.[54] 이후 진에서는 상앙변법(商鞅變法)에 의해 국가체제 정비의 계기가 마련되는데, 다만 상앙변법에서 가족제도가 어떠한 방향으로 추진되었는가에 대해서는 토지문제와 관련하여 연구자들 사이에 이해의 차이를 보이고 있다.[55] 그러나 변법에서의 정책에 대한 해석은 차치하더라도 이후 최소한 종족(宗族)관계가 해체되고 개별 가족의 배출이 증가하는 방향으로 변화되

---

52) 宇都宮淸吉, 1977, 209~213.
53) 尾形勇, 1979, pp. 272~277, p. 340. '天下一家'의 의의는 모든 '私家'가 폐기되는 위에 '天下'의 '一家'化가 달성된다는 점에 있고, 결국 (공적인) '君臣'관계를 매개로 해서 실현되는 '無家'의 차원 위에 '君'과 '臣'을 성원으로 하여 건립되는 새로운 차원의 '家'야말로 '天下一家'이며, 그 구체상이 '漢家'이고 '漢氏'라고 주장.
54) 林劍鳴, 1981, pp. 98~100; 好竝隆司, 1978(2). 다만 好竝의 주장 가운데, 秦의 專制君主權의 연원이 秦이 가진 유목사회의 특성에서 유래한다는 내용은 받아들이기 힘들다.
55) 李成珪, 1984(1), pp. 81~86에서는 특히 종래 많은 연구자들이 商鞅變法의 分異정책을 소규모 가족으로의 분산정책으로 이해한 것에 대해 비판, 변법은 오히려 同居同財를 인정하였다고 보았다.

어 간 것은 확실한 듯하다. 그리하여 전국(戰國) 극말기(極末期) 가족제와 국가간의 관계에 대해서는 다음과 같이 전한다. 운몽(雲夢) 출토의 진간(秦簡)에 들어 있는 진율(秦律)에는

① 爰書：某里士伍甲告曰 "甲親子同里士伍丙不孝, 謁殺, 敢告,"……丞某訊丙, 辭曰 "甲親子, 誠不孝甲所, 毋他坐罪."(封診式)
② 免老告人以爲不孝, 謁殺, 當三環之否？ 不當環, 亟執勿失(法律答問)
③ 公室告何也？ 非公室告何也？ 賊殺傷·盜他人爲公室；子盜父母, 父母擅殺·刑·髡子及奴妾, 不爲公室告.(法律答問)
④ 子告父母, 臣妾告主, 非公室告, 勿聽……(法律答問)
⑤ 家人之論父時家罪也, 父死而誧告之, 勿聽. 何謂家罪？ 家罪者, 父殺傷人及奴妾, 父死而告之, 勿治.(法律答問)[56]

이상과 같이 불효(不孝)를 처벌한다거나(①②) 가족내에서 부모가 자제에 대하여 갖는 거의 절대적인 권위의 인정(③④) 등이 포함되어 있다. 그러면서도 동시에 가족제의 유지를 위한 법률적 장치도 마련되었으니

① ……或棄邑居野, 入人孤寡, 徼人婦女, 非邦之故也. 自今以來, 假門逆旅·贅壻後父, 勿令爲戶, 勿鼠(＝予)田宇……(魏戶律)
② 女子甲爲人妻, 去亡, 得及自出, 小未盈六尺, 當論不當？ 已官, 當論. 未官, 不當論.(法律答問)
③ 棄妻不書, 貲二甲. 其棄妻亦當論不當？ 貲二甲.(法律答問)
④ 爰書：某里士伍甲詣男子乙·女子丙, 告曰 "乙丙相與奸, 自晝見某所, 捕校上來詣之.(封診式)
⑤ 同母異父相與奸, 何論？ 當棄市.(法律答問)[57]

이 가운데에는 비정상적인 혼인형태[58]의 금지(①), 혼인의 신고 의무와 관련된 규정[59](②③), 부정(不貞) 행위의 처벌(④⑤) 등을 통하여 가족제(家族制)를 안정시키고자 하는 국가권력측의 의도가 작용하고 있다 생각된다. 그리하여 진시황은 각지의 각석문에서 "貴賤分明, 男女禮順"이라 자찬하기

---

56) 위로부터 《竹簡》 p. 263, 195, 196, 197.
57) 《竹簡》 p. 292, 222, 224, 278, 225.
58) 贅壻, 後父를 말한다.
59) 彭衛, 1988, pp. 258~261.

도 하고 특히 제 5 차 순행 때 새긴 회계(會稽) 각석문에서는

……飾省宣義, 有子而嫁, 倍(＝背) 死不貞. 防隔內外, 禁止淫泆, 男女絜誠. 夫
爲寄豭, 殺之無罪, 男秉義程. 妻爲逃嫁, 子不得母, 咸化廉清……

이라 하여[60] 가족관계의 문란 현상(밑줄 부분)을 바로잡은 사실을 크게 칭송
하였을 정도였다.

그렇다면 여기에서는 국가권력＝황제권에 의한 가족제도의 안정을 위한
노력이 과연 가부장적 군주로서의 입장에 근거하여 행하여졌는가가 문제된
다. 역시 진율(秦律)과 함께 출토된 〈위리지도(爲吏之道)〉라는 문서에서는
"除害興吏, 慈愛萬姓"이라 하여 온정주의(溫情主義)에 근거를 둔 관리상(像)
을 권고하고 있다.[61] 그러나 과연 이러한 자료만으로 유추하여 진제국의 지
배가 가부장권을 핵으로 한 가족질서의 용인 위에 서 있다고 볼 수 있을까.
이 점에서 가족관계에 대한 다음과 같은 진율 조문을 주목해야만 한다.

① 擅殺子, 黥爲城旦春. 其子新生而有怪物其身, 及不全而殺之, 勿罪. 今生子,
子身全也, 無怪物, 直以多子故, 不欲其生, 即弗舉而殺之, 何論? 爲殺子.(法律答
問)
② 擅殺·刑·髡其後子, 讞之. 何爲後子? 官其男爲爵後, 及臣邦君長所置爲後
太子, 皆爲後子.(法律答問)
③ 妻悍, 夫毆治之, 抉其耳, 若折肢指, 胅體, 問夫何論? 當耐.(法律答問)
④ 夫有罪, 妻先告, 不收. 妻媵臣妾·衣器當收不當? 不當收.(法律答問)
⑤ 宵盜臧値百一十, 其妻·子知, 與食肉, 當同罪.(法律答問)[62]

이 경우 자제에 대한 생살권(生殺權)이나 형벌권(刑罰權)을 억제한다든가
(①②③) 부부 사이에도 범죄 은닉을 허용하지 않는다는 것(④⑤) 등이 드러
나 있으니 결국 진에서는 가부장권을 그대로 용인하는 위에 국가권력이 성
립되어 있지 않음은 명백하다. 따라서 진시황의 각석문들 중에 자신을 가부
장적 군주로 표현하는 구절이 전혀 확인되지 않는 것도 당연하다 하겠다.
이 점에서 진시황이 통일 직후 황제 호칭을 비롯하여 여러 가지 제도를 새로

---

60) 《史記》秦始皇本紀 37 年條.
61) 《竹簡》, p. 285.
62) 《竹簡》, p. 181, 182, 185, 224, 158.

정하면서 동시에 민(民)에 대한 호칭도 '검수(黔首)'라 고쳤다는 기록은 주의를 기울일 만한 가치가 있다. 검수라는 새로운 용어가 이후 어떠한 범위까지 사용되었는가에 대해서는 현재로는 확인하기가 곤란하다. 다만 진율에서는 종래 민의 일반화된 용어로서 백성(百姓)을 사용하고 있었다 보여지는데,[63] 이 백성이라는 호칭에는 아무래도 가족 혹은 종족(宗族)질서의 요인이 내포되어 있음을 무시할 수 없다.[64] 그렇다면 이제 가족내의 질서를 포함하여 모든 인위적 질서의 주재자로서 존재하게 될 황제에는 적절치 않은 용어인 것이다. 그리하여 황제로 대표되는 국가질서에 편입됨을 상징적으로 나타내는 개념으로 검수가 채택된 것이 아닐까[65] 추측해 보고자 한다.

결국 진제국시기에는 국가가 모든 사회적 관계를 초월한 존재로서 인식되었던 것이고 이러한 특징은 황제라는 존재에 집약적으로 표현되어 나타났다. 아직 가부장적 황제관은 형성되어 있지 않았던 것이다. 진율 가운데 가족제도의 안정을 뒷받침하는 내용들이 적지 않게 확인되기는 하나 이는 가족 단위로 구성된 소농민의 안정을 통하여 부세(賦稅)를 확보하려는 현실적인 필요에서 비롯된 것이지, 가족질서의 후원자로서 기능하며 이 질서의 확대에서 존재 근거를 설명하는 황제관(皇帝觀)의 차원에서 나타난 것은 아니다. 예컨대 진율 중

① 百姓有母及同生爲隷妾, 非謫罪也, 而欲爲冗邊五歲, 毋償興日, 以免一人爲庶人, 許之……(司空律)

② 何謂室人, 何謂同居? 同居獨戶母之謂也. 室人者, 一室盡當坐罪人之謂也. (法律答問)[66]

이라 한 내용 가운데에는 황제권력이 가족을 어떻게 파악하고 있는가가 잘 드러나 있다. 전자의 경우 가족내 다른 성원의 신분형(身分刑)을 요역으로

---

63) 秦律의 용례는 《竹簡》 p. 26, 30, 48, 55, 60, 71, 85, 91, 108, 123, 143, 214.
64) 百姓은 원래 百官을 지칭하는 용어로서 官에 世功 있으면 氏를 下賜받는 데에서 유래하고(《國語》 周語中 '百姓兆民'의 韋昭 註), 후에 庶民을 지향하는 말로 확대 사용된 듯하다.
65) 何雙全, 1989, p. 29 가운데 黔首라는 단어가 눈에 뜨인다. 의미는 百姓과 같이 쓰인 듯하지만 이로 보아 통일 이전 민간 일부에서 사용되던 말이 통일 직후 官의 공식 용어로 채택된 것이다.
66) 《竹簡》, p. 91, 238.

대신하게 하는 규정이고 후자의 경우 가족의 범위에 대한 법률적 정의인 바, 이러한 내용들을 통하여 개개의 가족이 징발과 형벌을 위한 기초 단위로 인식되었음을 알게 되는 것이다.

그러면 이러한 가족관은 어떠한 경로로 국가의 통제체계에 반영되는가. 이 문제의 이해를 위해서는 당시 인민의 생활의 장이었던 향촌의 구조[67]와 향촌내에서의 질서에 대한 검토가 필요하다. 특히 향촌질서의 문제는 가족제와 밀접한 관련이 있다고 여겨지는데, 필자의 생각으로는 향촌질서는 가족제의 외연(外延)으로서 가족관계에 대한 국가의 통제가 강화되면 향촌질서에 대한 개입도 따라서 강화되는 것이다. 이와 같은 연관은 진제국에서 잘 나타난다. 진율에는 향촌의 하부단위인 리(里)의 경우 전(典, 즉 正)과 노(老)가 있어서 현정(縣廷)과 리를 연결하는 역할 등을 맡고 있음이 확인된다. 이들은 부로(父老)로 일컬어지는 장년배(長年輩) 그룹으로서 후일 한대(漢代)에는 향촌질서를 주도하게 될 존재에 해당한다고 추측되는데,[68] 이들에는 치안 및 요역(徭役)에 관련된 사무가 책임지워지고 있으며[69] 인보(隣保)조직인 오(伍)와 마찬가지로 도적(盜賊) 방비 등에 연대책임이 부과되고 있다.[70] 즉 자율적 질서의 담당자라기보다 국가의 하부 조직으로서 황제지배를 향촌까지 관철시키는 존재로서 파악되었던 것이다. 이렇게 진대(秦代)에는 황제라는 무제한의 초월적 권력에 의해 개개의 가족들이 규제된 것과 같이 향촌질서도 국가의 관리라는 차원에서 통제받고 있었다. 그리하여 이러한 통제가 제국의 전지역에 걸쳐 확대·추진될 때 구(舊)육국(六國)의 피정복지역에서는 향촌의 자율적 질서를 지향하는 움직임과 마찰을 빚게 된다.

2. 漢의 家父長的 皇帝觀과 賜爵制度

이어서 한(漢)제국에서는 가족제도 또는 이의 외연(外延)이라는 측면을 지

---

67) 鄕村구조에 대해서는 두 가지 측면에서 검토해야 한다. 우선 里의 규모와 集村的 성격이 확인되어야 하고, 자연촌락인가 행정단위인가 검토되어야 한다. 또한 鄕制로서의 鄕 및 亭의 성격과, 里와의 관계 등도 분석 대상이 되는 바 이들에 대해 여기에서는 언급치 않는다.

68) 父老의 존재와 역할에 대해서는, 守屋美都雄, 1968(1).

69) 《竹簡》 p. 143. "匿敖童, 及占癃不審, 典·老贖耐. 百姓不當老, 至老時不用請, 敢爲詐僞者, 貲二甲；典·老不告, 貲各一甲；伍人戶一盾, 皆遷之." p. 193의 "賊入甲室,

226

닌 향촌질서[71]와 황제권력과의 관계가 어떻게 전개되었을까. 전한(前漢)에 들어가면서 나타나는 주목할 만한 변화는 우선 향촌사회에서 삼로(三老)와 같은 지도층의 역할을 인정하기 시작하였다는 점이다. 고조(高祖)인 유방(劉邦)이 항우(項羽)의 타도를 위한 주요한 명분으로 초 회왕(楚懷王) 살해를 내세우게 된 계기가 신성(新城)의 삼로(三老)인 동공(董公)의 진언(進言)이었음[72]은 잘 알려진 사실이지만, 이밖에도 진말(秦末)의 반란을 거치면서 향촌의 지도층이라 할 그룹들과 정치적 권력간에 유대가 이루어진 사례들은 적지 않게 발견된다.[73] 이에는 반란이라는 특수한 상황이 만들어낸 현상이라는 측면도 있지만, 전한 왕조의 성립 이후 이러한 현상은 황제와 향촌사회 사이의 관계에도 커다란 변화를 가져오게 하였다.

변화를 먼저 제도적인 면에서부터 살펴보면 역시 반란의 와중인 한(漢) 2년의 일이기는 하나 일종의 향관(鄕官)으로서 향(鄕) 삼로와 현(縣) 삼로를 두고 고년(高年)·유덕자(有德者)를 이에 임명하였다는 점을 들어야 한다.[74] 사실 삼로는 그 실상은 불분명하지만 이미 진에서도 두어진 것으로 추측된다.[75] 그러나 진율에서는 그 존재가 확인되지 않는 것으로 보아서 실제 역할이 의문시되며 또한 한(漢) 2년의 경우 각 지방에서 황제지배의 실체를 이룬 현정(縣廷)의 영(令)·승(丞)·위(尉)들과 '이사상교(以事相敎)'케 하고 요(徭)와 수(戍)를 면제하는 등의 우대책을 채택하였다는 데 의미가 있으니, 이러한 향촌의 주도 그룹에 대한 우대책은 이후에도 지속되어 점차 한 왕조의 제도로서 자리잡아 간다.[76] 양로(養老) 의례(儀禮)가 전한(前漢) 초기부터

賊傷甲, 甲號寇, 問當論不當? 審不存, 不當論; 典老雖不存, 當論."
70) 위와 같음.
71) 守屋美都雄, 1968(1), p.198 에서는 里 중의 인간 관계를 父老－子弟로 설명하면서 父老는 '父事되고', '兄事되는' 존재였다고 하였다.
72) 《史記》 高祖本紀 漢二年.
73) 《史記》 陳涉世家, 陳涉 군대와 陳郡의 三老·豪傑들의 유대; 同 項羽本紀, 項梁의 初起 時 吳中의 豪傑들과의 연합; 同 高祖本紀, 劉邦의 初起에 대한 沛縣父老들의 동조 등.
74) 《漢書》 高帝紀 漢二年 正月, "舉民年五十以上, 有脩行, 能帥衆爲善, 置以爲三老, 鄕一人. 擇鄕三老一人爲縣三老, 與縣令丞尉以事相敎, 復勿徭戍. 以十月賜酒肉"
75) 주 72), 주 73)의 陳涉 군대에 陳의 三老가 협력하였다는 기록 참조.
76) 守屋美都雄, 1968(1), pp.206~207. 또한 皇帝는 父老에의 우대와 병행하여 子弟를 敎化할 의도에서 특히 孝悌라는, 역시 鄕官의 성격을 가진 제도를 前漢初부터 시행하였다. 金燁, 1966.

중시된 것[77]도 이와 같은 우대책의 일환에서였다고 생각된다.

다음으로는 향촌의 공동체적 기능에 대한 황제의 입장 문제이다. 문제(文帝)는 즉위 후 두(竇) 황후(皇后)를 세우면서 천하의 환과고독(鰥寡孤獨)과 80세 이상자 및 8세 이하의 고아에게 포백(布帛)과 미육(米肉)을 하사(下賜)하였는 바,[78] 이와 같은 행위는 가부장적 군주로서의 입장에서 황제 자신이 향촌사회의 공동체적 기능을 적극적으로 인정한다는 의미를 갖는다. 한대에 민작(民爵)이 수시로 사여(賜與)되었다는 것은 주지의 사실로서 많은 연구자들의 관심을 끌었던 바이지만, 이러한 민작(民爵)의 사여에는 상당수의 경우 연로자(年老者) 및 환과고독 등 기민(棄民)에 대한 사여가 수반되었던 것이다.[79] 한 왕조의 황제들은 이렇게 공동체적 기능 가운데에서도 그 기능의 존재가 비교적 국가권력과 마찰을 빚을 가능성이 적은 구휼(救恤)이라든가 상호부조(相互扶助)에 대하여 적극적인 관심을 보임으로써[80] 향촌질서를 수용하려는 자세를 상징적으로 나타낸 것이라 할 수 있겠다.

한편 다른 기능에 대해서는 진의 실상을 확인할 수 없으므로 전한에 어떻게 변화된다고 단정하기 곤란하나 다만 진의 소양왕(昭襄王)이 병들었을 때 향리(鄕里)의 백성들이 그를 위해 도제(禱祭)를 지내자 해당 리(里)의 이정(里正) 및 오(伍)와 노(老)들에 자이갑(貲二甲)의 벌을 내렸다는 기록[81]은 주목해 둘 필요가 있다. 이는 아마 이사(里社)에서 거행되었을 터이지만, 어디까지나 향촌사회의 공동체적 기능으로서 개개의 향리에 자율적으로 맡겨져 왔던 제사 행위에 대한 국가의 간섭을 보여주는 예인바, 제국시기의 진은 물론 한대까지도 이러한 제례(祭禮)의 규제는 계속된다.[82] 이사를 중심으로 행해지는 향촌사회의 제례에 황제가 관여할 수 있다는 관행이 성립된 것이니 이 점은 위에서 서술한 대로 제례 전반의 통제를 통하여 황제지배의 이념

77) 《通典》禮27 養老條에는 後漢 明帝부터 사례가 보이나 養老 의례의 일부인 受粥의 시행 등은 前漢初에도 확인되는 것이다(《史記》平準書).
78) 《史記》文帝本紀.
79) 秦代에도 일반 人民에의 賜與 사례는 눈에 뜨이나(26年 '大酺', 31年 "賜黔首里六石米, 二羊") 현재로서는 棄民에 대한 賜與는 확인되지 않는다.
80) 예를 들면 공동 작업에서 노동의 할당이라든가, 水利 관행 같은 경우는 국가의 개입이 상당한 마찰을 빚을 가능성이 있는 것이다.
81) 《韓非子》外儲說右下.
82) 里社의 祭祀에 대한 국가의 관여에 대해서는, 森三樹三郎, 1940; 池田雄一, 1979; 古賀登, 1980, pp.202~206(1) 참조.

적 근거를 마련하려는 움직임과 관련지어 살펴보아야 한다. 여기에서 이 문제와 관련하여 황제에 의한 작위의 사여에 대하여 검토할 필요가 있게 되는 것이다.

① (文帝即位年閏九月)下詔曰……其赦天下, 賜民爵一級, 女子百戶牛酒, 酺五日.

② (武帝元鼎四年冬十月)行幸雍, 祀五畤. 賜民爵一級, 女子百戶牛酒.

③ (同元封元年夏四月)登封泰山, ……行所巡至, ……加年七十以上·孤寡, 帛人二匹. 四縣無出今年算. 賜天下民爵一級, 女子百戶牛酒.

④ (宣帝元康元年三月)詔曰, 乃者鳳凰集泰山·陳留. 甘露降未央宮 ……(賜)民一級, 女子百戶牛酒. 加賜鰥寡·孤獨·三老·孝弟·力田, 帛. 所振貸勿收.

⑤ (宣帝五鳳三年三月)行幸河東, 祀后土. 詔曰……減天下口錢, 赦殊死以下. 賜民爵一級, 女子百戶牛酒, 大酺五日. 加賜鰥寡·孤獨·高年帛. 置西河·北地屬國, 以處匈奴降者.

⑥ (元帝永光二年春二月)詔曰……然而陰陽未調, 三光晻昧. 元元大困, 流散道路, 盜賊並興. 有司又長殘賊, 失牧民之術. 是皆朕之不明, 政之所虧, 咎至於此. 爲民父母, 若是之薄, 謂百姓何. 其大赦天下, 賜民爵一級, 女子百戶牛酒, 鰥寡孤獨·高年·三老·孝弟(=悌)·力田帛……

⑦ (光武帝建武三年正月)詔曰……其擇吉日祀高廟, 賜天下長子當爲父後者爵人一級. [83]

이상은 사작(賜爵)관계 기록으로서 연회(宴會)에 대해 언급한 것 가운데 극히 일부분만을 들어본 것이지만,[84] 이들에서 공통적으로 나타나는 여자에의 우(牛)·주(酒) 사여(賜與)는 이사(里社)에서 행해질 연회 즉 대포(大酺)의 주육(酒肉)을 하사(下賜)하였다는 의미로서 해석해야 한다. 그런데 한대에는 "禮, 飮酒必祭"라 하여 음주(飮酒) 행위는 반드시 제사와 함께 행해져야 한다고 인식된 바, 이 대포에도 제사가 수반되었음이 틀림없다.[85] 아마도 당시의 작위 사여는 모두 이사에서 이와 같은 제례를 수반하는 연회와 함께 행해졌으리라 추측된다.[86] 이사는 리(里)의 제례 장소로서 당시의 인민(人民)들은 이사에서의 제례를 통하여 리의 공동체적 성격을 확인하며 공동체 유

---

83) 《漢書》, 《後漢書》의 해당 本紀.
84) 西嶋定生, 1961, pp.159~191에는 兩漢에 걸친 民에의 賜爵 사례를 열거하고 있다.
85) 西嶋定生, 1961, pp.420~424.
86) 위와 같음.

지에 필수적인 기능을 수행하곤 하였던 것이다.[87] 그렇다면 황제는 이사에
서 제사장(祭司長)적 기능 즉 제주(祭主)에 해당하는 역할을 상징적으로 맡
음으로써 향촌의 공동체적 기능에도 구심적 존재로 인식되게 한 것이라 볼
수 있다. 한대에 음사(淫祀)가 금지된다든지[88] 무축(巫祝)들이 향리(鄕里)의
제사에서 차츰 배제되는 경향을 보이게 된 데[89]에는 이러한 점도 중요하게
작용하였던 것이다.

위의 예들 가운데 ③④⑤의 경우 특히 연로자(年老者)와 환과고독 등 기민
(棄民)에 대한 사여(賜與)를 통하여 당시의 황제가 가부장적 온정주의에 충
실한 통치자임을 과시하고 있음이 주목된다. 이와 같은 가부장적 온정주의
의 태도는 조문(詔文)으로서 명시되고 있기도 하다(⑥의 밑줄친 부분). 한편
사작 사례 중에는 ⑦에서처럼 '부후(父後)' 즉 장자(長子)에만 사여된 경우
라든가 '부후'가 다른 사여 대상자들보다 우대된 경우들이 상당한 비중을
차지하는데, 이러한 예들은 양한(兩漢)에 걸쳐 가족관계가 어느 정도 보호
되었는가 엿볼 수 있게 한다. 결론적으로 말하자면 한대에는 가족내에 가부
장권이 상당한 정도 용인되었으며 나아가 가족질서의 외연으로서 기능하는
향촌내의 자율적 질서도 보장되어 있었다. 이러한 경향은 전한말로 갈수록
두드러지고 특히 후한에 들어가 확고하게 자리잡는바, 예를 들면 사작의 경
우에

　　① (安帝元初元年春正月)改元元初. 賜民爵人二級. 爵過公乘得移與子若同產同
　　產子. ……鰥寡・孤獨・篤癃・貧不能自存者穀人三斛. 貞婦帛人一匹.
　　② (順帝永建元年春正月)詔曰…… 賜男子爵人二級. 爲父後・三老・孝悌・力田
　　人三級. 遺民欲自占者一級. 鰥寡・孤獨・篤癃・貧不能自存者粟人五斛. 貞婦帛人
　　三匹. 坐法當徙, 勿徙……

라 한 내용[90]은 대표적인 사례를 보기로서 든 것이지만, 후한에는 부후(父
後)와 삼로(三老)・효제(孝悌)・역전(力田)에의 사작(賜爵) 및 환과(鰥寡)・고
독(孤獨) 등에의 사여는 거의 모든 사작에 정례적으로 포함되고 있다. 뿐만

87) 守屋美都雄, 1964(1), pp. 206~207.
88) 增淵龍夫, 1960(2), pp. 114~115.
89) 森三樹三郎, 1940, pp. 84~87.
90) 《後漢書》 孝安帝紀 및 孝順帝紀.

아니라 정부(貞婦)에 대한 사여도 새로 추가되어 수시로 시행되었다.[91] 이렇게 사작 의식에서는 가부장적 온정주의가 더욱 강화되는데, 그밖에도 전한 후반부터는 다음과 같은 변화가 나타난다.

선제(宣帝) 지절(地節) 4년에는 부모 및 대부모 즉 조부모에 대한 복상(服喪)을 위해 요역(徭役)을 감면케 하는 내용의 조서와 부자·조손(祖孫)·부부간의 범죄 은닉을 용인하는 내용의 조서가 공포되었다.[92] 이는 진대 이래 행해졌던 가족질서에 대한 국가권력의 통제가 공식적으로 완화되었음을 의미하는 것이다. 이밖에도 능읍(陵邑)을 조영(造營)하면서 동시에 시행하였던 능읍(陵邑)에의 사민(徙民)이 기존의 종족관계를 파괴하고 이주자를 선영으로부터 유리시킴으로써 가족윤리를 훼손한다는 비난에 따라 전면적으로 폐지된 사실[93]이라든가, 각지의 군국(郡國)에 설치되었던 고조(高祖)·무제(武帝) 등 묘(廟)에서의 제사가 친족만을 제사지내는 가족윤리에 위배된다고 하여 철훼되었던 사실[94] 등도 명백히 국가권력의 양보를 의미한다. 이러한 경향은 전한 후반 황제권과 밀착되기 시작한 유가의 가치관과 결합하여 심화되며, 특히 후한에 들어가서는 국가권력에 의한 예교화(禮敎化)의 추진에 의하여 보다 확고해져, 가족윤리를 기반으로 한 향촌질서와 국가권력간의 타협이 정착되기에 이르렀다는 것[95]은 주지하는 바대로이다. 위의 예와 같이 철저한 가부장적 온정주의에 근거를 둔 사작의 관행이 성립된 것도 이와 같은 변화에 기인한 것이다.

이상에서 살펴본 바와 같이 한대에는 점차 향촌질서의 자율적 기능이 인정되는 방향으로 나아갔음을 알 수 있다. 그러나 필자는 이것이 그대로 가족질서나 향촌질서의 무조건적인 수용을 의미하지는 않는다고 생각한다. 상술한 대로 황제는 이사에서 행해졌던 작위를 비롯한 여러 가지 사여의 의식[96]을 통하여 향촌질서의 상징적인 구심점 역할을 하였고 또한 가족관계의 옹호자로서 기능함으로써, 일면 수용의 자세를 보이면서도 일면으로는 황

---

91) 西嶋定生, 1961, pp. 188~191.
92) 《漢書》宣帝紀 春二月 및 夏五月條.
93) Michael Roewe, 1986, pp. 209~210.
94) 위와 같음.
95) 宇都宮淸吉, 1977(2), pp. 337~342.
96) 枛山明, 1985, p. 4 에서는 爵의 賜與도 다른 賜與와 마찬가지로 賜物로서의 측면에서 함께 살펴볼 필요가 있다고 하였는데, 타당한 지적이라 생각된다.

제권력에 의한 통제의 여지를 마련하였던 것이다. 즉 여기에서는 수용의 표
현이 사여 형식으로 나타난 것이 중요하니, 향리의 자율적 질서나 가족 내
부의 가부장적 권위도 황제의 가부장적 온정주의에 따라 사여된 것으로서
존재하는, 그리하여 상황에 따라서는 제약이 가능한 것이라는 의식이 한대
에는 형성되어 있었던 것 같다. 당시 사용되던 한가(漢家)니 한씨(漢氏)니
하는 용어도 문자 그대로 "한가(漢家)＝일종의 거대한 사가(私家)" 즉 가족
주의적 국가관에 따라 한왕조를 표현한 것으로 보지 않고 일반 사가와는 다
른 일종의 공적 존재를 표현한 것으로 이해해야 할 것이라는 주장[97]은 이와
같은 관점과 맥락을 같이한다.

　이러한 의미에서 가족질서 내지 향촌내의 공동체적 질서에 대한 황제의
입장에는 진과 한 사이에 차이만 존재하는 것이 아니라, 연속성도 존재하고
있다고 보아야 한다. 이 점에서 흥미를 끄는 것이 무제(武帝)시기이다. 무제
는 흉노(匈奴)와의 전쟁을 진행하는 과정에서 무공작(武功爵)을 신설하는데,
이는 최소한 사작제도에서 나타난 진의 상벌(賞罰)체계에의 회귀 현상이라
생각된다. 한 왕조에서 사작의 특징은 어디까지나 황제의 혜시(惠施)로서
부여되는 사여의 일종으로 기능하였다는 데 있는 것이고 진에서의 사작이
상벌주의에 근거한 것이었던 점과 명백히 구별된다. 그렇다면 무제의 군공
작(軍功爵) 시행은 그 동기가 무엇이었든간에 진적(秦的)인 것으로의 회귀로
이해할 수 있는 것이다.[98] 이외에도 고민령(告緡令)을 공포, 고발에 의하여
은닉 재산을 몰수할 수 있게 한 것도 기본 정신은 사오(土伍)의 연좌제(連坐
制)에 근거하였다고 여겨지거니와, 이와 같은 정책에도 역시 제민(齊民)지배
를 지향한 절대적 황제지배를 구축하려 하였던 무제통치의 특성이 잘 드러
난다.

　그러면서도 한대에는 점차 황제권력이 그 근거를 향촌질서로부터 구하는
경향을 띠어가, 후한에 들어가면 명실상부한 가부장적 전제군주로서의 면
모를 갖추게 되는 것이다. 이러한 방향으로의 변화 요인은 전한 초기의 황

97) 주 53)과 같음.
98) 朱紹侯, 1980. 朱는 전한초에도 軍功에 의해 爵을 주는 軍功爵의 관행이 계속되었으
　　나 남발에 의해 원래의 취지를 잃어버리게 되었고, 이에 따라 匈奴와의 전쟁을 효과적
　　으로 수행할 필요에 부딪친 武帝는 원래의 취지를 살린 武功爵을 신설하게 되었다고
　　한다(p. 60). 다만 朱는 軍功爵의 개념을 상당히 포괄적으로 사용하고 있다.

232

제지배에부터 이미 내재하여 있었지만 본격적으로 표면화되는 것은 무제 이후부터이다. 이는 앞에서 검토한 바와 같이 황제지배의 이념적 근거로서 혈통주의에 입각한 왕조수명론 및 천자적 황제관이 자리잡는 것과 시기에서 일치한다. 이들 변화는 서로 연결되어 있는 것으로서 필자의 견해로는 무엇보다 가족질서의 포용이 변화의 핵심적 내용이라고 생각하는 바, 그에 따라 광무제의 즉위조서에도 보이듯이 황제도 위로는 "천(天)의 자(子)로서" 천으로부터 권한을 부여받아 밑으로는 "민(民)의 부모로서" 지배자가 되었던 것이다.

끝으로 그러면 이러한 변화를 가져온 배경은 어떠한 것이었는가에 대하여 간략하게 언급하고 넘어가기로 한다. 진제국이 이룩했던 제민(齊民)지배하의 향촌사회에는 비교적 계층의 분화가 되어 있지 않은 상태였으리라 짐작된다. 그러나 제국 성립 이래 진행되어 온 계층의 분화 현상에 따라 전한 중엽 이후에는 향촌사회에 유력층으로서 호족(豪族)들이 대두하기 시작한다. 이들 호족은 그들의 존재 기반으로서 종족(宗族) 유대가 필수적인 것이었고 그리하여 종족 유대를 강화하기 위한 수단으로서 자연히 가족윤리의 강화가 요구되었던 것이다. 아직 호족세력이 향촌사회의 주도적 위치에 이르렀다고 단정하기에는 이르지만, 적어도 관도(官途)를 통하여 황제권력에 접근함으로써 황제관의 변화 등에 영향을 미쳤음은 확실하다. 한편 일반 인민[99]들도 화폐경제의 쇠퇴와 이에 대응한 자급자족적 요인의 증가로 인하여 가족관계에서 족적 유대의 강화현상이 나타난다.[100] 이러한 분위기 가운데 가족질서가 집적된 이른바 부로-자제(父老-子弟)관계가 근간을 이루는 공동체적 질서가 향촌사회에서 비중을 더하게 되는 것은 당연한 현상이라 하겠다. 당시의 국가권력, 즉 황제권력은 이와 같은 변화를 수용하는 방향으로 대응을 모색하였던 것이다.

---

99) 여기에서 사회경제적인 개념을 사용한다면 小農民이라 할 수 있겠다.
100) 稻葉一郎, 1984, p. 104.

III. 皇帝支配體制의 여러 조건

1. 경제적 기반(1) —— 土地 및 賦稅制度

이제까지는 주로 황제지배가 관념상 어떠한 형태로 전개되었는가, 그리고 이들 관념 형태는 현실 사회와의 어떠한 관계 위에 나타났는가 하는 점에 대해서 살펴보았다. 그러면 이러한 황제지배를 가능하게 한 전제 조건, 그것도 특히 물질적 기반은 과연 어떠한 것이었는가 하는 의문이 떠오른다. 이 문제의 이해를 위해서는 경제적 기반과 정치적 기반에 걸친 검토가 필요하다고 생각하지만, 본고에서는 주로 경제적 기반에 초점을 맞추어 살펴보기로 한다.

경제적 기반의 검토에는 무엇보다 먼저 토지소유관계에 대한 이해가 필요하다. 그러나 중국 고대사 분야에서도 토지제도 및 토지소유관계만큼 이견의 폭이 넓은 문제는 별로 없을 정도여서 전국(戰國) 및 진한시대의 연구에 중대한 장애가 되어 있는 형편이다. 황제체제의 성립 시기에 국한시켜 간단히 들어만 보아도 수전제(授田制)를 주장하는 연구,[101] 국유(國有)를 원칙으로 하면서도 점유(占有)의 형태로 준사유(準私有)가 확산되어 있었다고 보는 연구,[102] 또는 토지 사유의 일반화를 인정하는 연구[103]까지 다양한 견해가 제시되고 있는 것이다.

이밖에도 토지제도 전반에 걸친 검토는 아니나 특히 전제군주권의 성장 배경에 대하여 주목하여 전제군주권의 경제적 기반을 특히 공전(公田)에서 찾은 연구[104]는 오래 전부터 설득력 있는 견해로서 받아들여지고 있었다. 이는 씨족적(氏族的) 결합을 토대로 하고 있던 읍(邑) 공동체가 춘추(春秋) 이래 해체되면서 경작을 위한 토지는 개별 가족의 점유로 되나, 산림·수택

---

101) 李成珪, 1984(1).
102) 侯外廬, 1979; 平中苓次, 1961(1).
103) 胡如雷, 1979; 西嶋定生, 1966에서 西嶋定生도 국가 권력의 규제를 전제로 한 私有를 주장하였고 秦漢帝國의 구조 논쟁에 시발이 된 연구도 이러한 시각 위에 서 있다(同, 1949).
104) 增淵龍夫, 1960(3).

(藪澤) 등 공동체적 기능을 위한 토지는 원칙적으로 전제군주(專制君主)의 소유로 전환되어 이의 개간에 의해 이루어진 공전이 전제군주의 직접적인 경제 기반이 되었다고 보는 것이다. 이 설은 공동체적 소유관계의 해체 뒤에 나타나는 현상에 대해 주목하여 공적 권력도 결국 사적 소유(군주의)를 기반으로 한 사적 권력으로부터 발전하였음을 밝힌 데 가치가 있으나, 다만 공전 이외에 사전의 실태에 대해서는 분석이 되지 않았다든가 공전의 비중을 너무 크게 잡는 등의 문제점을 남기고 있다.

한편 전국(戰國)말 진의 토지제도를 대체로 상벌제도와 결합된 수전제로 파악하는 견해는 운몽(雲夢) 진간(秦簡)의 발견 이후 진율(秦律) 등 자료의 검토를 통하여 유력하게 제시되었다. [105] 이 수전제는 이미 상앙(商鞅)의 변법(變法)에서 그 기반이 마련된 것으로 보이는데 진국(秦國)의 입장에서는 균분(均分)의 기반 위에 부국강병(富國强兵)을 달성하려는 의도에서, 즉 '경전지사(耕戰之士)'의 육성을 목적으로 추진된 것이었다. 그러면 최소한 통일제국의 성립까지는 지속되었다고 보는 수전제의 실상과 시행 배경은 무엇이었을까. 여기에서 우리는 이 제도가 고안된 동기 가운데 주요한 것이 군사적인 것이었음을 주목해야 한다. 그리하여 예컨대 강병(强兵)을 위해 실시된 군공작(軍功爵)에서는 참수(斬首) 일급(一級)에 대하여 작일급(爵一級)이 사여되는 원칙이 정해졌는데 사여(賜與)된 작에 대해서는 형벌 면제의 특권이 주어짐과 동시에 전택(田宅)도 하사되었음이 알려지고 있다. [106] 이러한 제도는 수전제의 본래 의도를 보다 강화하기 위해 추가적인 기능으로서 채택한 것으로 보이지만, 어쨌든 수전제의 시행에 군사적 동기가 내포되어 있었음을 확인시켜 주는 것이다. 다만 현 단계에서는 수전제가 구체적으로 어떠한 형태로 시행되었는가에 대한 분석은 쉽지 않아 이렇게 보완적인 수단에 대한 기록이라든가 진율(秦律)의 단편적인 규정들로부터 유추(類推)하여 수전제의 존재를 확인할 수 있을 정도이다.

필자의 생각으로는 이상의 두 가지 견해가 가장 황제지배 성립과정에 대한 이해에 도움을 주고 있다 여겨지지만 그렇다면 이와 같은 이론들을 통하여 황제지배체제의 형성 과정을 어떻게 이해할 수 있을까. 우선 전자는 사

---

105) 李成珪, 1984(1). 이하에서 언급된 授田制論은 모두 이에서 인용.
106) 守屋美都雄, 1964(2), pp. 44~50; 古賀登, 1980(2), pp. 370~376.

적인 권력의 연장선상에서 전국(戰國) 군주의 기원을 구하는 데 비해, 후자
는 군주로 대표되는 국가의 공공적(公共的) 성격을 강조하는 점에서 양자 사
이에 입장의 차이가 드러난다. 다음으로 전제군주를 이전의 공동체적 기능
의 가장 중요한 계수자(繼受者)로 파악하는 점에서는 양자가 공통점을 갖는
다고 생각되는데, 그러면서도 전자는 일부 기능의 가산화(家産化) 즉 사유화
(私有化)를 통하여 최고의 권력을 창출해냈다고 보는 것이고 후자는 균분(均
分)의 실천을 통하여 전반적인 공동체 기능의 수행자가 됨으로써, 전제군주
로서의 존립 기반을 만들어냈다고 보는 데[107]에서 차이를 나타내는 것이다.
그런데 여기에서는 본고의 내용과 관련해서 황제권이 한편으로는 전제군주
권의 한 형태이면서도 다른 한편으로는 단순한 전제군주권을 초월한 성격의
것임에 주의해야 할 것이라 생각한다. 그러할 때 전자의 경우는 공(公)·사
전(私田)을 막론한 토지제도 전반에 대한 조망(眺望)이 결여되어 있는 점,
후자의 경우는 전국형(型)의 전제군주권 단계에서 나타났던 동원(動員)체제
의 일환으로서 토지제도를 파악하는 데 그치고 있다는 점이 황제지배체제의
이해에는 한계로 지적될 수 있다. 필자의 생각으로는 권력 형성의 초기 단
계에서 동원체제를 이용하여 자원 특히 토지의 균등 분배라는 공동체적 기
능을 실현하였던 전국형 전제군주체제 아래에서도 이미 분배된 토지에의 사
적 점유가 나타나 황제 등장시기에는 상당한 정도까지 이러한 현상이 진행
된 상태였고 전제군주도 이러한 현상에 대응하여 공전(公田)의 가산화(家産
化) 및 확대 작업을 진행시킨 것이라 여겨지는 것이다. 따라서 황제체제의
성립 시점에서는 토지소유관계가 이미 단순한 양상을 보이는 단계는 지났다
고 볼 수 있다.[108] 특히 구육국(舊六國)의 통합으로 인한 지역별 차이는 이러
한 현상을 심화시켰음에 틀림없지만 그럼에도 불구, 공동체적 기능의 계수
자(繼受者)로서 황제에 의해 시행되는 수전제의 원칙은 존속되어 이후의 토
지소유관계에 적지 않은 영향을 끼친 것 같다.

　이렇게 양(兩)이론을 중심으로 황제체제 성립기에 접근해 보았거니와, 입
장의 차이에도 불구하고 이들은 물론 그밖의 연구들도 황제체제의 성립시기

---

107) 李成珪, 1984(1), p. 102.
108) 平中苓次, 1961(2).《史記》秦始皇本紀 31年條의〈集解〉주에 인용된 "徐廣曰使黔首
　　自實田"은 토지의 사적 점유를 인정한 조치라고 분석하고 있다.

에 사회의 대다수를 점한 것이 소농민(小農民)이라는 데에는 의견의 일치를
보이고 있다. 그러면서도 황제지배체제가 전개되고 한편으로 진말의 혼란
으로부터 벗어나 사회적인 안정이 계속됨에 따라 차차 향촌사회의 유력층으
로서 호족이 등장하여 결국 황제와 소농민 사이의 관계에 변수로 작용하게
되었다고 보는 것도 주지의 사실이다. 그렇다면 황제지배체제 아래의 토지
제도도 한가지 형태로 일관된 것이 아니라 이와 같은 변화와 아울러 함께 변
모하여 갔다고 이해하는 것이 옳다. 그리고 위에서 언급한 바처럼 변화는
이미 체제 성립시기에 시작되어 있었던 것이다. 변화는 주로 사적 점유의
용인과 확대라는 방향으로 진행되었으니, 이렇게 증가하여 간 사전(私田)은
가작(假作)·용작(傭作)·노예(奴隸)노동 등의 방식으로 경작되어[109] 호족의
가장 중요한 경제적 기반이 되었다. 다만 호족이 본격적으로 대두한 시기를
언제로 잡는가에는 이설(異說)이 있을 수 있으나 대체로 전한 중엽 이후로
보는 것이 주된 경향이다.[110]

문제는 향촌사회에서 빈부의 분화가 전개되고 이어서 호족세력이 대두하
는 과정에서 황제권력이 취한 대응자세이다. 이 점에서 황제권력이 토지제
도의 측면에서는 실질적으로 사전이 확대되는 추세임에도 불구하고 수전제
의 이념적 기반이 된 국유의 원칙을 유지하려는 경향을 보였다는 것이 중요
하다. 그리하여 전한말까지 거듭 한전론(限田論)이 논의되기도 하고 특히 왕
망(王莽)정권에서는 일시적이기는 하나 토지의 사유에 제한을 가하는 왕전
(王田)정책이 전국에 걸쳐 실시되기도 하였다.[111] 뿐만 아니라 무제 때 자산
세(資算稅)가 중과(重課)되고 고민령(告緡令)이 시행된 것도 대상 가운데 사
전을 포함시켜 보는 견해가 있는데,[112] 이 정책의 결과 중가(中家) 이상의 가
족이 반 이상 파산하였다고 전하는 바, 그렇다면 이 경우도 예외적으로 취
해진 조치로 받아들이기보다는 국유라는 원칙을 근거에 둔 통제의 한 수단
으로 이해할 수 있는 것이다. 이렇게 황제지배체제가 전개되면서 토지의 사
유화를 통한 사부(私富)의 축적이라는 경향과 체제를 성립시키는 데 커다란

역할을 하였던 국유의 지속이라는 경향은 계속 마찰을 빚어 왔고, 이러한 마찰은 심지어 호족과 황제 권력과의 연대가 두드러진 후한에서도 계속되었다.[113] 이는 황제지배체제의 유지에는 적어도 이념으로서의 토지국유가 뒷받침이 되어야 했던 때문이라 생각하지만, 여기에서는 수전제로부터 비롯된 국유의 원칙이 단지 경작 전토(田土)만이 아니라 보다 넓은 의미에서의 토지 전반에 걸쳐 적용되었던 것이라는 점에 주의를 기울여야 한다. 실제 경작지에 대해서는 사적 점유를 인정하는 것이 진제국 이래 황제측의 일관된 입장이었다고 보인다.[114] 그럼에도 불구하고 때때로 자산(貲算)의 세(稅)를 중과하여 사부(私富)를 억제한 것[115]은 사부의 과정이 개간에 의한 것이든 염철(鹽鐵) 등의 사(私)경영에 의한 것이든, 특히 경작지 이외의 토지에 대해서도 국유의 원칙이 적용되어 실행 가능하였다고 보여지는데, 무제 때 채택된 염철의 전매(專賣)도 이러한 차원에서 현실화될 수 있었던 것이다.[116] 거듭 말하거니와 황제(皇帝)지배체제 하에서의 "溥天之下, 莫非王土"(《詩經》 小雅 谷風之什 北山)의 관념은 사부의 억제를 통하여 소농민의 안정을 지향하면서도 사적 점유를 근원적으로 막지는 않는 방향으로 전개되어 갔고, 이와 병행하여 이미 전한초부터 향촌사회에서는 빈부의 차이가 나타나 있었으며[117] 중엽 이후에는 호족의 출현을 보이기에 이르렀다. 그러나 황제지배는 이후에도 국유의 원칙을 적어도 이념상으로는 견지하였는데, 다음에는 이와 같은 원칙 위에 토지제도와 밀접하게 관련하여 전개된 수취(受取)체계, 즉 부세(賦稅)제도를 검토해 보기로 하겠다.

전국시기 각국의 부세제도에 대해서는 현단계에서는 정확한 실상을 파악

---

113) 개간권, 토지 매매에 대한 법적 제한 등이 검토되어야 할 것이나 이 문제에 대해서는 달리 專論이 필요하다 생각되므로 여기서는 언급하지 않겠다.

114) 平中苓次, 1961(1). 토지에 대하여 국가는 上級 소유권을 갖고 일반 人民은 下級의 소유권을 가져 사적 점유가 허용될 뿐이라는 平中의 견해는 이러한 의미에서 설득력이 있다. A.F.P. Hulsewe. 1986, p.544에서도 토지 소유권은 절대적인 권리가 아니며 궁극적으로는 국가에 권리가 유보되어 있다고 한다.

115) 重近啓樹, 1984, pp.78~84.

116) 《史記》 平準書, 鹽鐵 專賣의 계기가 된 孔僅 등의 上言, "山海, 天地之藏也, 皆宜屬少府, 陛下不私, 以屬大農佐賦. ……浮食奇民, 欲擅管山海之貨, 以致富羡……."에는 당시 山海 등의 자원이 皇帝에 귀속되는 것으로 인식되었음이 잘 나타난다.

117) 渡邊信一郎, 1986, pp.20~27에서는 鳳凰山 출토의 漢簡을 이용하여 이미 前漢初의 향촌사회에 大家・中家・貧家로의 계층 분화가 존재했다고 본다.

238

하기 힘들다. 다만 진의 경우 추고(芻稿)와 같이 수전(授田)을 기반으로 한
전세(田稅)와 군사적인 용도에 기원을 둔 부(賦) 등이 확인된다. [118] 진제국의
제도도 아마 이를 답습하였으리라 짐작되나, 구체적인 내용은 역시 잘 알려
져 있지 않다. 한대의 수취체계는 비교적 알려진 편인데 대체적인 내용은
전조(田租)·시조(市租)·해조(海租) 등의 조(租), 산부(算賦)·구부(口賦)·
경부(更賦) 등의 부(賦), [119] 이밖에 역시 산부(算賦)의 일종으로 취급될 수 있는
자산(貲算) 등이 있다. 아울러 한대의 수취체계를 검토할 때는 조·부 등 조
세와 요역이 아직 그다지 분화되어 있지 못하다는 것을 고려에 넣어야 한
다. 물론 이러한 점은 진에서도 마찬가지인데 이 점에서 진한의 부세제도는
부세 발생시기의 성격을 상당히 보유하고 있을 가능성이 있다. 그리하여 진
한시대의 수취체계는 그 기원에서, 첫째 지배씨족 선조에의 제사를 위해 바
쳐진 공물(貢物)에서 비롯되었던 제조(諸租), 둘째 군사적 의무를 위해 제공
되었던 요역으로부터 물품의 대납(代納) 형태로 바뀐 제부(諸賦)의 두 종류
로 대별됨을 알게 된다. [120] 요역은 역역(力役)과 병역(兵役)으로 나뉘지만 기
원에서는 전체로서 군사적 의무로서의 성격을 지닌 것이고 따라서 제부와
밀접한 관계가 있다.

이상의 부세제도를 통하여 다음과 같은 내용들을 유추해 볼 수 있다고 생
각한다. 먼저 전제군주권은 성장 과정에서 공동체적 기능의 계수(繼受)라는
경로를 밟는다. 이 경로는 제례(祭禮)의 통제라는 형태로 상징적으로 표현
된다. 제례의 주관자이며 또한 신적 세계와 향촌의 현실적 세계를 연결해
주는 존재인 전제군주에게 생산물의 일부가 제공되는 것은 당연한 것이다.
이와 같은 논리는 전제군주권이 발전하여 황제지배체제가 출현한 뒤에도 작
용한다고 보아야 하니, 황제가 이사(里社)의 제례를 통하여 향촌의 공동체
적 기능의 지지자 역할을 하였다는 것은 이미 위에서 살펴본 대로이다. 이
상이 제조(諸租)의 공납 배경이다. 다음으로 역시 전제군주권이 성장하면서
국가체제를 갖추어가는 과정에서 동원체제가 나타난다. 전제군주는 군사적

---

118) 李成珪, 1984(1), pp. 103~112. 이 논문에서는 賦를 人頭稅로 이해하는 통설을 부정,
　　戶賦 즉 家族 단위로 부과된 것으로 보았다.
119) 諸租·諸賦의 내용에 대해서는, 西嶋定生, 1981, pp. 194~202.
120) 宮崎市定, 1933, pp. 692~693.

인 지도자로서 국가를 관리함으로써 자신의 권력을 공고히 하는 동시에 권력의 정당성도 강화해 갔던 것이지만, 이 과정에서 군사적인 데 기원을 둔 요역과 제부의 징발이 가능하였던 것이다. 이렇게 볼 때 조·부제도의 발전은 모두 전제군주권의 성장과 밀접히 관련되어 있음을 알 수 있다.

여기에서 진한 황제권력의 성격 특히 전한의 경우 제국의 재정이 황실재정과 국가재정으로 나뉘어져 재정 수입 가운데 전조(田租)를 제외한 제조(諸租)는 황제재정을 주관하는 소부(少府)에, 산부(算賦) 등 제부와 전조는 국가재정을 주관하는 치속내사(治粟內史=후일의 大司農)에 귀속되었다는 사실[121]에 대하여 주의를 기울일 필요가 있다. 전자에 포함된 항목들은 읍(邑) 공동체의 해체 이후 전제군주의 가산화(家産化)라는 길을 밟은 자원과 관련된 세목(稅目)들이고 후자에 포함된 항목들은 수전제를 근간으로 한 군주의 사여에의 반대 급부로서 형성된 세목들이다. 이렇게 볼 때 일단은 후자의 경우 공공성이 강하다고 생각되지만 문제는 치속내사에 귀속되는 재원이라고 해서 황제가 가진 공동체적 기능의 계수자로서의 역할과 관계없이 성립된 것은 아니라는 점이다. 즉 수전제가 균분의 실현과 밀접히 관련되어 있고, 이후에도 이러한 이념은 최소한 원칙으로서만이라도 국유가 지속되는 방향으로 작용하게 되었음은 전술한 바와 같거니와, 이러한 수전과 반대 급부로 성립된 세원이기에 특히 제부는 균부로서 모든 백성에 균일하게 부과되었고,[122] 한편 전조에 대해서도 수시로 세율 삭감이나 전액 면제와 같은 조치[123]가 취해질 수 있었던 것이다. 현실로서는 사유화가 어느 정도 이루어진 상황이라 해도 원칙에서는 황제의 은사(恩賜)에 기반을 둔 전토(田土)이므로 역시 은혜(恩惠)의 차원에서 조액(租額)의 감면이 다시 '사여'될 수 있었던 것이 아닐까.[124] 한편 균부제는 양한에 걸쳐 시행된 원칙이지만, 그러나 실상은 빈부의 분화가 진행됨에 따라 어느 정도의 변화를 나타내고 있다.

---

121) 加藤繁, 1918; 山田勝芳, 1974, pp. 2~6. 다만 山田은 財政의 二元化는 前漢만의 현상이라고 보고 있는 점을 주의해 둘 필요가 있다.

122) 重近啓樹, 1984, pp. 69~78.

123) 平中苓次, 1961(1).

124) 木村正雄, 1959. 이러한 의미에서 田租를 생산자가 토지소유자 또는 생산의 주재자에 해당하는 신이나 국가에 바치는 생산세로 본 木村의 견해는 田租의 현실적 의미에 대한 지적으로서는 문제가 있으나 田租 징수의 논리적 근거에 대한 설명으로서는 타당성을 가진다.

우선 무제기(武帝期)에 산민전(算緡錢)이 시행된 것은 자산(資産)의 차이를 인정하여 균부제(均賦制)를 일부 수정한 것으로 볼 수 있다. 이렇게 전한 중엽을 전환점으로 하여 시작된 변화는 보다 발전하여 후한의 부제(賦制)는 부(賦)의 총액이 향촌조직인 향(鄕) 단위에서는 서로 동일하나 각 향의 내부에서는 빈부의 차이를 근거로 하여 불균등하게 부과된, 실질적으로는 불균등 부제였다고 보는 견해[125]가 있는 것이다. 그러면서도 공식적으로는 전체 백성을 대상으로 균등한 부를 부과하는 방식이 계속된 것은 이념적으로라도 토지 전체의 국유 원칙이 유지되었기 때문이라 생각된다.

2. 경제적 기반(2) —— 貨幣流通

아직까지 토지제도 및 이와 관련된 부세제도가 어떠한 과정을 통하여 황제지배의 기반 역할을 하였는가 검토해 보았거니와, 이 문제를 보다 정확하게 이해하려면 토지제도의 경우에서도 경작 전토(田土)에만 국한시켜 볼 수 없었던 것과 같이 검토의 대상을 보다 확대해야 할 필요성을 느끼게 된다. 그리하여 특히 화폐경제와 황제지배와의 관계에 주목하게 되었는데, 이는 화폐유통이 경작지를 근거로 한 농업생산뿐만 아니라 비경작지인 산림(山林) 등지에서 나오는 염철(鹽鐵) 등 여러 생산과 상업소득 전체를 총괄하는 기능으로 작용하였기 때문이다. 중국 고대의 경제에서 화폐유통이 차지하는 비중은 과연 어느 정도인가 하는 점에 대해서는 많은 논란이 있어 왔으나 여기에서 상세히 언급하지 않는다. 관심을 두게 될 것은 당시의 화폐유통이 전제군주권의 성장, 그리고 나아가 황제지배체제의 성립 및 그 전개와 어떻게 관련되어 있었느냐 하는 점이다.[126]

이 점에서 당시 화폐 사용의 확대는 민간경제의 발전에 따른 것이라기보다 화폐를 이용하여 경제 전반에 통제를 가하려는 국가의 필요에서 비롯하였다는 견해[127]는 주목할 만하다. 이 견해에 의하면 우선 사적인 부의 축적 수단을 막아 소농민의 안정을 이루고, 다음으로는 화폐를 이용한 물가 조작

---

125) 重近啓樹, 1984, p. 85.
126) 여기에서 다루려는 화폐는 물론 금속화폐를 가리킨다.
127) 李成珪, 1984(2).

에 의하여 간접적으로 부와 자원을 획득함으로써 결국 전제군주권의 성립 기반을 이루는 과정에서 화폐가 이용되었으며, 민간경제에서 화폐유통의 성숙도는 그다지 높지 않았다 보는 것이다. 그리하여 화폐유통은 황제체제 의 성립 기반이 된 제민(齊民)지배체제를 유지하는 데 보완적 기능을 발휘한 다고 설명한다. 이 견해를 따른다면 진시황이 통일 직후 시급하게 화폐를 통일하게 된 배경에는 지역간 편차를 막아 유통을 원활하게 하려는 목적도 있지만, 그보다는 재정 수입을 확보하고 경제를 국가 통제하에 두려는 의도 가 강하게 작용한 것이라 해석하는 것이 가능하다. 그러면서도 한편으로 근 래 지속적으로 출토되는 막대한 양의 금속화폐를 비롯하여 운몽(雲夢) 출토 의 진율이라든가 강릉(江陵) 봉황산(鳳凰山) 한간(漢簡) 및 거연(居延) 한간 (漢簡) 등에 보이는 화폐 사용의 기록을 토대로 한다면 적어도 전한 중반까 지 화폐경제가 차지하는 비중은 상당한 정도에 달했을 것으로 이해해야 할 것이다.[128] 이러한 현상을 일단 화폐경제의 호황으로 부르려 하지만, 문제 는 국가권력과의 관계를 중시한 위의 연구를 감안한다면 과연 호황이라 부 를 수 있느냐 없느냐를 떠나서 이와 같은 현상의 이면에는 황제권력에 의해 의도적으로 추진된 화폐정책이 주요 요인으로 작용하였다고 보아야 한다는 점이다.

그러면 황제체제의 유지와 화폐는 구체적으로 어떻게 관련되어 있었을 까. 물론 물자의 유통을 촉진시켜 지역사회의 폐쇄성을 깨뜨리고 지역간 차 이를 해소하여 전제국의 통합을 지속시키는 데 결정적인 역할을 하였다는 것도 중요하다. 그러나 이러한 간접적인 요인뿐만 아니라 직접적 요인에 대 한 접근이 필요한 바, 특히 재정 부분에서 화폐가 어떻게 유통되었는가 그 리고 구체적인 역할은 어떠했는가가 검토되어야 한다.

우선 수입의 측면을 살펴볼 때 국가는 제부를 화폐로 납부케 하여 화폐의 유통을 부양(浮揚)하였다. 부의 전납(錢納)은 전국부터[129] 전한까지 화폐경 제의 호황을 이루는 데 핵심적인 계기가 되었던 것인데, 이밖에도 자벌(貲

---

128) 錢劍夫, 1986은 이러한 입장에 서서 秦漢 화폐유통의 실태와 그 경제적 의미에 대하 여 종합적으로 검토한 연구이다.

129) 주 126), pp. 212~214에서는 雲夢 秦律에 나타나는 賦의 징수에는 원칙으로서는 錢 納이나 布로의 代納도 병행되었을 것이라 추측하고 있다.

242

罰)의 전납, 염철의 전매와 균수(均輸), 평준법(平準法)을 통한 화폐의 구득
도 수입 측면에서 고려되어야 한다. 다만 자벌(貲罰)의 전납은 주로 진대에
행해졌으며 전매의 시행도 무제부터서야 본격화된 것이고 비중에서도 부의
징수에 비교하기 어려울 것으로 보인다.

다음으로 지출의 측면에서는 관리에의 봉록(俸祿), 상사(賞賜), 관용(官
用) 물자의 구입 등이 검토될 수 있다. 이 가운데 비중이 가장 큰 것은 물론
봉록이거니와 한대에는 봉록 급여가 반전반곡(半錢半穀)의 비율로 실시되고
있었으며 연구자에 따라서는 실제 화폐의 지불은 2/3에 달했다고 보기도 한
다.[130] 여기에서 봉록의 화폐 지불은 경제적인 측면 이상의 중요성을 지닌
다. 봉록을 대신할 수 있는 관료에 대한 토지 즉 식읍(食邑)의 사여는 자칫
하면 관료집단의 토착세력화를 유도할 가능성이 있으니, 그리하여 한왕조
에서는 식읍 사여의 대표적인 형태인 열후(列侯) 봉건의 경우를 보더라도 토
착세력화를 막기 위해 수시로 폐봉(廢封)이 행해졌다는 것[131]은 잘 알려진
사실이다. 그러면서도 한편으로는 식읍 사여의 억제를 보완하는 대상물(代
償物)이 필요하게 되는 바, 이리하여 봉록제도 그중에서도 특히 화폐 급여는
관료들을 황제 통제 아래 두는 데 결정적인 역할을 하게 되었던 것이다.[132]
이와 비슷한 의미에서 상사(賞賜)의 경우도 흥미를 끈다. 일반 인민(人民)에
의 사여가 가부장적 온정주의의 표현으로서 양한(兩漢)에 걸쳐 광범위하게
행해졌던 점은 앞 장에서 살펴본 대로이고, 사여 수단에는 전택(田宅)·곡
물(穀物)을 비롯하여 포백(布帛)·동전(銅錢)·백금(白金=銀)·황금(黃金)
등이 포함되어 있는데 그중 동전 등 화폐 사여의 비중이 상당한 정도에 이르
고 있다.[133] 뿐만 아니라 포백도 여기에서는 일종의 물품화폐로서 주어진 것
이다.[134] 한편 한대에는 신하들에 대한 사여의 사례도 수시로 눈에 뜨이는
데, 이 경우 관료 다수에의 집단적 사여이든 개개인에 대한 사여이든 역시

---

130) 宇都宮淸吉, 1955(1), pp. 214~216 및 同, 1955(2).
131) 李成珪, 1977, pp. 218~225.
132) 막스 베버는 화폐경제가 어느 정도 발달하는 것은 官僚制의 성립에는 필수적이지 않
　　 을지 몰라도 관료제의 유지에는 필수적인 조건의 하나라고 지적하고 있다. 베버(著),
　　 琴鍾友(外譯), 1981, pp. 32~37.
133) 제한적이기는 하나 賜爵과 함께 행해진 화폐 賜與의 예만은, 주 84).
134) 錢劍夫, 1986, pp. 148~157.

관료들의 황제에 대한 경제적 예속을 강화시키는 방향으로 작용하면서 화폐의 유통에 일조한 것이 사실이다.

끝으로 화폐 주조의 문제가 남는데, 우선 전국시기의 경우는 국가에 따라 차이가 있어서 3진(晉) 및 제(齊) 등지에서는 지역에 따라 화폐가 주조되는 상황이었던 바, 이러한 상황 아래에서는 국가 관리에 한계가 있고 그에 따라 사주(私鑄)의 경향도 적지 않았던 것 같다.[135] 그러나 황제체제를 발전시킨 진에서는 국가 통제가 비교적 강했다고 추측된다.[136] 전한에는 법정화폐를 정착시키면서 사주를 근절하려는 시도가 지속적으로 행해져 민간에서의 사주와 서로 충돌하였으나 국가측의 이러한 시도가 자리잡게 되는 것은 무제 때 오수전(五銖錢)의 주조·유통에서이다.[137] 무제 때부터는 일단 주조권을 국가가 완전히 장악하였으니 균수(均輸)·평준법(平準法)이 실시될 수 있었던 배경도 화폐 주조의 국가 장악이 가능하게 된 데서 일부 찾을 수 있는 것이지만, 어쨌든 무제시기를 관료 조직의 완성시기로 볼 때 이렇게 화폐 통제의 완성과 시기에서 일치한다는 것은 흥미를 끈다.

무제 이후에도 오수전을 기본으로 한 화폐제도가 유지된다. 물론 왕망 정권에서의 잦은 개혁과 이로 인한 화폐유통의 혼란, 그리고 뒤이은 후한초 오수전으로의 복귀와 다시 국가 통제의 유지 등 곡절을 겪기는 하나[138] 전반적으로 주조권의 국가 독점이라는 원칙은 지켜졌던 것이다. 그러나 한편으로는 무제기를 전환점으로 하여 전한 중반 이후 화폐경제가 위축되고 실물경제의 비중이 증가, 말하자면 불황의 시대로 들어간다는 지적[139]이 있다. 앞 장에서 살펴본 사여의 사례 가운데서도 이러한 변화를 반영하는 내용을 찾아내는 것이 가능하니, 전한 후반에는 포백의 비중이 높아지고 후한에 들어가면 특히 전한에서는 별로 보이지 않던 곡물 사여가 급증하여 거의 일반화한다는 사실이 그것이다.[140] 전한에 막대한 황금이 사여의 형태로 유통되

135) 朱活, 1972; 同, 1981.
136) 錢劍夫, 1986, pp.27~33. 이와는 달리 秦國의 경제에 대한 통제는 약했으며 아울러 화폐의 단일화정책도 어느 정도 효력을 거두었는지 의문이라는 연구도 있다. 稻葉一郎, 1978.
137) 朱活, 1978.
138) 錢劍夫, 1986, pp.52~64.
139) 牧野巽, 1953.
140) 주 84).

244

고 있었음은 널리 알려져 있지만,[141] 황금의 사여가 후한 들어 급격히 감소
한 것이 이러한 변화의 지표로 지적되기도[142] 한다. 한편 이와 같은 경제적
변화에 적응하려면 화폐의 구득이 어려워지므로 가계(家計)에서 자급도를
높이고 노동의 상호 부조(扶助)를 더욱 꾀하지 않을 수 없고 이에 따라 향촌
사회에 동거동재(同居同財)의 경향이 확산되었으며 아울러 이러한 배경 아
래 호족세력도 대두하게 된다고 보는 견해도 있다.[143] 국가의 입장에서도 무
제 이후부터 나타난 이러한 변화에 대응하지 않을 수 없었으니, 제부(諸賦)
감액의 조치가 수차 내려진 것은[144] 이 때문이다. 심지어 유가적 개혁론자인
관료 중에는 화폐의 폐지를 주장하는 이까지 있었다.[145] 그러면서도 부의 징
수가 실상에는 변질되는 경향을 보이기도 하면서[146] 전납의 원칙이 후한말
까지 지켜졌다는 사실에 대해서는 주목해 두어야만 한다.

한편 앞 장에서 서술한 향촌사회에 대한 자율성 보장도 이와 같은 사회·
경제적 변화와 밀접하게 관련되어 있는 것이다. 그렇다면 이제 황제권력은
유통에도 상당한 비중을 향촌사회의 자율적 기능에 맡긴 것이 아닐까. 금속
화폐의 비중이 줄면서 물품화폐가 유통에서 보다 비중이 높아지리라는 것은
쉽게 추측할 수 있지만, 물품화폐는 그 특성상 넓은 지역을 유통 범위로 하
기 힘들다. 당연히 향촌 단위의 소규모 유통이 일반화되고 이에 따라 화폐
유통을 통하여 향촌의 경제활동에까지 국가가 개입할 여지는 갈수록 줄어드
는 셈이다. 이와 같은 사회·경제적 변화에 대응하여 황제권력은 직접적인
경제 통제의 방식보다 오히려 관료의 중간적 매개자로서의 기능에 의지하면
서 지방을 중앙에 묶어두려는 경향으로 나아갔다고 필자는 이해하려 하거니
와 이 과정에서 중요한 역할을 한 것이 선거(選擧)제도였던 것이다. 그러나
이렇게 한대에는 일면에서 민간경제의 자율적 요인이 증가해 가면서도 부
(賦)의 전납(錢納)이 지속되는 등 다른 일면에서는 경제 통제의 원칙이 끝까

---

141) 趙翼, 《二十二史箚記》 권3 〈漢多黃金〉條.
142) 錢劍夫, 1986, pp. 114~121. 다만 錢은 이러한 통설을 비판, 黃金 전체가 줄어든 것
이 아니라 皇室에 집중되어 있던 것이 민간으로 분산되어 있는 상태라 賜與의 사례가
감소한 것일 뿐이고, 따라서 화폐로서의 기능은 여전했다고 주장하고 있다.
143) 稻葉一郎, 1984, p. 103.
144) 위와 같음.
145) Michael Loewe, 1986, pp. 204~205.
146) 重近啓樹, 1984, pp. 81~86.

지 유지되었으니[147] 여기에 황제지배체제의 고대적 특성이 존재하는 것이 아닐까. 즉 황제체제의 존속에는 중앙에서 통제되는 관료조직의 유지가 필수적으로 요구되었던 것이고, 또한 관료조직을 황제의 통제 아래 유지하려면 일정한 수준의 화폐가 필요하였다. 이 점은 후한에서도 전(錢)·곡(穀) 혼합의 봉록체계가 지속되었던 사실[148]이 잘 설명해 준다. 어쨌든 필자의 생각으로는 간접적 요인이든 직접적 요인이든 이렇게 황제체제의 성립 및 존속에 화폐유통이 차지하는 중요성을 인정하지 않을 수 없다는 것이다.

맺 음 말

이상에서는 먼저 황제지배가 성립 단계에서 어떠한 관념(觀念) 형태로 나타났는가, 그리고 이후 그 관념은 어떻게 변화해 갔는가 살펴보았다. 이어서 이러한 관념은 어떠한 현실기반을 갖고 있었으며 또한 동시에 그 현실기반에 어떻게 작용하여 황제지배체제의 정착에 이를 수 있었는가 살펴보았다.

필자의 생각으로는 진한(秦漢)시기 황제지배를 뒷받침한 이념적 지주는 신비주의와 가부장적 군주관의 두 가지라고 생각한다. 진한시기의 역사가 전개되는 과정은 이러한 요인이 성숙되어 황제지배체제가 정착되어 가는 과정이기도 했다. 아직도 주술의 세계에 머물러 있는 향촌사회를 포용하면서 동시에 노동력이라든가 재화를 징발할 수 있도록 하는 논리적 기반은 이러한 데에 세워져 있었던 것이다. 황제는 신적(神的) 세계와 현실세계를 연결하는 매개자로서, 그리고 가부장 관념으로 상징적으로 표현되는 공동체적 기능의 계수자로서 존재하였다. 다만 이렇게 이해할 때 진시황 통치를 어떻게 파악할 것인가 문제로 되지만 이 경우는 전국적(戰國的) 상황과 연결해 봄으로써 해결이 가능하다. 진시황 통치는 일원적인 제민(齊民)지배체제 위에 성립된 것으로서 이러한 체제의 성장에는 군사적 요인이 결정적으로 작용하였던 것이다. 그러나 황제체제의 성립 시점에서는 이미 일원적 지배를

---

147) 화폐정책에 국한시켜 말한다면 前漢末 대두되었던 실물경제로의 전환론이 수용되지 않은 점(錢劍夫, 1984, pp. 60~64), 後漢에도 五銖錢을 公用화폐로서 강력히 추진하였다는 점(同, pp. 236~237) 등을 들 수 있겠다.
148) 주 130) 참조.

불가능하게 하는 요인, 즉 다양성이 존재하기 시작하였던 것이고 이러한 경향은 한(漢)제국으로 연결되어 결국 이러한 현상을 수용하는 방향으로 황제지배는 전개되어 간 것이 아닐까.

끝으로 황제지배체제의 올바른 이해를 위해서는 이 체제를 받치는 인적(人的) 요소로서 관료조직의 기능 및 관료집단의 역할에 대한 검토가 필요하나, 본고에서는 전한시기부터 관료의 임용 수단으로 대두한 선거제도가 황제관의 변모에 어떻게 관련되어 있는가, 그리고 관료제 유지를 위한 전제조건으로서 화폐유통은 어떠한 의미를 지니는가에 대하여 언급하는 데 그쳤음을 밝혀둔다. 연구자들은 진한제국의 경우 관료들이 황제의 사속적(私屬的) 성격을 갖고 있는 점을 자주 지적한다.[149] 그러나 필자의 견해로는 진한관료를 이와 같은 측면에서만 이해하는 것은 당시 관료제의 일면만을 보는 것이고, 동시에 관료집단이 지닌 공공적(公共的) 측면도 함께 검토해야 황제지배체제내에서 관료제가 어떻게 기능하였는가 제대로 살필 수 있다고 생각된다.[150] 다만 여기에서는 문제의 제기에 그치고 자세한 논의는 다음 기회에 미루기로 하겠다.

이밖에도 진한에 걸쳐 널리 퍼져 있던 신비주의적 풍조라든가 가족주의적 관념이 지배 이데올로기로 자리잡은 유교(儒教)사상과 구체적으로 어떻게 결합되어 갔는가에 대한 설명이 필요한 것이지만 여기에서는 다루지 못하였음을 밝혀두고, 아울러 진율의 출토 이후 최근 이해의 필요성이 점증하고 있는 신분제도 문제에 대해서도 그 중요성을 지적하는 정도에서 그치기로 한다.

참 고 문 헌

막스 베버(著) 琴鍾友(外譯), 《支配의 社會學》, 서울, 한길사, 1981.

顧頡剛, 《秦漢的方士與儒生》, 1936(日譯本, 《中國古代の學術と政治》, 東京, 1978).

---

149) 대표적인 것이, 增淵龍夫, 1960(4).
150) 진한 官制의 家庭機關的 성격을 강조하거나 예컨대 郎官제도 등을 통하여 황제와의 인격적 결합에 연구의 초점을 맞추는 경향이 강하나 실제 황제지배체제에서 중요한 역할을 하는 것은 郡縣제도라는 점, 그리고 皇帝와의 관계뿐만 아니라 관료의 對民的 측면이 검토되어야 한다는 점 등이 고려되어야 할 것이다.

睡虎地秦墓竹簡整理小組,《睡虎地秦墓竹簡》, 北京, 1978(이하《竹簡》).
胡如雷,《中國封建社會形態研究》, 北京, 1979.
朱紹侯,《軍功爵制試探》, 上海, 1980.
林劍鳴,《秦史稿》, 上海, 1981.
錢劍夫,《秦漢貨幣史稿》, 武漢, 1986.
彭 衛,《漢代婚姻形態》, 西安, 1988.
重澤俊郎,《周漢思想研究》, 東京, 1943.
西嶋定生,《中國古代帝國の形成と構造》, 東京, 1961.
───,《秦漢帝國》, 東京, 1974.
───,《中國古代の社會と經濟》, 東京, 1981.
安居香山,《緯書の成立とその展開》, 東京. 1979.

金 燁,〈漢代의 孝悌力田에 대하여〉,《慶北大論文集》 10, 1966.
李成珪,〈前漢 列侯의 성격〉,《東亞文化》 14, 1977.
───,〈授田 體制의 성립〉, 同氏,《中國古代帝國成立史研究》, 일조각, 1984-1.
───,〈貨幣 政策의 전개〉, 上同(2).
鄭夏賢,〈秦始皇의 巡行에 대한 一檢討〉,《邊太燮博士華甲紀念史學論叢》, 1985.
郭沫若,〈先秦天道觀之進展〉; 同氏,《青銅時代》, 上海, 1946.
朱 活,〈從山東出土的齊幣看齊國的商業和交通〉,《文物》, 1972-5.
───,〈談銀雀山漢墓出土的貨幣〉,《文物》 1978-5.
───,〈小辭典── 古錢〉,《文物》, 1981-4.
秦始皇陵秦俑考古發掘隊,〈臨潼縣秦俑坑試掘第一號簡報〉,《文物》, 1975-11.
───,〈秦始皇陵東側第二號兵馬重俑坑鑽探試掘簡報〉,《文物》, 1978-5.
侯外廬,〈中國封建社會土地所有制形式的問題〉,《中國封建社會史論》, 北京, 1979.
何雙全,〈天水放馬灘秦簡綜述〉,《文物》, 1989-2.
加藤繁,〈漢代に於ける國家財政と帝室財政との區別竝に帝室財政一斑〉; 同氏,《支那經
    濟史考證》, 東京, 1952.
森三樹三郎,〈秦漢に於ける民間祭祀の統一〉,《東方學報》, 11-2, 1940.
西嶋定生,〈中國古代帝國形成の一考察〉,《歷史學研究》 141, 1949.
───,〈漢代の土地所有制〉, 同氏,《中國經濟史研究》, 東京, 1966.
───,〈皇帝支配の成立〉,《岩波講座・世界歷史》4(古代4), 1970.
宇都宮清吉,〈續漢志百官受奉例考〉; 同氏,《漢代社會經濟史研究》, 東京, 1955(1).
───,〈續漢志百官受奉例考再論〉 上同(2).
───,〈管子弟子職篇によせて〉; 同氏,《中國古代中世史研究》, 東京, 1977(1).
───,〈秦漢政治史〉, 上同(2).
增淵龍夫,〈戰國官僚制の一性格〉; 同氏,《中國古代の社會と國家》, 東京, 1960(1).

増淵龍夫，〈漢代における巫と俠〉，上同(2).

───，〈先秦時代の山林藪澤と秦の公田〉，上同(3).

───，〈漢代における國家秩序の構造と官僚〉，上同(4).

守星美都雄，〈父老〉，同氏，《中國古代の家族と國家》，京都，1968(1).

───，〈漢代爵制の源流として見たる商鞅爵制の研究〉，上同(2).

平中苓次，〈漢代の田租と災害による減免〉；同氏，《中國古代の田制と稅法》，〈東京，1961(1).

───，〈秦代の自實田について〉，上同(2).

宮崎市定，〈古代支那賦稅制度〉，《史林》18-2, 3, 4, 1933.

───，〈東洋的古代〉，《宮崎市定アジア史論考》(中)，東京，1976.

牧野巽，〈中國古代貨幣經濟の衰退過程〉，一橋大學論集，《社會と文化の諸相》，東京，1953.

江幡眞一郎，〈西漢の官僚階級〉，《東洋史研究》11-5・6, 1952.

木村正雄，〈秦漢時代の田租と性格〉，《歷史學研究》232, 1959.

五井直弘，〈秦漢帝國における郡縣民支配と豪族〉，靜岡大學，《人文論集》，1961-12.

太田幸男，〈齊の田氏について〉，《歷史學研究》350, 1969.

───，〈田齊の崩壞〉，《史海》21・22, 1975.

永田英正，〈漢代の選擧と官僚階級〉，《東方學報(京都)》41, 1970.

板野長八，〈儒教の成立〉，《岩波講座・世界歷史》4(古代4), 1970.

山田勝芳，〈漢代財政制度變革の經濟的要因について〉，《集刊東洋學》31, 1974.

好竝隆司，〈商鞅變法概觀〉；同氏，《秦漢帝國史研究》，東京，1978(1).

───，〈皇帝權の成立── 秦の特殊性 ──〉，上同(2).

───，〈前漢後半期における皇帝支配と官僚層〉，上同(3).

───，〈商鞅'分異の法'と秦朝權力〉，《歷史學研究》494, 1981.

重近啓樹，〈秦漢の國家と地方政治〉，《駿台史學》44, 1978.

───，〈秦漢における賦制の展開〉，《東洋學報》65-1・2, 1984.

稻葉一郎，〈秦始皇の貨幣統一について〉，《東洋史研究》37-1, 1978.

───，〈漢代の家族形態と經濟變動〉，《東洋史研究》43-1, 1984.

池田雄一，〈中國古代の'社制'についての一考察〉，青學大史學研究室 編，《三上次男博士頌壽紀念東洋史考古學論集》，東京，1981.

古賀登，〈阡陌攷〉，同氏《漢長安城と阡陌・縣鄉里制研究》，東京，1980(1).

───，〈秦商鞅の軍制・軍功褒賞制と身分制〉，上同(2).

池田末利，〈釋帝・天〉；同氏，《中國古代宗教史研究》，東京，1981(1).

───，〈中國における至上神儀禮の成立〉，上同(2).

籾山明，〈爵制論の再檢討〉，京都民科歷史部會，《新しい歷史學のために》178, 1985.

尾形勇，〈國家秩序と家族制的秩序〉；同氏，《中國古代の"家"と國家》，東京，1979.

渡邊信一郞, 〈古代中國における小農民經營の形成〉；同氏, 《中國古代社會論》, 東京, 1986.

弓削達, 〈ローマ皇帝神をめぐる祭儀〉, 《歷史學研究》 573(增刊號), 1987.

Michael Loewe, The Former Han Dynasty, *The Cambridge History of China V.1 : The Ch'in and Han Empires*(ed. by D. Twitchett and M. Loewe), Cambridge, 1986.

A.F.P. Hulsewé, Ch'in and Han Law, *ibid.*

찾 아 보 기

254

256